Laura Chaplin

LACHEN IST DER ERSTE SCHRITT ZUM GLÜCK

Hoffmann und Campe

Aufgezeichnet von Walter Lutschinger
und Barbara Rieger.

Der Brief von Sigmund Freud auf S. 72f. ist folgender Ausgabe entnommen:
Sigmund Freud. Briefe. Hrsg. von Ernst L. Freud, S. Fischer,
Frankfurt am Main 1960

Das Zitat von Patch Adams auf S. 218 ff. stammt aus: Patch Adams/
Maureen Mylander, Gesundheit! Verlag Zwölf & Zwölf, Oberursel 1997

Bildnachweis: Wenn nicht anders angegeben,
Copyright © by Laura Chaplin.

HOFFMANN
UND CAMPE

Ein Unternehmen der
GANSKE VERLAGSGRUPPE

INHALT

Smile awhile and while you smile – another smiles.
And soon there are miles and miles of smiles
and life's worthwhile because you smile.

KATHLEEN J. EDGAR

PROLOG

Ein Tag ohne Lachen
ist ein verlorener Tag.

CHARLIE CHAPLIN

Der kleine Mann im eleganten grauen Anzug stolpert über seinen Spazierstock und verliert beinahe die Balance. Hunderte Kinder schreien erschrocken auf. Er taumelt, fängt sich wieder, geschickt wie ein Zirkusartist – und geht vergnügt weiter. Dabei verlagert er sein Gewicht von einem Bein auf das andere, fast wie eine Ente. Sein Hinterteil wackelt hin und her.

Nun glättet er mit der linken Hand seinen Sakko, während die Rechte über die silbern glänzenden Haare streicht. Dann greift er mit einer eleganten Handbewegung nach der Rose, im Knopfloch seines Anzugs, streckt beide Arme vor sich aus und lächelt die Blume verliebt an. Sanft zieht er sie zu sich und hält sie vorsichtig unter seine Nase. Lange und tief atmet er ein, schließt die Augen und lächelt.

Jetzt spaziert er wie ein eleganter Herr auf der Uferpromenade der Themse auf und ab. Dabei blinzelt er die Kinder schelmisch an, die vor Freude strahlen, und – stolpert erneut! Auch diesmal fängt er sich wieder, und die Kinder lachen, jubeln und hüpfen vor Freude.

Dieser Mann ist Charlie Chaplin, mein Großvater.

Die Szene ereignete sich 1931 im Speisesaal des Hanwell-Kinderheims in London. Charlie Chaplin, der in seine Heimatstadt London zurückgekehrt war, um seinen Film *Lichter der Großstadt* vorzustellen, stahl sich allein aus dem Hotel Ritz, um ins Armenhaus zurückzukehren, wo er zeitweise seine Kindheit verbracht hatte. Hier spielte er für die Kinder den Clown. Sie wuchsen, wie er einst selbst, in schwierigsten Verhältnissen auf. An diesem Tag ließ er die Kleinen all ihre Ängste, Sorgen und die Armut vergessen.

Seine berühmteste Rolle, der »Tramp«, die Rolle des Wanderarbeiters und des Vagabunden, beruht auf den Erfahrungen in diesem Kinderheim. Sadistische Erzieher hatten den Siebenjährigen vor allen anderen Kindern im Turnsaal des Heims verprügelt. Während der Rohrstab immer wieder auf das nackte Hinterteil des Jungen krachte, zischte der kleine Charlie zwischen zusammengepressten Zähnen: »Eines Tages werde ich ein berühmter Schauspieler!«

Charlie Chaplin wurde nicht nur berühmt, sondern der berühmteste Schauspieler seiner Zeit überhaupt und gehört heute zu den weltweit berühmtesten Menschen des 20. Jahrhunderts. Menschen aller Nationen lieben ihn, leben, weinen und lachen bis heute mit seiner Figur des Tramps.

Als Chaplin 1931 in seine Heimatstadt London zurückkehrte, empfing man ihn, der hier als Kind um Brot betteln musste, wie einen König. Ohne Frage war er der König von Hollywood und gilt bis heute als König der Clowns.

»Lachen hilft gegen die Unbill des Lebens«, sagte mein Großvater. Und sein Leitspruch »Ein Tag ohne Lachen ist ein verlorener Tag«, ist einer der meistzitierten Sätze unserer Zeit geworden. Chaplin lebte danach, er brachte die Menschen zum Lachen und machte die Welt damit zu einem besseren Ort.

Mein Großvater war für mich stets Vorbild, ob als Künstler, Humanist oder als Mensch. Vielleicht liegt es an meinen Genen, ganz sicher aber an meiner unbeschwerten Kindheit, dass auch ich eine fröhliche, lebensbejahende Einstellung zum Leben habe. Diese gebe ich gerne an meine Familie und meine

Freunde weiter, aber auch an alle Menschen, denen ich begegne und die meine Hilfe brauchen.

Es ist mir ein wichtiges persönliches Anliegen, Lachen und Humor zu fördern und zu verbreiten. Vor allem bei Menschen, die in nachteiligen Verhältnissen leben oder in schwierige Situationen geraten sind. Aber ich denke dabei auch an alle, die in unserer hektischen Zeit unter Stress, Einsamkeit oder sogar Burnout leiden. Mit meinem Team möchte ich dazu beitragen, unsere Welt fröhlicher und heiterer und damit die Menschen gelassener zu machen. Der erste Schritt dahin ist dieses Buch, mit dem ich Sie auf eine Reise in die Welt des Lachens und Humors entführen möchte.

Lachen reinigt sowohl die Seele als auch den Körper. Es hilft, nicht nur schwierige Stunden zu bewältigen, sondern schützt auch vor Krankheiten. Lachen löst eine Kaskade von biochemischen Prozessen aus, die unsere Psyche und unseren Körper positiv beeinflussen.

Ich frage mich oft, warum Lachen nicht wesentlich häufiger zum Wohl der Menschen eingesetzt wird. Denn Lachen ist eine Art Wundermittel: Lachen löst Blockaden aller Art und stärkt das Immunsystem. Es vermehrt die T-Zellen in unserem Körper, weiße Blutkörperchen, die der Immunabwehr dienen und den Organismus somit vor schweren Krankheiten schützen. Lachen stärkt Herz und Lunge. Es hilft gegen hohen Blutdruck und baut Cholesterin ab. Lachen lindert Schmerzen und kann sie sogar vertreiben. Außerdem schützt es sogar vor Vergesslichkeit.

Lachen baut Stress ab und steigert die Lernfähigkeit, Kreativität und Motivation. Es unterstützt Heilungsprozesse und gibt kranken Menschen neue Kraft und Lebensmut. Es ist die stärkste und preiswerteste Medizin der Welt und die beste Gesundheitsvorsorge.

Warum gibt es so wenig Clowns in unseren Krankenhäusern? Warum werden nicht mehr verpflichtet? In vielen Kliniken gibt es überhaupt keine. Dort, wo sie sind, bewirken sie Wunder.

Ein Baby lacht bis zu 500 Mal am Tag, Erwachsene hingegen nur fünfzehn Mal. Ich stelle mir die Frage, ob und warum im Laufe des Lebens Fröhlichkeit, Heiterkeit und Gelassenheit verlorengehen. Was hindert uns – bei aller Unbill auf der Welt – daran, uns anzulächeln? Auf der Straße, im Bus, in der Bahn, im Büro und jeden Tag im Spiegel! Ein Lächeln macht uns attraktiver für das andere Geschlecht. Es wirkt nicht nur anziehend, sondern es verbessert auch Ihr Liebesleben. Doch nicht nur das. Wenn Sie lachen, werden Sie in allen Lebenslagen erfolgreicher sein.

Ganz nebenbei ist Lachen auch ein tolles Fitnesstraining. Wenn Sie lachen, trainieren Sie siebzehn Gesichtsmuskeln und achtzig weitere Muskeln in Ihrem Körper. Lachen ist einfach die beste Anti-Aging-Methode.

Warum steht Lachen noch nicht auf dem Lehrplan unserer Schulen und Universitäten? Lachen verbessert das Arbeitsklima und steigert die Konzentration und Motivation. Glückliche und zufriedene Mitarbeiterinnen und Mitarbeiter sind für jedes Unternehmen eine wesentliche Voraussetzung für den Erfolg. Warum beschäftigen nicht viel mehr Firmen Feel Good Manager?

Wenn wir die zahlreichen positiven Aspekte des Lachens

betrachten, müssen wir uns fragen, warum nicht wesentlich häufiger gelacht wird. Man könnte auf die Idee kommen, dass Lachen mit unangenehmen Nebenwirkungen verbunden ist. Und vielleicht liegt darin ein Körnchen Wahrheit. Denn Lachen ist auch eine Form des Widerstands. Sowohl im Kleinen, wenn Sie übel gesinnte Menschen mit Lachen entwaffnen, als auch im Großen: auf gesellschaftlich-politischer Ebene. Lachen ist eine starke Waffe im Kampf gegen Diktatoren, politische und religiöse Fanatiker sowie Autoritäten aller Art. Diese Menschen können Humor nicht ausstehen, vor allem dann nicht, wenn er ihren Machtanspruch als unangemessen entlarvt und ihre vermeintliche Autorität der Lächerlichkeit preisgibt.

Mit seinem Film *Der große Diktator* hat Charlie Chaplin ein Mahnmal für die Ewigkeit geschaffen. Die Satire auf Adolf Hitler und den deutschen Nationalsozialismus war, so wie die anderen Filme meines Großvaters, während des Dritten Reichs natürlich verboten.

Dies ist nur *ein* Beispiel aus der Geschichte des 20. Jahrhunderts, als die Menschen für einige Jahre nichts mehr zu lachen hatten und noch nicht einmal Galgenhumor zeigen durften.

Sie werden staunen und vielleicht schmunzeln, welche Lachverbote und Regulierungsversuche von Humor es auch heute noch in vielen Ländern gibt. Weniger lustig ist, dass Menschen, die Humor haben und gern lachen, deswegen auch heute noch bedroht werden. Lachen ist also mitunter eine ernste, ja sogar lebensgefährliche Angelegenheit. Lachen und der Versuch, andere Menschen zum Lachen zu bringen, ist ein Grundrecht, das längst in der Charta der Menschenrechte verankert sein sollte. Auch davon handelt dieses Buch.

Doch wenden wir unseren Blick von der globalen Lage der Welt zurück zu unserem Alltag.

Mit seinem Film *Modern Times* hat Charlie Chaplin in den dreißiger Jahren die irrwitzige, menschenverachtende Gier des Industriezeitalters angeprangert. Wie geht es uns heute, über achtzig Jahre danach in den »Postmodern Times«? Wir stehen eher unter einem noch größeren Perfektionierungs-, Optimierungs- und Leistungsdruck. Viele Menschen leiden unter Dauerstress und stehen kurz vor einem Burnout. Neurosen, zwanghaftes Verhalten, Existenz- und Zukunftsängste dominieren den Alltag vieler Menschen.

Die Verhältnisse in den »Postmodern Times« sind also noch schlimmer als die von Charlie Chaplin in *Modern Times* beschriebenen. Doch es gibt damals wie heute eine einfache Lösung, das Leben lebenswerter zu machen. Lächeln Sie Ihre Mitmenschen an, ob in der Familie, auf der Straße oder im Büro. Sie werden sich wundern, was Sie damit in Gang setzen.

Es ist Ihr Lächeln, das die Welt verändert und zu einem heiteren und besseren Ort für uns alle macht. Sie benötigen nur etwas Mut, um jemanden anzulächeln, und schon tragen Sie dazu bei, die Welt positiv zu verändern. Sie brauchen nur ein wenig Muße und einen kleinen Anlass, um in schallendes Gelächter auszubrechen, und Ihr Leben wird sofort und langfristig angenehmer und schöner.

»Dein Lachen verändert die Welt« ist meine Botschaft an alle Menschen, ihren persönlichen Beitrag zu einer heitereren Welt zu leisten.

IHRE LAURA CHAPLIN

1

VOM HAUS MEINES GROSSVATERS IN DIE WEITE WELT DES LACHENS

Ich erinnere mich an meine glückliche Kindheit im Haus meines Großvaters, dem Manoir de Ban, und besonders an meine Freundschaft mit Michael Jackson. Ich denke an meine Jugend in England und erzähle von meinen großen Leidenschaften, dem Reiten und dem Malen. Meine Kunst führt mich nach Kolumbien, wo meine Reise in die Welt des Lachens beginnt.

Smile, what's the use of crying.
You'll find that life is still worthwhile –
If you just smile.

AUS DEM LIED »SMILE«
VON CHARLIE CHAPLIN

»ICH HEISSE LAURA, LAURA CHAPLIN.«

Der rote Helikopter kündigte sich mit einem ohrenbetäubenden Knattern an, flog nur wenige Meter über dem Dach unseres Hauses Richtung Park, brauste über die Baumwipfel hinüber zum See, zog eine lange Rechtskurve und setzte direkt vor unserem Haus zum Landeanflug an. Die Nachmittagssonne stand hoch über den Alpen, und ich starrte, vom Gegenlicht geblendet, gebannt auf das Fluggerät, das mich an eine zu groß geratene Hummel erinnerte. Langsam und träge brummend ließ sie sich auf unserem frisch gemähten Rasen nieder.

Mein Vater, Eugene Chaplin, hatte uns am Vorabend erzählt, dass ein sehr bekannter Musiker zu Besuch kommen werde, aber den Namen nicht verraten. Wir waren an berühmte Musiker gewöhnt, denn mein Vater arbeitete als erfolgreicher Tontechniker in den »Mountain Studios« im benachbarten Montreux und nahm Platten mit Stars wie den Rolling Stones, David Bowie und Queen auf.

Montreux war zu der Zeit bei Popstars angesagt: David Bowie himmelte meine Großmutter Oona Chaplin an. Er kaufte schließlich unser Nachbarhaus. Keith Richards verbrachte nicht nur viel Zeit in der Klinik »La Prairie«, um seinen Körper einer Spezialbehandlung zu unterziehen, sondern nahm im Studio meines Vaters in Montreux auch mit den Rolling Stones das Album »Black & Blue« auf. Später übernahm Freddie Mercury das Studio für seine Band Queen.

Trotz der vielen berühmten Gäste war bis dato noch nie ein Helikopter in unserem Park gelandet. Unsere neun Hunde waren aufgeregt und sprangen wild bellend um das rote Fluggerät herum. Schließlich stellte der Pilot den Motor ab und die Rotorblätter kamen langsam zum Stillstand. Endlich durften wir zum Helikopter laufen, um unseren neuen Gast zu begrüßen.

Ich stand nur wenige Meter entfernt, als sich die Tür öffnete. Und für einen Augenblick vergaß ich zu atmen. Ich erblickte den Schwarm aller Mädchen und auch mein großes Idol, den einzigen und wahren König des Pop: Michael Jackson. Er warf uns ängstliche Blicke zu und rief mit zittriger Stimme: »Bitte bringt die Hunde weg! Ich kann sonst nicht aussteigen! Bitte bringt sie weg!« Mein Vater lief herbei, versuchte Michael zu beruhigen und davon zu überzeugen, dass unsere Hunde vollkommen ungefährlich und an zahlreiche Gäste gewöhnt sind. Doch Michael stieg erst aus, als alle Hunde in einen anderen Teil des Parks gebracht waren. Er war aber nicht der einzige, der nervös war. Nachdem er meinem Vater die Hand geschüttelt, uns Kindern zugewinkt und eine kurze Tanzeinlage wie in einem seiner Musikclips vorgeführt hatte, kam er direkt auf mich zu und sagte: »Hallo, ich bin Michael. Wie heißt du und wie alt bist du?« Ich versuchte meine Nervosität zu unterdrücken und flüsterte:

»Laura. Ich heiße Laura Chaplin. Ich bin neun Jahre alt.«

»Laura, das ist ein schöner Name«, antwortete er und stellte gleich die nächste Frage: »Hast du eine Playstation?«

Ich nickte wortlos und starrte mein Idol gebannt an.

»Wollen wir spielen?«, fragte er.

»Ja, komm!«, riefen meine Geschwister und ich durcheinander und hüpften um Michael herum wie zuvor die Hunde um den Helikopter. Die Playstation war brandneu auf dem Markt und bei uns zu Hause entsprechend heiß umkämpft. Mit Michael Jackson gemeinsam damit zu spielen, war so aufregend wie Weihnachten und Geburtstag zusammen. Wir schoben unseren Besucher also geradezu in unser Haus und zogen ihn die Treppe zum Kinderspielzimmer hinauf, wo unsere Playstation stand. Während wir Geschwister aushandelten, wer von uns zuerst mit Michael spielen durfte, blieb er plötzlich wie versteinert vor einem Bild unseres Großvaters Charlie Chaplin stehen. Wir hielten inne und blickten gespannt von Großvater Charlie, dessen Anblick wir gewohnt waren, zu Michael Jackson, den wir bisher nur aus dem Fernsehen kannten. Michael begann auf einmal, eine Melodie zu summen, und schließlich sang er:

Smile though your heart is aching
Smile even though it's breaking.
When there are clouds in the sky
You'll get by.
If you smile through your fear and sorrow
Smile and maybe tomorrow
You'll see the sun come shining through
For you.
Light up your face with gladness,
Hide every trace of sadness.
Although a tear may be ever so near
That's the time you must keep on trying
Smile, what's the use of crying.
You'll find that life is still worthwhile –
If you just smile.
That's the time you must keep on trying
Smile, what's the use of crying.
You'll find that life is still worthwhile –
If you just smile.

Die Bedeutung dieses Liedes für Michael Jackson sollte mir erst später bewusst werden.

In diesem Moment stimmte ich nur in das Klatschen und Johlen meiner Geschwister und Eltern ein und freute mich darauf, mit Michael Playstation zu spielen. Wir verbrachten einige aufregende Stunden miteinander, dann ließ er uns allein, um sich noch ein wenig mit unseren Eltern zu unterhalten.

Wir bemerkten gar nicht, wie die Zeit verging. Als wir zum Abendessen gerufen wurden, rissen wir uns schließlich von der Playstation los und gingen ins Esszimmer. Die Erwachsenen hatten noch nicht Platz genommen. Neben Michael Jackson waren, wie so oft, einige andere Freunde meiner Eltern zu Gast. Viele Stimmen füllten den Raum, und alle Besucher drängten sich um Michael, der sich höflich mit ihnen und mit meinen Eltern unterhielt.

Unser Esstisch, ein Meisterwerk des französischen Kunsttischlers Georges Jacob im Louis-Seize-Stil aus dem 18. Jahrhundert, war festlich gedeckt. An diesem Tisch – der Stolz meines Großvaters – fanden dreißig Personen Platz. Heute Abend sollte natürlich Michael Jackson am Kopfende sitzen, doch der hatte anderes im Sinn. Ich beobachtete, wie er mit meiner Mutter und meinem Vater sprach, diese zu uns Kindern schauten und ihm erstaunt zunickten. Auch die anderen Gäste schienen aus irgendeinem Grund verwundert zu sein. Nur Michael wirkte gelassen und fröhlich, tänzelte um unseren riesigen Esstisch herum und moonwalkte direkt auf mich zu.

»Hey Laura. Darf ich mich zu dir setzen?«, fragte er charmant.

Ich nickte schüchtern und konnte mein Glück nicht fassen. Michael setzte sich tatsächlich lieber zu uns Kindern als zu den Erwachsenen. Während des Essens unterhielt er sich mit mir über meine Lieblingsthemen.

»Und, Laura, was machst du am liebsten außer Playstation spielen?«, fragte er mich.

»Reiten natürlich!«, antwortete ich wie aus der Pistole geschossen.

»Seit wann kannst du schon reiten?«, fragte Michael.

Ich überlegte nur eine Sekunde und meinte: »Seit ich auf der Welt bin! Mein Vater hat mich schon als Baby auf den Rücken von Bichon gesetzt. Und mit drei Jahren bin ich schon alleine auf ihm geritten.«

Michael sah mich fragend an, also erklärte ich es ihm: »Bichon ist mein Lieblingspony. Das hat nämlich mein Großvater gekauft. Du kennst ja meinen Großvater, oder?«

»Leider nicht persönlich. Aber ich bin ein großer Fan von ihm!«, sagte Michael.

»Also genau wie ich!«, sagte ich und fuhr fort: »Also, mein Großvater hat damals sieben Ponys für seine Enkelkinder gekauft. Bichon ist das jüngste, mein Lieblingspony. Aber die anderen sind auch super. Das Problem ist nur, dass sie mich manchmal irgendwo abwerfen und weglaufen. Aber dafür habe ich mein Motorrad!«

Michael sah mich beeindruckt an und lauschte gespannt.

»Das Kindermotorrad habe ich mir schon zu meinem siebten Geburtstag gewünscht. Und letztes Jahr habe ich es endlich bekommen. Es ist eine Yamaha-PW-80-Geländemaschine. Barbiepuppen haben mich eigentlich nie so interessiert.«

Michael nickte und fragte mich, ob so ein Moped nicht ein wenig gefährlich sei.

»Ja, ich habe mir aber erst ein Mal was gebrochen!«, gab ich zu und berichtete.

»Also eigentlich war das Moped wegen der Ponys gedacht,

aber als es neu war, bin ich ständig damit herumgefahren. Ich habe sogar meine Schulkameraden eingeladen und wir haben uns gemeinsam draufgesetzt. Wir sind nicht nur durch den Park gebraust, sondern auch über die Waldwege und durch die umliegenden Weingärten. Es war einfach großartig, aber nicht besonders schnell. Und so habe ich meinen Onkel Michael Chaplin, den älteren Bruder meines Vaters, gebeten, mein Motorrad etwas schneller zu machen. Er hat also ein wenig dran herumgeschraubt.«

Michael sah mich mit großen Augen an und ich erzählte weiter:

»Es war plötzlich eine richtige Rennmaschine. Natürlich habe ich das sofort meinen Klassenkameraden vorführen müssen und habe sie zu einer Probefahrt eingeladen. Wir haben uns im Wald getroffen, wo uns niemand beobachten konnte. Ich habe mich vorne auf das Motorrad gesetzt und zwei von ihnen haben hinter mir Platz genommen. Dann habe ich Vollgas gegeben. Das Motorrad hat sich wie ein scheuendes Pferd aufgebäumt und zuerst meine Freunde abgeschüttelt. Dann hat es einen Satz nach vorne gemacht und ist mit mir über eine Böschung gesprungen. Das Motorrad und ich haben uns mehrmals überschlagen und sind schließlich in einem ausgetrockneten Bachbett liegen geblieben. Mein Bein war seltsam verdreht und sah aus, als hätte der Tramp ein neues Kunststück versucht, das ihm misslungen ist. Ich habe es zu bewegen versucht, doch alles, was ich spürte, war ein stechender Schmerz. So habe ich die Zähne aufeinandergebissen und gewartet, bis meine Freunde kamen. Sie haben auch gleich meinen Vater geholt, der mich ins Haus getragen und dann ins Krankenhaus gefahren hat. Bis auf das Bein, das gebrochen war und höllisch wehtat, war zum Glück alles in Ordnung. Aber das Schlimme war, dass ich einen Gips bekam und wochenlang mit Puppen spielen musste!«

Ich verdrehte die Augen und Michael lachte. Dann beugte er sich zu mir und flüsterte: »Laura, ich muss mich auch noch mit deiner Schwester unterhalten, die ist schon ganz eifersüchtig. Du verstehst das, oder?«

Ich nickte und fühlte mich sehr erwachsen. Vor allem aber freute ich mich über meinen neuen Freund Michael.

Als er am nächsten Tag abreiste, versprach er, sich bald wieder bei mir zu melden. Er telefonierte seit seinem Besuch regelmäßig mit meinen Eltern, und wenn ich mich nicht gerade mit meinen Ponys weit entfernt vom Telefon befand, holten sie mich, damit ich ein paar Worte mit ihm wechseln konnte.

Ein Jahr später, als er sich wieder auf Konzerttour in Europa befand, sah ich ihn wieder.

EIN MÄDCHENTRAUM WIRD WAHR –
BÜHNENAUFTRITT MIT MICHAEL JACKSON

Eines Abends saßen wir an unserem Esstisch und hatten gerade mit der Suppe begonnen, als das Telefon läutete. Meine Mutter ging hinaus, um abzuheben, und rief dann über den Flur: »Laura, bitte komm zum Telefon. Dein neuer Freund will dich sprechen.«

Zum Glück hatten wir an dem Abend keine Gäste. Es war für mich schon schlimm genug, dass meine Geschwister lachten und mein Kopf rot anlief. Es gab einen Jungen aus meiner Klasse, der mir gut gefiel, aber er war nicht mein Freund und hatte noch nie angerufen. Schnell legte ich meinen Suppenlöffel zur Seite und huschte zum Telefon. Mein Herz schlug vor Aufregung bis zum Hals und meine Hände zitterten, als ich nach dem Hörer griff. Ich wartete, bis meine Mutter weg war und meldete mich dann mit leiser Stimme: »Laura.«

»Hi Laura«, meldete sich eine sanfte Stimme am anderen Ende der Leitung. »Erkennst du mich?«

»Michael?«, fragte ich vorsichtig und fügte hinzu: »Du bist Michael Jackson, oder?«

Er kicherte nur und sprach mit tiefer Stimme: »Ich bin Michael Jacksons Produzent. Wir suchen eine Sängerin für Michaels Show in Lausanne. Sie wurden uns empfohlen. Sind Sie interessiert?«

Ich war verunsichert und antwortete stotternd: »Ja, aber ich habe noch nie vor einem Publikum gesungen, nur am Heiligen Abend unterm Weihnachtsbaum.«

»Können Sie außer Weihnachtsliedern auch andere Lieder?«, brummte der Anrufer und fügte hinzu: »Zum Beispiel eines der Lieder von Herrn Jackson?«

»Naja, im Musikunterricht in unserer Schule singen wir ›Heal the world‹. Unsere Musiklehrerin liebt dieses Lied.«

»Hmmm, sie muss eine gute Lehrerin sein. Jedenfalls hat sie einen exzellenten Geschmack«, murmelte die Stimme am anderen Ende der Leitung und bat mich dann: »Singen Sie das doch bitte mal vor!«

»Jetzt am Telefon?«, fragte ich leicht verzweifelt.

»Wann denn sonst? Das Konzert ist schon nächste Woche. Wir können doch nicht hunderte Mädchen anrufen. Es eilt. Also bitte!«

Ich räusperte mich und begann zu singen:

There's a place in your heart
And I know that it is love
And this place could be much brighter than tomorrow
And if you really try
You will find there is no need to cry
In this place you will feel
There is no hurt or sorrow

Heal the world
Make it a better place
For you and for me
And the entire human race

»Gut, gut, gut«, brummte die Stimme, »ich werde Sie Michael weiterempfehlen.«

»DDDDDDanke«, stotterte ich und fügte hinzu: »Schöne Grüße an Michael von Laura!«

Plötzlich brach mein Gesprächspartner in lautes Gelächter

aus, und eine etwas höhere Stimme rief: »Laura, ich bin es, Michael! Du bist auf meinen Trick hereingefallen. I love you!«

»Michael, du bist jetzt tatsächlich Michael?«, fragte ich zögernd.

»Ja, ich bin Michael«, rief er fröhlich in den Hörer.

»Aber ich bin nicht Laura!«, antwortete ich mit fester Stimme und fuhr fort: »Ich bin ihre Schwester. Laura kommt gerade zur Tür herein. Sie war noch bei ihren Ponys.«

Dann rief ich mit lauter Stimme: »Laura, Telefon für dich!«

Nach einigen Augenblicken meldete ich mich wieder am Telefon.

»Laura?«, fragte Michael nun sichtlich verwirrt, »spreche ich mit Laura Chaplin?«

»Ja, das bin ich«, sagte ich mit fester Stimme.

»Hier ist Michael. Michael Jackson«, entgegnete er nun wieder leise.

»Ich wollte dich nur fragen, ob du nächste Woche in Lausanne zu mir auf die Bühne kommen und ein Lied singen magst?«

»Hat dir dein Manager nicht von mir erzählt? Ich habe doch schon vorgesungen«, sagte ich und versuchte mit aller Kraft ernst zu bleiben.

»Dann habe ich doch mit dir und nicht mit deiner Schwester gesprochen?«, fragte Michael und fuhr lachend fort: »Du hast mich reingelegt!«

»Ja, aber du hast mich zuerst reingelegt!«, sagte ich.

Wir prusteten beide los.

Schließlich wurde Michael wieder ernst und fuhr fort: »Also, Laura, ich trete nächste Woche in Lausanne auf, und ich möchte dich mit deiner Familie zu meinem Konzert einladen. Du sollst aber mit mir gemeinsam auf der Bühne ein Lied anstimmen, und zwar ›Heal the world‹. Das meine ich ernst. Bist du dabei?«

Ich musste nicht lange überlegen und sagte sofort zu. Wir verabschiedeten uns, und ich ging hoch erhobenen Hauptes ins Esszimmer zurück und setzte mich an meinen Platz.

Mein jüngerer Bruder Spencer rief neugierig: »Und, wie heißt dein neuer Freund? Wann trefft ihr euch?«

Ich drehte mich zu Spencer um: »Er heißt Michael Jackson, und wir treffen uns nächste Woche in Lausanne.«

Spencer sah mich mit großen Augen an, und ich fügte hinzu: »Auf der Bühne. Und du, kleiner Bruder, kommst mit mir dort hinauf!«

Dann wandte ich mich wieder meiner Suppe zu, als wäre nichts Besonderes passiert.

Eine Woche später, in der ich wenig geschlafen und viel Zeit vor dem Spiegel und mit Gesangsübungen verbracht hatte, war es dann soweit. Meine Eltern fuhren mit mir und meinem Bruder nach Lausanne. Meine Mutter hatte mir für den Auftritt einen Wunsch erfüllt und mir meine ersten hochhackigen Schuhe gekauft: Buffalo High Heels mit Plateausohlen. Ich hatte sie die ganze Woche ununterbrochen getragen und fühlte mich bereits wie ein Supermodel. Stolz folgte ich meinen Eltern, die Michael Jacksons Ehrengäste waren. Es war für alles gesorgt. Mein Bruder und ich erhielten Künstlerausweise und wurden zu Michael in die Garderobe gebracht.

Michael begrüßte uns freudig und meinte: »Bist du aber groß geworden!«

Dann fragte er ein wenig ernster: »Könnt ihr euren Text? Seid ihr aufgeregt?«

Spencer und ich nickten synchron und versuchten unsere Nervosität zu überspielen.

»Also, ich muss mich jetzt noch vorbereiten. Ihr könnt euch

die Show von ganz vorne anschauen und am Ende hole ich euch gemeinsam mit den anderen Kindern auf die Bühne. Ich wünsche euch viel Spaß!«, sagte Michael und ließ uns zu einem Seitenaufgang bringen. Von unserem Platz aus konnten wir die Bühne und die tausende Fans sehen, die dicht gedrängt davor standen. Sie schrien nach Michael und konnten es kaum erwarten, ihn zu sehen. Doch zuerst gab es eine imposante Videoshow, an deren Ende eine Rakete auf die Bühne schwebte. Die Luke öffnete sich, und der Raumfahrer trat heraus. Als er langsam zu seinem Helm griff und ihn abnahm, konnten sich die Fans nicht mehr halten. Michael Jackson war endlich gelandet und startete seine einzigartige Show.

Spencer und ich waren fasziniert von Michael, der auf der Bühne alles gab. Wir waren so mitgerissen von der Stimmung im Publikum, von der Lichtshow, den Tänzern und der Musik, dass wir unsere Nervosität vergaßen. Schließlich stimmte Michael Jackson »Heal the world« an, und obwohl es nicht gerade leise im Saal war, konnte ich mein eigenes Herz klopfen hören. Eine Dame führte uns und die anderen Kinder hinunter zur Bühne und gab uns letzte Anweisungen.

Dann war es soweit: Mein Bruder und ich gingen mit den anderen Hand in Hand auf die Bühne und bildeten einen Kreis um Michael, der weiter sang. Als wir an ihm vorbeigingen, nahm Michael meine Hand und die meines Bruders und trat mit uns zum Bühnenrand. Ich blickte auf das unglaubliche Lichtermeer vor mir. Jeder einzelne Fan hielt ein Feuerzeug in die Höhe und jubelte Michael und seiner Botschaft zu. Die Energie, die für alle zu spüren war, überwältigte mich für einen Moment, sodass ich zu singen vergaß. Doch dann stimmte ich mit ein und sang mit Michael »Heal the world«.

Als das Lied zu Ende war, hob er meine Hand und rief laut: »Laura, I love you!«

Michael führte uns bis an den Bühnenrand, zwinkerte mir zu und sagte: »Mein Manager hatte recht, du hast Talent!«

Nach dem Konzert ging ich mit meinen Eltern und Spencer zu unserem Auto und sah die vielen Menschen genau an, die das Konzert verließen. Nie zuvor oder danach im Leben habe ich so viele glückliche, lachende Gesichter gesehen.

WAS CHARLIE CHAPLIN UND
MICHAEL JACKSON VERBINDET

Der Bühnenauftritt mit Michael Jackson war eines der tollsten Erlebnisse meiner Kindheit. In diesem Alter war es für mich ungemein aufregend, so etwas erleben zu dürfen. Aber noch heute bin ich tief beeindruckt von Michael, der mit seiner Kunst so vielen Menschen Freude und Glück brachte. Er steht für mich als mein Idol in ein und derselben Reihe mit meinem Großvater. Und Michael war der tollste Freund, den ich als Kind hatte. Unser Kontakt riss jedoch nicht ab, als ich älter und schließlich erwachsen wurde.

Ich erinnere mich, dass er mich nach dem Konzert in Lausanne immer wieder anrief und ich ihm von weiteren Abenteuern mit meinen Ponys erzählte. Instinktiv spürte ich wohl auch, wenn es ihm nicht gut ging. Und ich bemerkte, dass ich ihn mit den Geschichten aus meiner bunten heilen Welt aufmuntern konnte. So erzählte ich, wie ich die Ponys zum Schwimmen in unseren Pool führte. Oder, dass ich auf einem der Ponys durchs Haus ritt, und dieses Pony dann zufällig auf einem der teuersten Teppiche meiner Eltern stehenblieb und dort seine Notdurft verrichtete. Ich erzählte ihm auch, wie meine Eltern sich darüber aufregten, und brachte Michael mit dieser und anderen Geschichten immer wieder zum Lachen.

Michael Jackson war ein großer Fan meines Großvaters und wusste alles über ihn. Er erzählte mir von seinem ersten Besuch im Manoir de Ban, als ich erst ein Jahr alt gewesen war und meine Großmutter noch gelebt hatte. Damals hatte Michael unbedingt unser Haus besuchen und einen Blick in unsere Archive werfen wollen. Sein Chauffeur hatte Probleme, den richtigen Weg zu finden, und so strandeten sie schließlich an einer Tankstelle, von der unser Butler sie abholen musste. Beim nächsten Mal war Michael zur Sicherheit gleich mit dem Helikopter gekommen.

Michael erzählte mir, wie sehr er meinen Großvater bewunderte und mich darum beneidete, im Manoir de Ban leben zu dürfen. Er hatte auch das Haus in London besucht, in dem mein Großvater aufgewachsen war. Michael hatte sich als Tramp verkleidet und sich genauso verlassen gefühlt wie mein Großvater als Kind. Auch Michael war als Kind oft einsam gewesen und ließ sich dann vom Song »Smile« meines Großvaters trösten.

Als ich später die Fotos von Michael Jackson sah und sie mit denen von Charlie Chaplin verglich, stellte ich eine außerordentlich große Ähnlichkeit fest. Michael Jackson war bei weitem nicht der einzige, der in das Outfit meines Großvaters schlüpfte und ihn verehrte. Aber er war vermutlich einer von denen, die sich besonders gut mit ihm identifizieren konnten. Genauso wie sein Idol musste Michael Jackson sehr schnell erwachsen werden und schon als Kind hart arbeiten. Und ebenso wie sein Vorbild wurde Michael Jackson weltberühmt, von Millionen Menschen geliebt und von einigen Neidern angefeindet. Es war kein Wunder, dass er sich mit Charlie Chaplin seelenverwandt fühlte.

Das Lied »Smile«, das mein Großvater ursprünglich für *Modern Times* komponiert und das Michael Jackson uns Kindern bei seinem Besuch vorgesungen hatte, blieb Michael

Jacksons Lieblingssong. Der Text enthält eine zeitlose Wahrheit: Auch wenn es manchmal einen Grund gibt, traurig zu sein, hat es keinen Sinn, in Trauer zu verharren. Es muss der Zeitpunkt kommen, an dem man sich selbst und anderen ein Lächeln schenkt und wieder fröhlich ist. Das Leben ist wertvoller und lebenswerter, wenn wir lächeln.

Michael hatte diesen Song als Kind jeden Tag gehört und hörte ihn immer wieder, wenn es ihm schlecht ging. Das Lied spendete ihm Trost, wenn die Traurigkeit seiner Kindheit zurückkehrte.

Es war eine Traurigkeit, die für mich als Kind zwar spürbar, aber schwer nachvollziehbar war. Erst später verstand ich, in welch privilegierten Verhältnissen ich aufgewachsen und wie glücklich und fröhlich meine eigene Kindheit gewesen war. Vielleicht hatte mir Michael deshalb so gerne zugehört und ein Stück von meinem unbeschwerten Glück miterlebt.

Am Telefon verabschiedete er sich oft mit den Worten: »Schenke täglich den Menschen ein Lächeln, und die Welt wird für alle ein besserer Platz.«

So war es auch das letzte Mal, wenige Wochen vor seinem Tod. Als ich von seinem tragischen und viel zu frühen Ende hörte, ging es mir wie Millionen seiner Fans: Ich wollte es nicht glauben. Ich wünschte mir, dass er mich wie damals mit verstellter Stimme anrufen und sich über mich lustig machen würde. Doch als mein Telefon läutete, war es meine Mutter, die ebenfalls die traurige Nachricht bekommen hatte und sich erkundigte, wie es mir ging. Wir telefonierten lange und sprachen über die Umstände von Michaels Tod. Wir riefen uns aber auch Michaels Besuche im Manoir de Ban und das Konzert in Lausanne in Erinnerung. Es war, als wäre ein Familienmitglied gestorben.

Als ich Michaels Begräbnisfeierlichkeiten verfolgte und

sein Bruder Jermaine zum Abschied Michaels Lieblingslied »Smile« sang, füllten sich meine Augen mit Tränen. Und während ich mir immer und immer wieder über die Wangen wischte, lächelte ich in Erinnerung an Michael, den Helden meiner Kindheit.

MAGISCHE KINDHEIT IM MANOIR DE BAN

Ich hatte das Glück, in dem Haus aufzuwachsen, das Charlie Chaplin 1952 gekauft und in dem er bis zu seinem Tod gelebt hatte: »Manoir de Ban« in Corsier-sur-Vevey am Genfer See.

Meine Kindheit dort war nicht nur glücklich und fröhlich, sondern geradezu magisch. Ich war umgeben von wunderbarer Natur, einer liebevollen Familie, hochinteressanten Gästen und nicht zuletzt vom Geist meines Großvaters Charlie Chaplin, der auch nach seinem Tod omnipräsent war. Sein Humanismus, seine Kreativität, seine Liebe zu den Menschen, seine Verehrung für den Zirkus und vor allem für Clowns waren überall im Haus sichtbar und spürbar und wurden von meiner Großmutter Oona und meinen Eltern an uns Kinder weitergegeben.

Da mein Großvater alles Mögliche an Kunst, Büchern und Filmen gesammelt hatte, war das Manoir de Ban wie ein großes Museum. Wir wuchsen umgeben von Kunst auf, und so begann ich mich schon als Kind dafür zu interessieren.

Mein Kindermädchen, Emma Chambers aus Irland, bemerkte, dass Zeichnen und Malen mir besonders großen Spaß machte. Sie war selbst Künstlerin und förderte mich, so viel und wo sie nur konnte. Sie saß oft stundenlang neben mir und lobte mich für meine Zeichnungen. Sie gab mir Tipps und Ideen und sorgte dafür, dass immer genügend Stifte und Papier in meiner Nähe waren. Ich liebte es, mit Anna gemeinsam im Garten zu sitzen, meine Umgebung zu beobachten und sie zu zeichnen. Wenn ein Bild fertig war, ermutigte Anna mich, es meiner Großmutter zu zeigen.

Meine Großmutter Oona freute sich, wenn ich halb stolz und halb schüchtern zu ihr gelaufen kam und ihr mein neuestes Kunstwerk präsentierte. Sie war es auch, die meine Bilder unseren Gästen zeigte. Sie erzählte mir, dass Großvater befürchtet hatte, seine Filme und seine Arbeit könnten eines Tages in Vergessenheit geraten, und erklärte mir, dass wir als seine Familie alles tun müssten, um die Menschen an ihn zu erinnern. So begann ich meinen Großvater als Tramp zu zeichnen, was meiner Oma besonders gut gefiel.

Eines Tages wollte einer unserer Gäste, dem sie meine Bilder zeigte, eines davon erwerben und bot mir dafür fünf Schweizer Franken. Ich konnte es kaum glauben. Fünf Schweizer Franken erhielt ich einmal im Monat als Taschengeld. Mit dem Verkauf von nur einer Zeichnung hatte ich mein monatliches Einkommen verdoppelt.

Ich beschloss, von nun an all unseren Gästen, ganz gleich ob Filmstars, Popstars, Bestsellerautoren oder Zirkusleute, meine Bilder zum Kauf anzubieten. Dafür schrieb ich eine Preisliste:

Kleine Zeichnungen: 2 Schweizer Franken
Mittelgroße Zeichnungen: 3 Schweizer Franken
Große Zeichnungen: 4 Schweizer Franken
Sehr große Zeichnungen: 5 Schweizer Franken

Da wir immer sehr viele Gäste hatten und meine Zeichnungen offenbar nicht so schlecht waren, füllte sich meine Sparbüchse schnell.

Als die Dreharbeiten zur Filmbiografie meines Großvaters begannen, ging das gesamte Filmteam in unserem Haus ein und aus. Die Schauspieler und der Regisseur Sir Richard Attenborough kamen fast täglich und aßen an unserem Esstisch, der ja ausreichend Platz bot. Ich war damals noch sehr jung und interessierte mich mehr für meine Ponys und die anderen Haustiere, für das Versteckspielen im Park und meine Spielsachen. Aber zwei Schauspieler sind mir dennoch besonders deutlich in Erinnerung geblieben. Der eine kam jeden Tag zum Abendessen. Ich dachte immer, dass er ein entfernter Verwandter von mir sei, da er Großvater ähnlich sah und auch alles über unsere Familie wusste. Er war immer sehr höflich und freundlich zu allen. Eines Abends nach dem Essen fragte ich ihn nach seinem Namen und er antwortete lächelnd: »Robert. Ich heiße Robert und wie heißt du?«

»Laura. Ich heiße Laura. Und wie genau bist du mit mir verwandt?«, fragte ich.

Robert blickte mich verdutzt an und begann zu lachen.

»Laura, es ist schön, dass du denkst, ich sei jemand aus dem Charlie-Chaplin-Clan! Das heißt, ich spiele meine Rolle nicht so schlecht!«

Nun sah ich ihn fragend an, und er erklärte:

»Ich darf deinen Großvater Charlie Chaplin im Film spielen und fühle mich auch wirklich schon wie er. Aber mein richtiger Name ist Robert, Robert Downey junior.«

Ich unterhielt mich also mit dem Hauptdarsteller des Films, der seine Rolle so gut spielte, dass er für den Oscar und für den Golden Globe nominiert wurde. Heute ist er einer der höchstbezahlten Hollywoodstars und einer meiner Lieblingsschauspieler.

Der Zweite, an den ich mich erinnere, war mir nicht von Anfang an so sympathisch. Im Gegenteil machte es mir richtig

Angst, wenn er sich in unserem Haus befand. Schuld daran war meine ältere Schwester Kiera, die mir gerne Gruselgeschichten erzählte. So hatte sie mir eingeredet, dass es in unserem Haus spukte. Eine der ehemaligen Bewohnerinnen des Manoir de Ban hatte sich nämlich über das Treppengeländer gestürzt und dabei das Genick gebrochen. Seither, so meine Schwester, trieb diese ehemalige Bewohnerin in unserem Haus des Nachts ihr Unwesen. Jedes Knistern, Knacken, Ächzen, Schnarren und Knurren, das die Balken und Dielen nachts von sich gaben, riefen mein Bewusstsein für das Gespenst wach, sodass ich mich in manchen Nächten ängstlich unter der Bettdecke versteckte.

Ein besonders gefährlicher Platz war die Bibliothek meines Großvaters. Dort stand ein riesiger Schreibtisch mit zwei aus Holz geschnitzten Köpfen an beiden Enden. Kiera hatte erzählt, die beiden Köpfe würden in der Nacht lebendig, sich zu drehen beginnen und durch die Bibliothek fliegen. Wer immer allein in der Nacht die Bibliothek betrat, sei verloren, denn die beiden bösen Geister würden ihn ins Reich der Toten mitnehmen. So gern ich tagsüber einen Blick in die Bibliothek und auch auf die beiden Holzköpfe warf, versuchte ich in der Nacht möglichst nicht in deren Nähe zu kommen.

Meine Schwester hatte also leichtes Spiel mit mir, als Anthony Hopkins zu den Dreharbeiten kam. Sie flüsterte mir ins Ohr, dieser Mann, der lachend mit meinem Vater am Tisch saß, sei in Wirklichkeit nicht Anthony, sondern Hannibal Lecter und tue schreckliche Dinge.

Am Tag darauf musste ich ihr zuerst schwören, dass ich unser Geheimnis niemandem weitererzählen würde, und dann zeigte sie mir Videoausschnitte aus dem Film *Das Schweigen der Lämmer*. Immer wenn Anthony Hopkins zum Essen kam, versuchte ich seinem Blick auszuweichen. Je heiterer und liebenswürdiger er sich mit jemandem unterhielt, desto größer wurde meine Angst.

In meiner Phantasie sah ich, wie er sich beim Dessert plötzlich in Hannibal Lecter, das gefährlichste aller menschlichen Monster, verwandelte und ein Gemetzel im Haus anrichtete. In der Nacht schob ich einen Schreibtisch vor meine Schlafzimmertür und versteckte ein Messer und eine Schere unter meinem Bett, um mich im Fall des Falles zur Wehr setzen zu können. Ich musste meine Familie warnen, bevor er Schlimmes anrichten konnte, auch wenn ich Kiera geschworen hatte, dieses Geheimnis für mich zu behalten.

So vertraute ich mich schließlich meiner Mutter an, die mich zuerst ungläubig anblickte und dann losprustete. Sie bekam einen richtigen Lachanfall, sodass ich für einen Moment befürchtete, sie selbst sei von Gespenstern befallen. Als sie sah, dass ich die Geschichte wirklich glaubte, beruhigte sie mich und erklärte mir, Anthony Hopkins spiele das Monster nur, so wie Robert Downey Jr. meinen Großvater. Meine Schwester Kiera musste eine ordentliche Standpauke über sich ergehen lassen.

VERTREIBUNG AUS DEM PARADIES

Als ich elf Jahre alt war, zog meine Mutter Bernadette, eine geborene McCready, mit uns Kindern nach Bishop's Stortford in Hertfordshire in der Nähe von London. Meine Mutter war in Belfast inmitten des blutigen Bürgerkriegs aufgewachsen und hatte schreckliche Dinge erlebt. Dennoch ist sie ein besonders humorvoller Mensch und hat mir und meinen Geschwistern gezeigt, dass man mit Humor und Lachen die schwierigsten Situationen bewältigen kann. Sie legte auch großen Wert auf eine gute Ausbildung und schickte mich auf eine öffentliche katholische Schule, die St. Mary's Catholic School. Zwar konnte ich mich ohne Probleme auf Englisch unterhalten, da in unserem Haus sowohl Englisch als auch Französisch gesprochen wurde, schreiben musste ich aber erst lernen.

Es war eine große Umstellung für mich, nach England zu ziehen. Im Manoir de Ban in der Schweiz war ich frei gewesen. In dem riesigen Haus konnten wir Kinder herumtollen, und es gab geheimnisvolle Ecken und viele Spielsachen. Das Haus war umgeben von einem endlos groß erscheinenden Grundstück. Wir hatten viele Haustiere und ich meine eigenen Ponys.

Nun lebte ich plötzlich in der Stadt und konnte mich nicht mehr so frei bewegen. Es war unmöglich, auf Ponys durch die Stadt zu reiten oder mit meinem Motorrad in die Schule zu rasen. Es war, als wäre ich aus einer magischen bunten Blase ausgetreten und plötzlich in der Wirklichkeit gelandet.

Bis dahin war das Leben mit all seinen wunderbaren Freiheiten für mich selbstverständlich und unkompliziert gewesen. Nun musste ich mich einigen Regeln beugen und unter anderem eine Schuluniform tragen. Und obwohl ich dadurch den anderen Kindern glich, bemerkte ich bald, dass der Name meines Großvaters noch wesentlich bekannter war, als ich bis dahin angenommen hatte. Alle meine Mitschüler und Mitschülerinnen kannten meinen Namen, und natürlich gab es darunter auch einige, die mich damit aufzogen.

»Chaplin? Du kannst sprechen?«, fragten sie mich, da mein Großvater mit Stummfilmen berühmt geworden war.

»Chaplin? Du kannst ja ganz normal gehen?«, zogen sie mich auf, da sie den berühmten Watschelgang des Tramps vor Augen hatten.

Trotz solcher gelegentlicher Hänseleien wurde mir in England erst richtig bewusst, dass es ein Privileg war, den Namen eines derart berühmten Mannes zu tragen. Bis dahin hatte ich nichts anderes gekannt und es daher nicht hinterfragt, in seinem Haus und in seinem direkten Einflussbereich aufzuwachsen. Das Ende dieser Selbstverständlichkeit bedeutete für mich gewissermaßen das Ende einer unbeschwerten Kindheit.

Was ich bei meiner Abreise nach England nicht wusste, war, dass ich das Haus meiner Kindheit tatsächlich für immer verlassen hatte. Sieben Jahre lang lebten wir in England, und als ich schließlich in die Schweiz zurückkehrte, war meine Familie aus dem Haus meines Großvaters ausgezogen. Der Tag meiner Abreise war für mich somit gewissermaßen eine Vertreibung aus dem Paradies, aber andererseits auch der erste Schritt zum Erwachsenwerden.

Anfangs fehlten mir vor allem meine Ponys. Meine Mutter meldete mich daher in einem Reitclub, der Hallingbury Hall Equestrian Stables an, sodass ich zumindest meine Leidenschaft für das Reiten weiterverfolgen konnte.

Meine ältere Schwester Kiera hatte eine andere Leidenschaft, und das war Modeln. Immer wieder erzählte sie mir von den interessanten Menschen, die sie dabei kennenlernte, und ließ mich ihre neuesten Kleidungsstücke anprobieren. In kürzester Zeit war sie sehr erfolgreich und schlug mir vor, es doch auch einmal zu versuchen.

Als ich dreizehn war, erlaubte mir meine Mutter, an einem ersten Fotoshooting in London teilzunehmen. Um ehrlich zu sein, ich war ein wenig enttäuscht. Die Modewelt war nur halb so lustig, wie meine große Schwester sie dargestellt hatte. Die meiste Zeit verbrachte ich damit, zu warten: auf den Make-up Artist, auf den Friseur, auf die Kleideranprobe, auf den Fotografen und auf all die anderen Leute, die dafür zuständig waren, dass ich gut aussah. Die Leute nahmen ihren Job alle furchtbar ernst und schienen sich für nichts anderes als genau dafür zu interessieren.

Obwohl all das im Vergleich zum Reiten ziemlich langweilig war, wollte ich meiner großen Schwester nacheifern. Ich war bei einer Agentur, die mir viele Aufträge verschaffte. So modelte ich für zahlreiche Magazine, für Tommy Hilfiger und für die kalifornische Jeansmarke Seven Jeans. Zwischen den Shootings musste ich natürlich die Schule besuchen und meiner Leidenschaft, dem Reiten, frönen. Zum Malen kam ich in dieser Zeit gar nicht. Doch so wie damals als Kind, als ich meine Zeichnungen verkauft hatte, war ich stolz darauf, mein eigenes Geld zu verdienen. Ich hätte mich sogar selbst damit über Wasser halten können, doch meine Mutter verwaltete mein Einkommen in mütterlicher Voraussicht. Mit dem Angesparten sollte ich mir später mein eigenes Haus bauen können.

Zwei Jahre modelte ich schon, als ein besonders lukrativer Auftrag kam. Ich sollte eine ganze Kollektion präsentieren. Am Tag vor dem Fotoshooting besuchte ich nach der Schule mein Pferd im Reitclub. Nachdem ich es warmgeritten hatte, wollte ich einige Kunststücke ausprobieren. Bei einem davon musste ich mich rücklings auf das Pferd setzen, was an und für sich kein Problem für mich war. Als mein Pferd lostrabte, hielt ich mich ohne Probleme auf seinem Rücken, natürlich ohne zu sehen, wohin es sich bewegte. Plötzlich scheute es, bäumte sich auf, und ich flog über sein Hinterteil in hohem Bogen durch die Luft. Ich landete ziemlich unsanft auf meinen Knien auf einem Holzbalken. Zum Glück hatte ich mir nichts gebrochen, aber in kürzester Zeit schwollen meine Knie, die Ober- und die Unterschenkel an. Im Vergleich zu meinem Motorradunfall war es halb so schlimm, und so stieg ich gleich wieder auf mein Pferd, diesmal aber richtig herum.

Am nächsten Tag erschien ich pünktlich zum Shooting. Zuerst waren die neuesten Jeans-Modelle, Blusen und Jacken dran. Dann sollte ich im Minirock posieren. Ich ging in die Garderobe, schlüpfte aus meiner Jeans und in den bereitgelegten Rock. So trat ich zurück ins Studio und vor die Kamera. Der Fotograf blickte durch seine Kamera, kratzte sich am Kopf, schaute noch einmal ungläubig durchs Objektiv und brüllte plötzlich los: »Was ist das für eine Sch… Was ist mit deinen Knien los? Die sind ja ganz schwarz.«

Ich stammelte: »Ja, ich bin gestern vom Pferd gefallen. Können Sie das nicht wegretuschieren?«

Der Mann sah mich einen Moment lang sprachlos an, und dann begann er zu toben. Er rief nach der Agentin und weigerte sich, seine Arbeit fortzusetzen. Nach diesem einschneidenden Erlebnis entschloss ich mich, meine Modelkarriere zu beenden, da sie sich offenbar nicht mit meiner großen Leidenschaft, dem Reiten, verbinden ließ.

Nach dem Ende meiner Schulzeit kehrte ich in die Schweiz zurück, um an der Kunstakademie in Lausanne Mode und Design zu studieren. Unser Haus war mittlerweile an einen Investmentfonds verkauft worden, der ein Charlie-Chaplin-Museum darin einzurichten versprach. Ich musste mir also ein neues Heim suchen und entschloss mich, mir ein eigenes kleines Haus zu bauen. Ich erwarb ein kleines Grundstück im Rhonetal, zwischen dem Genfer See und dem Mont-Blanc-Massiv, und begann zu planen.

Meine Mutter wollte ebenfalls zurück in die Schweiz kommen, um hier ihren Geburtstag zu feiern. Als Geschenk wünschte sie sich von mir ein Bild. So beschloss ich, wieder mit dem Malen zu beginnen, und richtete mir in einer Garage mein erstes eigenes Atelier ein.

Als das Bild für meine Mutter fast fertig war, besuchte mich eine Freundin, deren Tante eine Galerie in Montreux besaß. Sie war begeistert von meiner Arbeit und schlug vor, sie ihrer Tante zu zeigen. Als diese ebenfalls von meiner Kunst angetan war, machte sie mir einen Vorschlag: Ein Jahr lang hätte ich Zeit, um vierzig Bilder zu malen und dann diese Werke in ihrer Galerie auszustellen. Ich schlug in den Handel ein und malte ein Jahr lang Tag und Nacht in meiner Garage, während mein Haus gebaut wurde und langsam Form annahm.

Schließlich kam der Tag meiner ersten Vernissage. Der Andrang war so groß, dass die Menschen auf der Straße vor der Galerie stehen mussten. Die Ausstellung war erfolgreich, und vierunddreißig meiner Bilder wurden verkauft. Hinzu kam, dass ich nun eingeladen wurde, in anderen Galerien auszustellen. An diesem Tag bekam ich aber auch noch eine andere Einladung, die meinem Leben eine neue Richtung gab.

EINE REISE NACH KOLUMBIEN
VERÄNDERT MEIN LEBEN

Das erste Bild, das ich verkaufte, stellte eine Szene aus Charlie Chaplins Film *The Kid* dar. Der Käufer war der Präsident der Schweizer Kinderstiftung Moi pour Toit, die sich in Kolumbien um Straßenkinder kümmerte. Er hatte sich in dieses Bild verliebt und war von mir als Künstlerin begeistert. Er erzählte mir von seiner Arbeit in Kolumbien und fragte mich, ob ich für die Stiftung Moi pour Toit tätig werden wolle. Ich erklärte ihm, dass ich nur zusagen könne, wenn ich die Arbeit der Stiftung näher kennenlernen kann. Und so nahm ich seine Einladung an, zu diesem Zweck nach Pereira zu reisen.

Doch so einfach konnte ich nicht los, denn ich hatte ja Verpflichtungen. Wie bei jedem Hausbau gab es eine Menge kleiner und großer Probleme, die mich forderten und meine Nerven strapazierten. Kurz vor meiner Abreise wurden die Türen geliefert, aber aus irgendeinem unerfindlichen Grund hatten sie keine Türklinken. Ich war kurz davor, die Reise abzublasen, aber eine innere Stimme sagte mir, ich müsse trotzdem fahren. Also brach ich auf.

Auf dem Flug nach Kolumbien las ich mehr über Moi pour Toit, das Land und die Stadt Pereira, wo mich die Mitarbeiterinnen und Mitarbeiter der Stiftung erwarteten. Obwohl es beim Fliegen keine Turbulenzen gab, wurde mir beim Lesen richtig mulmig.

Pereira liegt im goldenen Dreieck der kolumbianischen Drogenmafia, zwischen Bogotá, Medellín und Cali. Die Wirtschaft des Landes befand sich seit Jahren am Boden. Pereira galt als Hochburg der organisierten Kriminalität und wurde zusätzlich von Straßengangs aus arbeitslosen Jugendlichen terrorisiert. Neunzig Prozent aller Todesfälle waren die Folge von Schussverletzungen, was einen weltweit traurigen Rekord darstellte. Den einzigen Lichtblick bildeten die Frauen von Pereira, die kürzlich in einen Sexstreik getreten waren. Damit wollten sie die Männer zwingen, mit dem sinnlosen Morden aufzuhören. Ich hoffte, die Frauen hatten mit dieser unkonventionellen Methode Erfolg, denn zur Umkehr war es für mich zu spät. Mein Flugzeug setzte zur Landung an.

Am Flughafen holten mich der Präsident und einige Begleiter mit einem klapprigen Bus ab und fuhren mit mir durchs kolumbianische Hochland. Der Zustand der Straßen war besorgniserregend, doch der Busfahrer war offenbar daran gewöhnt, denn er manövrierte das Fahrzeug mit bemerkenswerter Geschicklichkeit im Slalom um die tiefsten Schlaglöcher herum. Der Anblick der Vegetation nahm mich bald völlig gefangen. Ich war bis dato noch nie in den Tropen gewesen und konnte mich an den verschiedenen Grüntönen des Dschungels nicht sattsehen. Es war hier so viel anders und doch ähnlich bezaubernd wie die Landschaft rund um den Genfer See.

Schließlich erreichten wir die »Finca« und passierten das Eingangstor, das ein Wachmann hütete. Auf dem Gelände, so erklärte mir der Präsident der Stiftung, gab es ein Haupthaus, eine Unterkunft für kleine Kinder und je eine für die männlichen und weiblichen Jugendlichen sowie einige Häuser für die Mitarbeiter der Stiftung, die hier lebten. Es gab auch Atelierräume, in denen die Kinder backen, nähen, mit Holz, aber auch mit Computern arbeiten konnten. Alles war umgeben von Kaffee- und Bananenplantagen und sah für mich einfach nur magisch aus. Es war so ruhig und die Atmosphäre voll positiver Energie, dass ich fast vergaß, was ich in meinem

Reiseführer gelesen hatte und warum sich die Kinder und Jugendlichen an diesem Ort befanden.

Es gab ungefähr hundert kleinere Kinder und achtzig Jugendliche, die sich zu meiner Ankunft fein herausgeputzt und vor dem Haupthaus versammelt hatten. Sie trugen ihre roten Moi-pour-Toit-Sweatshirts und stimmten ein kolumbianisches Lied an, mit dem sie mich begrüßten. Danach zeigten mir die Mitarbeiter das Camp und meine Unterkunft, und gemeinsam besprachen wir, wie ich mich sinnvoll einbringen konnte.

In den folgenden drei Wochen verbrachte ich jeden Tag mit den Kindern. Wir malten gemeinsam, sahen uns Charlie-Chaplin-Filme an und übten ein Theaterstück ein. Wir spielten Szenen aus *The Kid* nach, und die Kinder lernten Charlie Chaplin lieben und konnten sich an den Abenteuern des Tramps nicht sattsehen.

Mit jedem Tag, den ich mit den Kleinen verbrachte, erschienen mir meine eigenen Probleme geringer und unbedeutender. Ich erzählte den Kindern aus dem Leben meines Großvaters, der, ähnlich wie sie, als bitterarmer Junge in den Straßen Londons aufgewachsen war und es mit seinem Fleiß, seiner positiven Einstellung und seinem festen Glauben an sich selbst zum berühmtesten Schauspieler der Welt gebracht hatte.

Eines der Kinder fragte mich, wann denn Charlie Chaplin nach Pereira kommen werde, und ich entgegnete, dass er leider schon tot sei. Daraufhin fragten mehrere Kinder gleichzeitig: »Laura, wann wurde er erschossen?«

Ich erzählte ihnen, dass er als alter Mann im Kreise seiner Familie friedlich eingeschlafen war. Die Kinder blickten mich ungläubig an. Diese Art zu sterben war ihnen hier fremd.

Bei meinen Malkursen fiel mir ein kleiner Junge auf, der immer schüchtern auf der Seite stand und uns beim Malen nur beobachtete. Einmal ging ich zu ihm hin und fragte ihn nach seinem Namen.

»Manolo«, antwortete er leise.

»Manolo, komm. Setz dich zu mir. Malen wir gemeinsam ein Bild«, forderte ich ihn freundlich auf.

Manolo folgte mir und nahm neben mir Platz. Ich gab ihm Stifte und Papier, aber er malte nicht, sondern blickte nur auf das weiße Blatt. Ich nahm vorsichtig seine Hand und bemalte sie mit Farbe. Manolo sah mich ein wenig ängstlich, aber auch neugierig an. Ich drückte seine Hand sanft auf das weiße Blatt Papier und hob sie wieder hoch. Manolo blickte auf den roten Abdruck seiner Hand auf dem Papier. Dann lächelte er mich an.

Ich nahm seine andere Hand und bestrich sie mit blauer Farbe. Wieder drückte ich sie sanft auf das Papier und wartete ab. Manolo wartete ebenfalls. Dann hob er die Hand und sah fasziniert auf den Abdruck. Nach einer Weile blickte er hoch und zeigte mit seiner blau angemalten Hand auf den roten Farbtopf, um mich aufzufordern, seine rot angemalte Hand mit frischer Farbe zu bemalen. Ich tauchte den dicken Pinsel tief in die rote Farbe, nahm Manolos Hand und bemalte sie erneut. Diesmal drückte Manolo seine Hand alleine auf das Zeichenpapier, hob sie danach vorsichtig hoch und sah mich voller Stolz an.

»Muy bien, sehr gut, Manolo«, lobte ich den kleinen Jungen, der nun übers ganze Gesicht strahlte. Er nahm nun den Pinsel selbst in die Hand und bemalte seine Hände allein. Ein Handabdruck folgte auf den nächsten, bis das ganze Blatt voll war. Ich beobachtete aufmerksam, wie er, der zuvor die ganze Zeit allein dagestanden hatte, nun voller Freude sich selbst und die Lust an der Farbe und dem Gestalten zu entdecken begann. Manolo blickte mich mit seinen strahlend grünen Augen an, nahm das Blatt, drückte es mir in die Hand und flüsterte: »Für dich, Laura.«

In diesem Augenblick schossen Tränen des Glücks in meine Augen. Ich spürte, wie ein warmes Gefühl der Freude und Dankbarkeit durch meinen Körper strömte. Es war ein magischer Moment, der durch Zuneigung und Liebe zwischen uns beiden entstand.

Manolo und ich wurden Freunde, und er wich bis zu meiner Abreise nicht mehr von meiner Seite.

Am nächsten Tag bat mich die Leiterin des Camps zu einem vertraulichen Gespräch, um mich über Manolos kurzes, tragisches Leben zu informieren: Manolos Mutter verschwand eines Tages, und so musste er bei seinem Vater aufwachsen. Er durfte aber nicht in seiner Hütte wohnen, sondern wurde von ihm in einen kleinen Käfig in den Schweinestall gesperrt. Der Vater holte den kleinen Jungen nur aus dem Stall, um ihn sexuell zu missbrauchen und ihn danach wieder in den Käfig im Schweinestall zu sperren. Das Martyrium des Kleinen dauerte mehrere Jahre, bevor endlich die Nachbarn die Behörden informierten.

Als man ihn fand, konnte er nicht richtig laufen, da er die ganze Zeit eingesperrt gewesen war. Er konnte nicht sprechen, da niemand mit ihm je gesprochen hatte, und sein Körper war mit Krätze übersät, da er nie gewaschen worden war. Manolos Elend war unsäglich groß, und selbst für die Mitarbeiter von Moi pour Toit, die zuvor schon viel Leid gesehen hatten, nur schwer zu fassen.

Nach dem Gespräch zog ich mich in mein Zimmer zurück und setzte mich auf mein Bett. Ich dachte an meine eigene Kindheit im Manoir und an Monolos Leben, das bis dahin so leidvoll gewesen war. Meine Augen füllten sich mit Tränen, liefen meine Wangen hinunter und tropften auf meine Oberschenkel. Zuerst versuchte ich noch, sie wegzuwischen, aber bald bemerkte ich, wie sinnlos es war. Ich weinte, wie ich nie zuvor in meinem Leben geweint hatte. Ich konnte einfach nicht mehr aufhören. Ich konnte und wollte nicht verstehen, wie Menschen, Eltern, Väter ihren Kindern so etwas unbeschreiblich Grausames antun können.

»Was sind das für Menschen?«, rief ich.

»In welcher Welt leben wir?«, schluchzte ich.

Ich war so wütend auf diese Erwachsenen und verzweifelt über das Leid auf der Welt. Nachdem ich mich ausgeweint hatte, schämte ich mich maßlos für meine lächerlichen »Probleme«, die mich zu Hause bedrückt hatten. Mein Blick wurde mit einem Mal so klar wie die Luft nach einem heftigen Regenguss. Ich begriff, was für ein privilegiertes Leben ich als Kind geführt hatte und immer noch führen durfte. Ich verspürte große Dankbarkeit gegenüber meiner Familie und meinem Schicksal. Diese Dankbarkeit erfüllte mich mit Demut, und ich verspürte den Wunsch, der Welt etwas von dem Positiven zurückzugeben, mit dem sie mich beschenkt hatte. Von nun an wollte ich mich für meine Mitmenschen einsetzen und versuchen, die Welt besser und schöner für alle zu machen. Ich wusste damals noch nicht genau, auf welche Art und Weise ich dazu beitragen könnte, doch ich war fest entschlossen, den richtigen Weg zu finden und ihn mit all meiner Energie zu verfolgen.

Manolo malte von nun an jeden Tag und schenkte mir seine Bilder. Doch nicht nur das, er schenkte mir auch jedes Mal, wenn er mich sah, ein Lächeln. Das Strahlen seiner Augen werde ich niemals vergessen, und er wird immer einen besonderen Platz in meinem Herzen haben.

In diesen drei Wochen in Kolumbien wurde mir so richtig bewusst, wie wichtig es ist, Kindern Aufmerksamkeit, Zuneigung und Lächeln zu schenken. Kinder, egal ob in Europa, Amerika oder in Pereira, einem der gefährlichsten Orte der Welt. Sie sind dankbar für jedes einzelne Lächeln, das man ihnen schenkt. Das gilt besonders für die Kleinen, aber auch für Erwachsene. Auf meinem Rückflug dachte ich lange darüber nach, was ich tun könnte, um diese Welt zu einem fröhlichen Ort zu machen. Ich kam zu dem Schluss, auf meine eigene Weise an die Arbeit meines Großvaters Charlie Chaplin anzuschließen und die Menschen auf dieser Welt zum Lächeln und zum Lachen zu bringen.

Wie das oft so ist, wenn man sich etwas von Herzen wünscht, brachte mich das Schicksal bald mit den richtigen Menschen zusammen, die mir dabei halfen, meinen Traum zu verwirklichen.

EINE IDEE WIRD GEBOREN

In die Schweiz zurückgekehrt, kontaktierte mich wenige Wochen später ein befreundeter Arzt, der Gynäkologe Igor Martinek aus Montreux, der Bilder von mir gekauft hatte. Ich hatte mich bereits mit ihm darüber unterhalten, dass ich mit meiner Kunst Wohltätigkeitsveranstaltungen unterstützen wolle. Er erzählte mir nun von der Desert Flower Foundation, die von dem ehemaligen somalischen Supermodel Waris Dirie gegründet worden war. Er wollte in seiner Swiss Women's Clinic in Montreux eine Charity-Veranstaltung durchführen und lud mich dazu ein.

Ich sagte sofort zu, da ich die Arbeit der Desert Flower Foundation kannte und sie extrem wichtig finde. Außerdem bin ich vom Lebensweg der Gründerin Waris Dirie sehr beeindruckt.

Sie wurde als kleines Nomadenmädchen Opfer von Genitalverstümmelung und nutzte ihre Berühmtheit als Supermodel, um über ihr Schicksal zu sprechen. Ihre Biografie *Wüstenblume* (1998) wurde ein Weltbestseller und später sogar verfilmt. Die Autorin wurde von der UN zur Sonderbotschafterin für FGM – so die Abkürzung des englischen Begriffs *female genital mutilation* – ernannt. 2002 gründete Waris Dirie die Desert Flower Foundation, die heute weltweit im Kampf gegen FGM tätig ist.

An diesem Charity-Abend in Montreux lernte ich Walter, den Manager von Waris und den Geschäftsführer der Desert Flower Foundation kennen. Walter erzählte mir von seiner Arbeit, und ich berichtete von meinen Erlebnissen bei Moi pour Toit und von meinem Wunsch, die Welt zu einem besseren Ort zu machen. Später am Abend gingen wir auf die Terrasse des Hotels und sprachen lange über die Filme meines Großvaters, die im Kern so ernste Themen behandeln und die Menschen dennoch zum Lachen bringen. Wir tauschten uns darüber aus, wie wichtig Humor und Lachen für die Menschen sind, und waren uns einig, dass heute viel zu wenig gelacht wird. Wir machten als Gründe dafür den allgegenwärtigen Stress, den Optimierungswahn und den täglichen Druck zu funktionieren aus.

Wir sprachen auch darüber, dass der unaufhörliche Fluss von schlechten Nachrichten aus aller Welt, dem wir täglich ausgesetzt sind, viele Menschen zur Annahme verleiten mag, es gebe nur noch Krieg, Terror, Flüchtlingselend, Wirtschaftskrise und Klimawandel, also keinen Grund mehr zum Lachen.

Wir blickten von der Hotelterrasse auf den Genfer See und die Alpen mit dem Mont-Blanc-Massiv. Entlang der sogenannten Schweizer Riviera, wie der Uferstreifen am See hier liebevoll genannt wird, funkelten die Lichter der Hotels, Restaurants, und auf dem See leuchteten die grünen und roten Lichter der Yachten und der späten Ausflugsschiffe. Wir genossen den Ausblick sehr.

»Lachen und Humor ist ein sehr komplexes Thema«, meinte Walter.

»Ja, das ist es. Und es ist für uns Menschen von größter Bedeutung, sowohl für das seelische Gleichgewicht eines jeden als auch für das friedliche Zusammenleben unserer Gesellschaft«, fügte ich hinzu und fuhr fort:

»Doch es scheint, als verlernten die Menschen das Lachen. Sieh dir die Menschen auf der Straße und in den öffentlichen Verkehrsmitteln der Städte an. Sie sitzen, gehen, stehen mit versteinerter Miene da, blicken starr vor sich hin oder in ihre

Smartphones. Als hätten sie Angst zu kommunizieren und sich dabei zu öffnen. Es liegt so eine große Einsamkeit in ihrem Verhalten. Als würde das Leben, das sie führen, sie krank machen. Dabei ist ein Lächeln oder ein gemeinsames Lachen doch so eine einfache und wirksame Therapie bei Stress und Einsamkeit, oder?«

»Laura, du hast recht. Was hältst du davon, wenn wir uns noch einmal ausführlicher über deine Ideen unterhalten? Ich möchte dir helfen, etwas auf die Beine zu stellen«, sagte Walter.

»Ja, sehr gerne!«, erwiderte ich, »Ich möchte einen Weg finden, die Welt zu einem Ort der Heiterkeit und Fröhlichkeit zu machen. Mein Ziel ist es, die Menschen wieder zum Lachen zu bringen und sie dazu zu verführen, sich öfter mit einem Lächeln zu begegnen!«

Wir lächelten uns an und verabredeten uns für den kommenden Tag zum Mittagessen.

Wir trafen uns in meinem Lieblingslokal Le Baron Tavernier in Chexbres, nur wenige Minuten vom Manoir de Ban entfernt. Auch hier bot sich uns ein atemberaubender Ausblick auf den Genfer See. Obwohl ich in dieser herrlichen Gegend aufgewachsen bin, war ich ergriffen. Dies war der richtige Ort, um unsere Gedanken in die Weite und Höhe schweifen zu lassen.

Wir unterhielten uns über mein Ziel, die Welt zu einem fröhlicheren Ort zu machen, und über die Möglichkeiten, dies erreichen zu können. Wir beschlossen, uns eingehend mit den Themen Lachen und Humor auseinanderzusetzen und alle Informationen darüber, derer wir habhaft werden konnten, zusammenzutragen. Von der Arbeit und dem Leben meines Großvaters ausgehend, wollten wir versuchen, eine Brücke in die heutige Zeit zu schlagen. Wir wollten uns mit den lustigen und positiven Seiten des Lachens ebenso beschäftigen wie mit den ernsten. Wir würden Künstler einbeziehen, die sich mit den Themen Lachen und Humor auseinandersetzen, wir würden Experten das Wesen von Clowns ergründen lassen und am Ende einen Weg finden, das Lachen als Menschenrecht zu verankern.

2
LACHEN – DIE MÄCHTIGSTE WAFFE DER WELT

Ich besuche Wien, wie mein Großvater im Jahr 1931, und treffe dort auf Johann Strauss, Sigmund Freud und lustige Experten zum Thema Lachen. In Wien begegne ich aber auch dem Geist des Diktators Adolf Hitler.

Lasst uns diese Ketten sprengen, lasst uns kämpfen für eine bessere Welt, lasst uns kämpfen für die Freiheit in der Welt, das ist ein Ziel, für das es sich zu kämpfen lohnt! Nieder mit der Unterdrückung, dem Hass und der Intoleranz.

AUS CHARLIE CHAPLINS FILM
DER GROSSE DIKTATOR

DER POPULÄRSTE FILMSTAR
UND DER GROSSE DIKTATOR

»Stürmischer Empfang des populärsten Filmstars der Welt
in Wien« ist auf dem verwackelten Insert, eine Texteinblen-
dung des kurzen Wochenschaubeitrags vom 16. März 1931 zu
lesen. Eine Dampflokomotive fährt in den Wiener Franz-Jo-
sefs-Bahnhof ein. Menschen drängen sich vor dem einfahren-
den Zug. Sie sind auf Bäume, Zäune, Laternenmasten und Ab-
sperrungen geklettert, um ihr Idol zu sehen. Die Polizei kann
die Menge nicht mehr zurückdrängen. Charlie Chaplin steigt
aus dem Zug und wird sofort von den jubelnden Menschen
hochgehoben und auf Händen durch die Stadt getragen. In
der Hand hält er seinen Hut und den berühmten Spazierstock.
Er winkt mit seinem Hut und tausende Menschen winken mit
ihren Hüten dem großen Künstler zu. Immer wieder versucht
die Polizei die Menge abzudrängen und Charlie Chaplin aus
seiner nicht ungefährlichen Lage zu befreien. Vergeblich!
Charlie Chaplin gehört seinem enthusiastischen Publikum,
das ihn wie einen Messias feiert und nicht mehr freigeben will.
Wenig später im Wiener Hotel Imperial spricht er erstmals in
eine Tonfilmkamera.

Walter, der mich nach Wien eingeladen hatte, schaltete den
DVD-Player mit dem Beitrag vom vielumjubelten Besuch meines Großvaters in Wien ab.

»Es ist verrückt, Laura«, sagte er, »nur sieben Jahre später haben die Wiener und Wienerinnen Adolf Hitler einen ähnlich triumphalen Empfang bereitet und sich für den Anschluss an Deutschland und die Nazidiktatur entschieden. Schon am Tag danach wurden 70 000 Menschen in Wien verhaftet und in Konzentrationslager verfrachtet. Nur wenige haben überlebt.«

Ich schüttelte betreten den Kopf, und Walter fuhr fort:

»Es kam auch schon zu Tumulten, als dein Großvater 1931 in Berlin war. Er wollte seinen neuen Film *Lichter der Großstadt* präsentieren, und die Nationalsozialisten haben versucht, die Menschen an den Kinokassen davon abzuhalten, Tickets für den Film zu kaufen. Sie haben die Eingänge blockiert.«

»Ja«, erwiderte ich, »die Nazis haben meinen Großvater gehasst. Und das lange bevor er den Film *Der große Diktator* gedreht hatte. Nach ihrer Machtübernahme waren alle seine Filme bis zum Ende des Zweiten Weltkriegs im Dritten Reich verboten. ›Staatsfeind Charlie Chaplin‹ titelten die Propagandaschriften der NSDAP.«

»Hast du von dem Bartstreit gehört, der von den Medien losgetreten wurde?«, fragte mich Walter.

»Ja, natürlich. Das war richtig absurd. Die internationalen Medien stritten sich damals über die Frage, ob Adolf Hitler den Schnauzbart des Tramps kopiert hatte oder ob der Tramp unverschämterweise Hitlers Schnauzbart kopierte. Heute findet man im Internet noch Diskussionen darüber. Dabei war der Tramp bei Hitlers Aufstieg schon längst weltberühmt!«, meinte ich.

Walter und ich unterhielten uns lange über den Film *Der große Diktator*, meinen Großvater und seinen ungleichen Kampf gegen Adolf Hitler.

Die Ähnlichkeit zwischen meinem Großvater, der sich als

Humanist und Künstler zum Wohl der Menschheit eingesetzt, und Adolf Hitler, der so viel Leid über die Welt gebracht hatte, fand ich schon immer ein wenig irritierend. Die beiden waren fast auf den Tag gleich alt und hatten einige Gemeinsamkeiten, über die Journalisten und Historiker bis heute schreiben. Für mich sind die zwei wie Tag und Nacht, doch mein Großvater war sich einer gewissen Ähnlichkeit wohlbewusst und machte sich diese zu Nutze.

Charlie hatte vorausgesehen, wohin Adolf Hitler und sein faschistisches Regime die Welt führen würden. Also beschloss er, mit seiner eigenen Waffe zurückzuschlagen und einen Film über Adolf Hitler zu drehen. Er machte sich an die Arbeit zu *Der große Diktator*. Dies war allerdings kein einfaches Unterfangen, denn Adolf Hitler hatte damals nicht nur in Deutschland Millionen Anhänger. Vielmehr hielten politische und religiöse Führer aus der ganzen Welt Adolf Hitler für den Retter des christlichen Abendlands, der die Welt vor der kommunistischen Bedrohung bewahren sollte.

Durch die Weltwirtschaftskrise hatten Millionen Menschen ihre Arbeitsplätze und oft auch ihre gesamten Ersparnisse verloren und mussten hungern. Auch in Amerika hatte man damals nichts dagegen, dass Hitler die Wirtschaft ankurbeln und Arbeitsplätze schaffen würde. Heute wissen wir, wohin das führte, aber damals hatte Hitler überall auf der Welt Befürworter.

Mein Großvater hielt Adolf Hitler allerdings für einen eingebildeten Psychopathen mit einem obszön komischen Gesicht. Mit seinem Auftreten und seiner Politik übertraf er jeden Hochstapler bei weitem. Charlie hatte einen unbestechlichen Blick für Hitler. Er durchschaute die wahren Absichten dieses Massenmörders und sah die Katastrophe voraus, in die dieser Diktator die Welt stürzen würde.

Obwohl sich die Katastrophe ankündigte und allmählich aufbaute, waren die USA daran interessiert, mit Deutschland gute Geschäfte zu machen. Daher galt Adolf Hitler auch in den USA als unantastbar, und die Financiers in Hollywood weigerten sich, Geld in ein Filmprojekt zu investieren, das sich über den Führer lustig machte. Mein Großvater wurde deswegen von der amerikanischen Presse und von Hollywoodproduzenten angefeindet. Natürlich lag es auch daran, dass deutsche Diplomaten mehrmals bei US-Ministerien intervenierten, um die Dreharbeiten zu der *Der große Diktator* zu verhindern. Zuletzt drohte Hitlers Regierung der US-Regierung sogar ganz offen mit schweren diplomatischen Konsequenzen, sollten sie die Dreharbeiten zu diesem Film nicht unterbinden. Und schließlich kündigten deutsche Regierungsvertreter an, alle US-Filme in Deutschland verbieten zu lassen, falls Charlie Chaplin seinen Film drehen dürfte.

So war es kein Wunder, dass Hollywoods Produzenten sich von dem Projekt distanzierten und mein Großvater den Film schließlich allein finanzieren musste. Zum Glück hatte er selbst die zwei Millionen Dollar, die er dafür benötigte. Die deutsche Presse raste vor Zorn, spuckte Gift und Galle und titelte: »Der Film der jüdischen Weltverschwörung«, »Ein minderwertiger Witz von Jud Chaplin« und »Chaplins Filmhetze gegen Deutschland«. Adolf Hitler nannte meinen Großvater einen »Weltbrunnenvergifter und Kriminellen«.

Ungeachtet aller Drohungen und Warnungen, aller Verunglimpfungen und Beschimpfungen machte sich mein Großvater für seinen genialsten Schuss aus der Wunderwaffe Satire bereit.

Im Film spielte er zum ersten Mal zwei Rollen gleichzeitig: Zum einen den auf der ganzen Welt bekannten und beliebten Tramp: In diesem Film ist er ein jüdischer Friseur, der in der

Endphase des Ersten Weltkriegs einen Flugzeugabsturz erleidet und viele Jahre mit Gedächtnisverlust im Krankenhaus verbringt. Erst kurz vor Beginn des Zweiten Weltkriegs kehrt er zu seinem Friseurladen im jüdischen Ghetto zurück.

Zum anderen spielte Charlie Chaplin einen Diktator mit dem Namen Adenoid Hynkel, der im Staat Tomanien herrscht und hinter dem Rücken des Herrschers von Bakteria, einem gewissen Benzino Napoloni, als ersten Schritt zur Weltherrschaft die Invasion des Nachbarlandes Osterlitsch vorbereitet.

Am Ende der Geschichte kommt es zu einer Verwechslung der beiden Charaktere, wobei der Diktator selbst im Konzentrationslager landet und der jüdische Friseur an seiner Stelle die auch im Radio übertragene Rede vor dem Volk des gerade besetzten Osterlitsch halten muss. Anfangs noch zögernd, hält er eine flammende Rede, in der er sich für Menschlichkeit und Weltfrieden einsetzt.

Tomanien und Osterlitsch weisen unverkennbar Ähnlichkeiten mit Deutschland und Österreich auf, und Hitler ist unschwer als Vorlage für die Figur des Hynkel zu erkennen.

Nie davor und nie danach wurde in einem Film ein Diktator mit den Waffen des Humors und des Lachens so bloßgestellt und seine schändlichen Pläne und Absichten damit entlarvt. Mein Großvater Charlie Chaplin, der beliebteste Schauspieler der Welt, legte sich mit Adolf Hitler, dem schon bald unbeliebtesten, damals aber mächtigen Herrscher an und demaskierte ihn vor aller Welt: Der große Diktator Hynkel ist zwar ein Meister der Rhetorik, Selbstinszenierung und Machtbeeinflussung, und er kann sogar Klavier spielen. Aber er ist auch unglaublich arrogant, eingebildet und eitel, unreif und unprofessionell. Zudem ist er ängstlich und völlig abhängig von seinen Beratern. Hynkel ist außerdem brutal und will nicht nur Juden, sondern auch alle Brünetten dieser Welt vernichten, ausgenommen natürlich sich selbst. Mein Großvater schuf mit dieser Figur das facettenreiche Psychogramm eines kleingeistigen Größenwahnsinnigen, der die gesamte Welt bedroht. Diese Bedrohung, über die wir heute lachen können, war damals bittere Realität. Und erst als der amerikanische Präsident Franklin D. Roosevelt meinem Großvater persönlich seine Unterstützung zusagte, konnte Charlie Chaplin mit den Dreharbeiten beginnen.

»Ich liebe diesen Film! Die Rede, die mein Großvater als jüdischer Friseur anstelle des Diktators hält, ist sicherlich die beste Rede der Filmgeschichte und eine der stärksten Reden der Geschichte«, urteilte ich.

»Ich kann dir nur beipflichten, Laura!«, rief Walter.

»Aber lass uns ein wenig frische Luft schnuppern und durch die Stadt bummeln. Immerhin bin ich zum ersten Mal in Wien und möchte die Stadt sehen und spüren.«

»Gut! Darf ich dein Führer, ich meine dein Tourguide sein?«, fragte Walter.

Ich nickte lachend. Obwohl ich von meinen deutschsprachigen Freunden gelernt hatte, dass »Führer« auf Deutsch eigentlich ein ganz normales Wort ist und es vor und nach Hitler Fremdenführer, Zugführer und so weiter gegeben hat, berührt mich diese Vokabel nach unserem Ausflug in die Vergangenheit doch seltsam.

SIGMUND FREUD UND DIE DUNKLE VERGANGENHEIT DES HELDENPLATZES

Wir verließen das Hotel an der Wiener Ringstraße und spazierten zum nahegelegenen Stadtpark, einer grünen Oase im Herzen Wiens. Überall dort, zwischen Bäumen, Büschen und Blumenbeeten stehen Skulpturen und Denkmäler berühmter Schriftsteller und Komponisten. In der Mitte der Grünfläche drängten sich an dem Tag fröhlich lachende und sich im Kreis wiegende Menschen in einem Meer von Selfie-Stangen, Kameras und Smartphones vor einer goldenen Statue.

»Das ist der Walzerkönig Johann Strauss«, erklärte mir Walter, »Walzer stimmt Menschen bekanntlich fröhlich. Wien ist die Stadt des Walzers, also auch eine Stadt der Fröhlichkeit. Wer Walzer tanzt, lacht, fühlt sich leicht und zeigt, dass er das Leben liebt und genießen kann«, fügte er freudig hinzu. Ich beobachtete, wie die Menschen am helllichten Tag vor diesem Denkmal tanzten und sich dabei fotografierten. Die Szene hatte etwas leicht Skurriles.

Plötzlich fiel mir etwas ein. »Hast du gewusst, wen mein Großvater damals in Wien treffen wollte?«

»Laura, es kann sich hier nur um eine Gedankenübertragung zwischen deinem und meinem Unbewussten handeln. Gerade wollte ich dich fragen, ob du den Brief kennst, in dem Sigmund Freund, der Begründer der Psychoanalyse und der Psychotherapie, deinen Großvater analysiert«, sagte Walter.

»Gelesen habe ich ihn noch nicht. Aber ich habe schon davon gehört, dass Freud nicht besonders erfreut war, dass mein Großvater ihn damals einfach versetzt hat!«, entgegnete ich.

Walter lachte: »Ich will ihm nicht unterstellen, dass das einen Einfluss auf seine Analyse hatte. Aber du kannst selbst urteilen. Ich habe den Brief für dich mitgebracht.«

Walter und ich setzten uns auf eine Bank, und er zog eine Kopie des Briefes aus der Tasche, den Freud am 26. März 1931 an Max Schiller, den Mann von Yvette Gilbert, geschrieben hatte. Wie mit vielen berühmten Persönlichkeiten war Sigmund Freud mit der französischen Sängerin und ihrem Mann in Briefkontakt gewesen. Walter las vor:

Wien IX, Berggasse 19, 26. März 1931

Lieber Herr Doktor
Es ist ein so interessantes Erlebnis, dass ich meine Theo-rien gegen Mme. Yvette und Onkel Max verteidigen soll. Ich wollte nur, es ginge anders als schriftlich, trotz meiner schlechten Sprache und abnehmenden Gehörs.
Und wirklich, ich habe gar nicht die Absicht, Ihnen viel nachzugeben, über das Geständnis hinaus, dass wir so wenig wissen. Sehen Sie zum Beispiel, da war in den letz-ten Tagen Charlie Chaplin in Wien, beinahe hätte ich ihn auch gesehen, aber es war ihm zu kalt, er ist eilig abgereist. Er ist unzweifelhaft ein großer Künstler, gewiss, er spielt immer nur eine und dieselbe Figur, den schwächlichen, armen, hilflosen, ungeschickten Jungen, dem es aber am Ende gut ausgeht. Nun glauben Sie, dass er für diese Rolle an sein eigenes Ich vergessen muss? Im Gegenteile, er spielt immer nur sich selbst, wie er in seiner trüb-seligen Jugend war. Er kann von diesen Eindrücken nicht loskommen und holt sich heute noch die Entschädigung für die Entbehrungen und Demütigungen jener Zeit.

Er ist sozusagen ein besonders einfacher, durchsichtiger Fall.

Die Idee, dass die Leistungen der Künstler intern bedingt werden durch ihre Kindheitseindrücke, Schicksale, Verdrängungen und Enttäuschungen, hat uns bereits viel Aufklärung gebracht und wird darum von uns hoch gehalten. Ich habe mich einmal an einen der Allergrößten gewagt, von dem leider nur zu wenig bekannt ist, an Leonardo da Vinci. Ich konnte wenigstens wahrscheinlich machen, dass die ›Heilige Anna selbdritt‹, die Sie ja täglich im Louvre besuchen können, ohne die eigentümliche Kindheitsgeschichte Leonardos nicht verständlich wäre. Manches andere möglicherweise auch nicht.

Nun werden Sie sagen, Mme. Yvette hat aber nicht eine einzige Rolle, sie spielt mit gleicher Meisterschaft alle möglichen Figuren: Heilige, Sünder, Kokette, Tugendhafte, Verbrecher und Naive. Das ist wahr und beweist ein ungewöhnlich reiches und anpassungsfähiges Seelenleben. Aber ich würde nicht verzagen, dies ganze Repertoire auf die Erfahrungen und Konflikte ihrer Jugendjahre zurückzuführen. Es wäre verlockend, hier fortzusetzen, aber etwas hält mich zurück. Ich weiß, dass unerwünschte Analysen Unwillen hervorrufen, und möchte nichts tun, was die herzliche Sympathie stört, die unsere Beziehung beherrscht.
Mit freundschaftlichem Gruß für Sie und Mme. Yvette
Ihr Freud

Walter überreichte mir feierlich den Brief, den ich nachdenklich in meine Tasche steckte.

Dann erhoben wir uns und spazierten weiter, hinaus aus dem Stadtpark auf die Wiener Ringstraße.

»Also wenn ich diese Sätze richtig analysiere, entsprechen sie ungefähr dem, was auch Robert Downey Jr. einmal in einem Interview gesagt hat: Charlie Chaplin hat in seinen Filmen und mit der Figur des Tramps die Erfahrungen seiner schwierigen Kindheit verarbeitet und sicherlich auch aufgearbeitet. Robert Downey Jr. meinte sogar, dass er diese Filme machen musste, um nicht verrückt zu werden.

Aber weißt du, mein Großvater hat auch darunter gelitten, dass die Menschen in ihm nur den Tramp gesehen haben. Er war der Tramp, keine Frage, aber er war nicht nur der Tramp«, sagte ich.

»Vielleicht wäre Freud auch zu einer anderen Analyse gekommen, wenn er ihn tatsächlich getroffen hätte. Immerhin hat er ihn als großen Künstler erkannt und ihn gleich mit Leonardo da Vinci verglichen!«, meinte Walter.

Ich nickte und wandte mich wieder den Gebäuden an der Ringstraße zu, ließ die Stadt auf mich wirken.

Wir liefen an prachtvollen Palais, Hotels und Kaffeehäusern vorbei, sahen die Wiener Staatsoper, berühmte Kirchen und Museen.

»Gibt es in Wien eigentlich auch ein Freud-Denkmal?«, wollte ich wissen.

»Dem Begründer der Psychoanalyse ist in Wien sogar ein ganzes Museum gewidmet«, erklärte Walter und fuhr fort: »Hast du gewusst, dass sein Buch *Der Witz und seine Beziehung zum Unbewussten* von 1905 als Schlüsselwerk der Psychoanalyse gilt? Freud untersuchte darin die Funktionsweise und die Bedeutung von Witzen und begründete damit seine Theorie.«

»Und was sagt er über Witze?«, fragte ich.

»Er versteht den Witz als Technik des Unbewussten zur Einsparung von Konflikten und zum Lustgewinn«, meinte Walter schmunzelnd: »Witze dienen der kurzzeitigen Lockerung von Verdrängungen. Lachen ist ein Akt der Befreiung und des sich selbst Bewusstwerdens!«

»Interessant, ich dachte, in Freuds Theorie ginge es hauptsächlich um Sexualität!«, sagte ich.

Schon bald sollte ich erfahren, dass beides gar nicht so weit voneinander entfernt war. Doch in diesem Moment unterbrach Walter meine Gedanken, blieb stehen und erklärte: »Und hier ist der Heldenplatz!«

»Wow!«, entfuhr es mir. Wir gingen bis zur Mitte des Platzes und blickten uns um. Wir waren umgeben von prachtvollen Gebäuden.

»Das ist die Hofburg, die ehemalige Residenz des österreichischen Kaisers, in der sich heute unter anderem die Nationalbibliothek befindet. Dahinter liegen das Kunst- und das Naturhistorische Museum, mit der Statue der österreichischen Kaiserin Maria Theresia. Dort sind auch das moderne Museumsquartier und das Volkstheater. Wenn wir die Ringstraße in diese Richtung weiter gehen, kommen wir zum Parlament, zum berühmten Burgtheater, zum Rathaus und zur Universität!«, erläuterte Walter mit unüberhörbarem Stolz.

»Wir sind wahrlich im Zentrum Wiens!«, kommentierte ich meine Eindrücke.

Mein Begleiter sah mich mit ernster Miene an und sagte: »Ja, Laura, und hier hat Adolf Hitler 1938 vor Millionen Menschen den Anschluss Österreichs an das Dritte Reich verkündet und eine seiner berüchtigten Reden gehalten. Nur wenige Wochen später begann mit dem Angriff seiner Truppen auf Polen der Zweite Weltkrieg, der Millionen Menschen das Leben gekostet hat.«

Die Sonne schien auf den Platz, über den Touristen und Einheimische schlenderten. Wir hörten das Geklapper der Fiaker, die bis heute zum Stadtbild Wiens gehören. Touristenbusse und einzelne Radfahrer ergänzten das Bild eines gemütlichen Alltags. Auf mich wirkte dieses Treiben, diese Atmosphäre auf dem Platz einzigartig und unverwechselbar. So etwas kannte ich von keiner anderen Weltstadt.

»Es ist für mich so schwer vorstellbar«, gab ich daher ehrlich zu.

Mein kundiger Guide nickte, holte wieder ein Stück Papier aus seiner Jacke und erklärte:

»Das ist ein Original, eine Zeitung aus dieser Zeit. Schau, Laura, auf der Titelseite kannst du es lesen: 99,9 Prozent der Österreicherinnen und Österreicher stimmen für den Anschluss, stimmen für Hitler, stimmen für Massenmord und ihren eigenen Untergang. Was für ein Wahnsinn! Meine Großmutter, die selbst Jüdin war, hat diese Zeitung aufgehoben. Als Beweis dafür, dass es wirklich so passiert ist.«

Beim Anblick der vergilbten Zeitung lief mir ein Schauer über den Rücken. Und Walter fuhr fort: »Ich gehe oft über diesen Platz und habe immer ein mulmiges Gefühl. Es fühlt sich an, als ob sich niemand die Mühe gemacht hätte, diesen Platz zu entgiften, und als ob das Nazigedankengut jederzeit wieder auferstehen kann.«

Bisher war Hitler für mich Geschichte und Vergangenheit gewesen. Doch nun trübte sich meine Stimmung, und dieser Teufel schien mir auf einmal erschreckend nahe zu sein. Mir kam der Gedanke, dass er sich hinter einem der Reiterdenkmäler versteckt hielt und auf seine nächste Chance lauerte, die Welt ins Unglück zu stürzen. Er beobachtete uns und lachte sich ins Fäustchen, weil er wusste, dass er nur den richtigen Moment abwarten musste, um die Menschen wieder zu verführen und mit sich in den Abgrund zu reißen. Mit welchem

Körper, mit welchem Gesicht würde er sich diesmal zeigen? Würden wir ihn rechtzeitig erkennen?

Ich wünschte mir, mein Großvater Charlie Chaplin hätte tatsächlich hier anstelle von Adolf Hitler gestanden und seine Rede über Versöhnung, Frieden und Liebe gehalten.

»Laura, lass uns aufbrechen«, rissen mich Walters Worte aus meinen Gedanken.

»Du bist heute zu einer Ausstellung eingeladen, die dich als Künstlerin ganz sicher interessieren wird«, meinte Walter.

IMPERIALER PRUNK UND STRASSENCLOWNS

Nur kurze Zeit später standen wir vor einem beeindruckenden Bau aus dem Hochbarock, vor dem Winterpalais des Prinzen Eugen von Savoyen. An diesem Abend wurde hier eine
Ausstellung eröffnet, zu der mich mein Bekannter Giovanni
eingeladen hatte. Giovanni, ein Professor für Geschichte und
Politik und ein anerkannter Kunstexperte und Kunstsammler aus Italien, zeigte Künstlerbücher aus seiner Privatsamm-
lung.

Weltberühmte Künstler wie Pablo Picasso, Francisco de
Goya, William Blake, Henri Matisse, Paul Klee, Jean Coc-
teau – oder Joseph Beuys, der mir beim Thema »Humor in
der Kunst« wiederbegegnen sollte. Sie alle hatten neben ihrer malerischen Tätigkeit auch Bücher illustriert, und Giovanni besaß besonders seltene und kostbare Exemplare. Mein
Freund stammte aus einer Familie, die in Italien Päpste und
Kardinäle hervorgebracht hatte. Noch heute besitzt diese
wohlhabende Familie beeindruckende Schlösser, Villen und
große Ländereien. Er hielt eine flammende Rede über Kunst
und Geschichte, während sich die Wiener Kunstliebhaberin-
nen und Kunstliebhaber um die Vitrinen aus Hochsicherheits-
glas drängten und die bibliophilen Schätze besichtigten. Nach
einer Weile drängten sich die Besucher Richtung Buffet. Auch
Walter und ich ergatterten einige Häppchen mit Lachs und
Kaviar. Dann sahen wir uns ein wenig im Palais um.

Die imperiale Macht der Habsburger Monarchie ist in Wien
nach wie vor überall präsent. Im Palais des Prinzen Eugen zeigen sich die Insignien der Macht in höchster Vollendung.

»Hast du gewusst, dass auch Prinz Eugen als mittelloser Flüchtling an den Hof der Habsburger gekommen ist? Das war 1683. Nach seinem Aufstieg als Feldherr und Diplomat wurde dieses Gebäude als sein Wohn- und Repräsentationspalais errichtet. Als Prinz Eugen 1736 starb, hinterließ er mehrere Schlösser«, erzählte Walter, der mich wie immer mit seinem Wissen beeindruckte.

»Das Palais hier hat später Kaiserin Maria Theresia erworben, dann die Hofkammer und später das Finanzministerium«, fügte er lachend hinzu.

Ich fand es toll, dass die Prunkräume nun als Ort für Begegnungen im Zeichen der Kunst genutzt wurden. Die Verbindung zwischen der barocken Ausstattung und der zeitgenössischen Kunst schien gelungen und entsprach dem modernen Wien. Der offizielle Teil der Ausstellung war aber noch nicht ganz abgeschlossen. Wir hörten nun zu, wie Giovanni mit der Museumsdirektorin vor dem Publikum diskutierte, Fragen der Journalisten beantwortete und sich mit den Gästen fotografieren ließ. Danach kam Giovanni auf uns zu und begrüßte uns freundlich. Da ihm die Manager des Museums gefolgt waren, stellte er uns einander vor.

»Sind Sie etwa mit Charlie Chaplin verwandt?«, fragte mich eine Dame, die offenbar für die Presseangelegenheiten zuständig war. Als ich höflich antwortete, dass ich seine Enkeltochter sei, rief sie aus: »Oh Gott. Jetzt sind die Fotografen und das Fernsehen schon weg!«

Für einen Augenblick schien sie zu überlegen, ob sie die Fotografen und Journalisten noch zurückholen sollte, doch Giovanni rettete mich glücklicherweise, indem er sagte: »Ich möchte Laura nun gerne in mein Lieblingslokal entführen!« Die Pressedame nickte und wartete ab, ob Giovanni den Namen des Lokals verraten würde, doch er begann über die ausgestellten Künstlerbücher zu plaudern, und erst, als sie sich entfernt hatte, sagte er verschwörerisch: »Darf ich dich und Walter ins ›Oswald & Kalb‹ einladen?«

»Laura, diese Einladung darfst du auf keinen Fall ausschlagen«, sagte Walter und fuhr: »Es gibt dort ganz hervorragende Wiener Schnitzel! Das sage ich nicht nur, weil das Lokal einem Freund von mir gehört. Außerdem ist es ganz in der Nähe, und wir können einen kleinen Spaziergang durch die Innenstadt machen.«

»Dann freue ich mich, euch dort bald wiederzutreffen. Geht schon mal vor, ich komme gleich nach«, sagte Giovanni und wandte sich noch einigen der Gäste zu.

Wir verließen das Winterpalais über eine prunkvolle Treppe. Ich war froh, dass ich heute nicht mehr mit Presseleuten sprechen musste. Es war mir natürlich nicht zum ersten Mal passiert, dass Menschen mich plötzlich sehr aufmerksam behandelten, wenn sie meinen Namen erfuhren. Ich hatte immer wieder erlebt, dass sie ihr Verhalten änderten und mich beobachteten, ja sogar anstarrten und sich zu überlegen schienen, wie sie aus der Situation und aus meiner Anwesenheit Kapitel schlagen konnten. Meistens wollten sie einfach damit werben, dass eine Chaplin an diesem Ort gegessen, getanzt, eingekauft oder ihre Party besucht hat. Wenn ich für solche Auftritte bezahlt würde, könnte ich allein *davon* leben.

Natürlich möchte ich aber für meine eigene Arbeit und für meine eigenen Leistungen anerkannt werden. Bei Reit- und Springturnieren zählte nur meine Leistung als Reiterin, nicht mein berühmter Name. Aber als Künstlerin – so mein Eindruck – wurde ich meines berühmten Namens wegen wesentlich kritischer beurteilt als andere. Die Qualität meiner Leistungen wurde immer mit der meines Großvaters verglichen – ganz egal, wo ich auf der Welt hinkam.

»Laura, schau mal.« Walter berührte mich sanft am Arm und riss mich aus meinen Gedanken.

Nicht weit von uns war an einer Straßenecke eine Menschenmenge zu sehen. Die Leute klatschten in die Hände und johlten fröhlich.

»Hörst du das? Da spielt jemand ›Einzug der Gladiatoren‹, das bekannteste Stück der Zirkusmusik!«, erklärte Walter.

Ich nickte aufgeregt und ging auf die Menschenmenge zu. Walter und ich schoben uns nach vorne, soweit es ging. In der Mitte der Menge spielten Musiker, die als Clowns verkleidet waren. Es gab einen Banjo-Spieler, der ein Harlekinkostüm trug, einen Ziehharmonikaspieler mit einer roten Perücke à la Charlie Rivel und einen Klarinettisten, der im Kostüm des Tramps tanzte und kleine Kunststücke vollführte. Wann immer ein Kunststück gelang, brüllte der Clown mit der roten Perücke »Schöööööön!«, und das Publikum spendete kräftig Applaus.

Vor den Clowns hüpften und lachten die Kinder, in der zweiten Reihe die Eltern und wohl auch einige Großeltern, und dazwischen standen einige verliebte Paare, die ihre Hände nur zum Klatschen aus der Umarmung zogen. Und am Rand warfen einige Ordnungshüter mit lächelnder Miene einen Blick auf das Geschehen. Es gab aber auch viele, die nicht stehen blieben.

»Walter, siehst du die Menschen, die völlig unberührt vorbeihuschen? Manche scheinen sich sogar über den Tumult zu ärgern!«

»Wie Roboter, in deren Programm Lachen und Fröhlichkeit nicht vorgesehen sind«, sagte Walter.

»Es ist fast so schlimm wie in der Londoner U-Bahn«, meinte ich.

»Komm, lass uns weitergehen. Giovanni wartet auf dich.

Leider können wir die Clown-Truppe hier nicht engagieren und mitnehmen«, meinte mein Begleiter mit Bedauern und fügte verschmitzt lächelnd hinzu: »Noch nicht!«

»Ja, wir müssen solche Clown-Truppen fördern. Und wir müssen etwas unternehmen, sodass sich mehr Menschen Zeit nehmen, stehen zu bleiben und zu lachen!«, sagte ich bestimmt.

DINNER MIT GIOVANNI

Wir traten aus der Menschenmenge und gingen weiter. Nach wenigen hundert Metern hatten wir das Lokal erreicht. Stefan, der Patron des Lokals, begrüßte uns persönlich und führte uns in einen Raum, in dem uns Giovanni bereits erwartete. Er musste uns überholt oder einen anderen Weg genommen haben. Giovanni stellte uns seiner Frau Sophia und seinen Freunden vor. Ich setzte mich neben Mario, einen Kunst- und Ausstellungsexperten aus Venedig, der mich sogleich über das im Bau befindliche Charlie-Chaplin-Museum befragte. Die Runde war begeistert, dass ich als Kind in diesem Haus aufgewachsen war.

Dann wurden schon die berühmten Wiener Schnitzel und Wein aus der Region serviert. Während wir uns die besten Schnitzel der Stadt auf der Zunge zergehen ließen, erzählte Mario von den Ausstellungen, die er in Italien und Österreich plante, und fragte mich, woran ich gerade arbeitete. Ich erzählte ihm, ich hätte mich auf eine Reise in die Welt des Lachens und des Humor begeben und sei dabei, Projekte zu entwickeln, um Lachen und Humor weltweit zu fördern.

Mario setzte sich auf und rief: »Laura, wir müssen gemeinsam eine Ausstellung zu diesem Thema planen!«

»Ja, sehr gerne!«, stimmte ich lachend zu.

»Ich bin schon so lange in diesem Geschäft tätig, aber ich habe noch nie eine Ausstellung zum Thema ›Lachen und Humor‹ gemacht. Ich habe noch nicht mal von einer Ausstellung zu diesem Thema gehört. Es hat Künstler immer beschäftigt und berührt Menschen auf der ganzen Welt jeden Tag! Es wird höchste Zeit, das in großem Stil aufzuarbeiten«, sagte Mario mit Nachdruck.

Giovanni, der aufmerksam zugehört hatte, unterbrach ihn: »Vorsicht, mein Lieber, das ist vielleicht gefährlicher, als du denkst.«

Mario hielt verwirrt inne, und auch ich blickte Giovanni neugierig und gespannt an.

»Ihr kennt vielleicht das berühmteste Buch meines italienischen Kollegen und großartigen Autors Umberto Eco?«, begann Giovanni und lehnte sich in seinem Stuhl zurück.

»Du meinst *Der Name der Rose*?«, fragte ich.

Giovanni nickte und dozierte: »Der blinde Bibliothekar Jorge von Burgos besitzt das womöglich einzige erhaltene Exemplar von *Das zweite Buch der Poetik* des Aristoteles, in dem die Komödie behandelt wird. Er vergiftet die Seiten des Buches, damit kein Mönch und kein Mensch je über die Freuden des Lachens erfährt. Jeder, der in diesem Buch blättert, stirbt rasch und qualvoll. Am Ende zündet er die Bibliothek und damit das gesamte Kloster an, um zu verhindern, dass das Lachen in die Welt hinaus gerät.

Der Bibliothekar war davon überzeugt, dass nur die Angst den Menschen ein gottgefälliges Leben führen lässt. Das Lachen war für diesen Mönch ein Merkmal menschlicher Sündhaftigkeit, denn es befreite den Menschen vor der Gottesfurcht und der Furcht vor dem Teufel. Die Geschichte spielt im tiefsten Mittelalter, als das Lachen in den Klöstern verboten war, aber die Angst vor dem Lachen und dem Humor zieht sich durch die gesamte Geschichte.«

Giovanni macht eine Kunstpause, in der er einen großen Schluck Wein zu sich nahm, und fuhr fort: »Schon in der Antike wurde den Autoren von Komödien, wie auch dem von mir verehrten Aristophanes, das Leben schwer gemacht.

Aristophanes wurde immer wieder verklagt. Seine Gegner wollten ihm sogar seine Bürgerrechte aberkennen. Für die Spartaner, konservative Philosophen und die Frühchristen war Humor etwas sehr Gefährliches. Das Lachen musste gezähmt werden. Der griechische Philosoph Platon plädierte sogar dafür, das Lachen überhaupt zu verbieten.«

Giovanni räusperte sich und nahm noch einen Schluck Wein.

Mario nutzte die kurze Pause, um einzuwerfen: »Die alten Griechen haben aber doch auch Baubo verehrt!«

»Baubo? Baubo? Wer bitte war Baubo?«, riefen wir wie aus einem Mund und sahen uns ratlos an. Giovanni wusste natürlich Bescheid: »Bei den alten Griechen wurde Baubo als Göttin des Lachens und der Fruchtbarkeit verehrt. Zahlreiche Darstellungen ihres Körpers zeigen Baubo als weibliches Wesen, dessen Brüste ihre Augen sind. Ihre Vagina ist ihr lachender Mund. Ihr starkes vibrierendes Lachen kommt direkt aus ihrem Bauch.«

Wir lachten, aber Giovanni ließ sich nicht aus dem Konzept bringen und dozierte weiter: »Baubo forderte die Frauen sozusagen auf, ihrem Urgefühl zu vertrauen. Wer aus dem Bauch heraus lacht, befreit seinen Körper und reinigt seine Seele.«

»Wer lacht, wird von Baubo geküsst!«, rief jemand dazwischen.

»Die alten Ägypter hatten ebenfalls eine Baubo, die sie Bebt nannten. Die Japaner hatten eine Göttin des Lachens und der Sexualität, die sie Ama no Uzume nannten, und in Irland gab es Sheel-na-gig, die besonders viel lachte und es besonders wild trieb«, erzählte Giovanni.

Ich musste plötzlich an meine Mutter denken, die ebenfalls aus Irland stammte und mehr lachte als alle anderen Menschen, die ich jemals getroffen hatte.

Giovanni fuhr fort: »Es gibt in allen Kulturen Skulpturen,

bei denen Lachen und Sexualität in Verbindung gebracht wurden, und das hat vielen Religionsgemeinschaften nicht gefallen. Deshalb hat man später viele dieser Monumente, wo immer man sie fand, zerstört.«

»Es scheint also eine Verbindung zwischen Lachen und Sexualität zu geben!«, sagte Mario.

»Es gibt Studien, die belegen, dass Frauen, die lachen, auf Männer anziehend und erotisch wirken!«, meinte Walter.

»Männer mit Humor sind aber auch gefragt!«, meinte ich.

Stefan, der Patron, hatte unser Gespräch offenbar belauscht, denn er stand plötzlich mit einer neuen Flasche Wein vor uns und rief: »Hier bin ich. Lasst uns auf das Lachen, den Humor und auf Laura anstoßen. Der Wein und alle Getränke gehen heute aufs Haus!«

Dann schenkte er uns randvoll ein und wir stießen alle miteinander an.

»Habt ihr schon von der ältesten Witzesammlung, dem *Philogelos*, gehört?«, fragte Giovanni.

Wir schüttelten die Köpfe, und er klärte uns auf: »Es handelt sich dabei um die einzig erhaltene Sammlung von Witzen aus der Antike. Die zwei Herausgeber Hierokles und Philagrios haben mündlich und schriftlich überlieferte Witze gesammelt. Das genaue Alter der Witzesammlung lässt sich nicht feststellen, es wird darin aber die Tausendjahrfeier Roms im Jahr 248 n. Chr. erwähnt. Vermutlich wurde sie schon viel früher begonnen, aber erst in der römischen Kaiserzeit abgeschlossen.

Die Sammlung enthält Witze über bestimmte Personengruppen. Manche sind uns heute unbekannt, andere allerdings zeitlos. Genauso ist es mit den einzelnen Witzen. Während manche heute unverständlich sind und manche nicht witzig, funktionieren einige von ihnen bis heute.«

»Und was waren das für Witze?«, wollte ich wissen.

Giovanni erklärte: »Es waren Witze über bestimmte Gruppen von Menschen, zum Beispiel Geizhälse, Witzbold, Grobiane, Faule, über Frauen und Frauenfeinde und auch über Leute mit stinkendem Atem und widerlichem Körpergeruch. An einige Beispiele kann ich mich erinnern:

Ein Geizhals, der sein Testament schrieb, setzte sich selbst zum Erben ein.

Ein Witzbold, der von einem geschwätzigen Barbier gefragt wurde: »Wie soll ich dich scheren?«, erwiderte: »Schweigend.«

Zu einem groben Arzt kam jemand und sagte: »Ich kann weder liegen noch stehen und auch nicht sitzen.« Und der Arzt antwortete: »Nichts bleibt dir übrig, als dich aufzuhängen.«

Einen Grobian fragte jemand: »Wo wohnst du?« Er sagte: »Dort, wo ich herkomme.«

Zwei Faule schliefen zusammen. Da kam ein Dieb und nahm ihnen die Decke weg. Der eine merkte es und sagte zu dem andern: »Steh auf und verfolge ihn.« Darauf der andere: »Lass nur. Wenn er wiederkommt und die Matratze holen will, halten wir ihn gemeinsam fest.«

Ein Weiberfeind stellte sich auf den Markt und sagte: »Ich verkaufe meine Frau unverzollt.« Als man fragte: »Warum?«, antwortete er: »Damit sie beschlagnahmt wird.«

Wir lachten einmal weniger und einmal mehr über die Witze, die Giovanni vortrug. Zum Abschluss erhob sich Giovanni und hielt eine feierliche Tischrede: »Wir bedanken uns bei Laura für den interessanten Abend und bei Stefan, dem Patron, für den köstlichen Wein, den wir nicht bezahlen müssen!

Wir sind uns alle einig, dass Lachen das zentrale Thema für uns Menschen ist, dass es uns verbindet, Freundschaften schließen und Beziehungen eingehen lässt. Dort, wo die Menschen das Lachen verlernen oder sich vor der Macht des Lachens und des Humors fürchten, herrscht Angst, Misstrauen, Missgunst und Hass. Dort ist die Freiheit von uns Menschen bedroht. Wer gegen das Lachen und den Humor ist, ist gegen die Menschlichkeit und will Furcht und Schrecken verbreiten. Die Kleingeister dieser Welt, die gerne groß wären, haben stets versucht, die Macht an sich zu reißen, uns zu unterdrücken und unser Leben zu zerstören, indem sie das Lachen verboten haben.

Der lachende Mensch ist ein kritischer Mensch. Ein Mensch, der Dogmen als frei erfundene, unverrückbare Wahrheiten nicht einfach gelten lässt und vor Autoritäten wie Kirchen oder Herrschern nicht kuscht. Von der Antike über das Mittelalter bis heute war und ist das Leben tausender Menschen gefährdet, weil sie Humor bewiesen, weil sie lachten. Lasst uns also unser Glas heben auf die Freiheit, auf den Humor und auf das Lachen und auf Laura, die für das Recht zu lachen kämpft!«

Ich stand nun ebenfalls auf, erhob mein Glas und sagte: »Lachen ist ein Recht für jeden von uns. Lachen ist ein Menschenrecht!«

»Lachen ist ein Menschenrecht!«, wiederholten die anderen im Chor.

Der Satz hallte noch in meinem Kopf nach, als ich wir uns schließlich voneinander verabschiedeten. Ich beschloss, noch alleine einen Abendspaziergang zu meinem Hotel zu machen.

CHARLIE CHAPLINS REDE AN DIE WELT

Es war schon spät, und nur noch wenige Menschen waren in der Stadt unterwegs. Ich konnte in Ruhe durch die Straßen und Gassen schlendern und die Häuser betrachten. Wien gefiel mir gut. Die vielfältige Architektur und die Menge an kulturellen Schätzen waren eindrucksvoll. Auch der Lebensstil der Menschen hatte etwas Besonderes. Hier schien alles langsamer vor sich zu sich gehen. Im Vergleich zu anderen Großstädten wirkte das Leben entschleunigt.

Gemächlich ging ich nun eine Straße entlang, die gesäumt war mit Geschäften der teuersten Mode- und Schmuckmarken der Welt. Cartier, Chanel und Gucci reihten sich wie Perlen an einer Kette hier auf. Am Ende angelangt, erblickte ich die grüne Kuppel eines mächtigen Kirchendachs, von vielen Seiten angestrahlt. Eine ältere Dame kam mir entgegen, die einen kleinen Hund an der Leine führte. Ich sprach sie an, da ich mir nicht sicher war, ob dies der richtige Weg zu meinem Hotel war.

»Also, ja das ist schon der richtige Weg, aber da vorne bei der Kirche«, sie zeigte zum beleuchteten Kirchendach, »da müssen Sie sich entscheiden, ob Sie links abbiegen wollen oder geradeaus gehen und später links abbiegen wollen. Also ich würde sagen, geradeaus ist der kürzere Weg, wie immer im Leben, junge Frau. Sie gehen einfach unter der Kuppel unserer Michaeler-Kirche durch, dann durch die Hofburg.«

Sie sah mich prüfend an und fügte hinzu: »Aber bitte mit leisen Schritten, denn unser Kaiser, der dort wohnt, geht früh zu Bett. Dann sagen Sie einmal unserer Kaiserin, die dort ihr

Schlafzimmer hat, ›Gute Nacht‹, und dann gehen Sie immer links, links bis zu Ihrem Hotel.«

Ich sah sie ein wenig irritiert an, und sie fügte hinzu:

»Hier in der Gegend brauchen Sie sich nicht zu fürchten. Aber gehen Sie nicht zu weit. Wien ist voller Ausländer und Fremder, Zigeuner, Flüchtlinge, Bettler, das ganze Gesindel kommt zu uns. Unter dem –« die Frau unterbrach sich selbst, starrte mich plötzlich böse an und zischte: »Früher hätte es das nicht gegeben, das sage ich Ihnen. Gute Nacht!« Dann drehte sie sich um und ging davon.

Ich wusste nicht so recht, was ich von dieser Begegnung halten sollte, folgte aber der Wegbeschreibung. Ich ging durch die Hofburg und stand plötzlich wieder am Heldenplatz, der mir heute schon bei Tageslicht nicht ganz geheuer gewesen war. Der riesige Platz wurde nur von wenigen Laternen beleuchtet.

Ich musste an mein Gespräch mit Walter denken, an Hitlers Rede, an den Hass der Nazis und dass dieser Hass immer noch in den Köpfen mancher Menschen sein Unwesen trieb. So wie im Kopf der alten Dame. Das mulmige Gefühl, das mich schon am Tag beschlichen hatte, war nun noch stärker. Ich blieb stehen und stellte mir erneut vor, wie hunderttausende Menschen Hitler hier zugejubelt und sich von ihm hatten verführen lassen. Und wie sah die Welt heute aus? Waren wir immun gegen politische Verführer? Gab es Vorzeichen, die uns warnten? Die Unzufriedenheit der Menschen mit der Welt und den Politikern. Der Hass auf Andersgläubige, der täglich geschürt wurde. Die gigantischen Schuldenberge, die Regierungen in vielen Ländern der Welt angehäuft hatten und die jederzeit die nächste Weltwirtschaftskrise auslösen konnten. Die Armut, die überall auf der Welt zunahm, während einige wenige immer reicher und reicher wurden. Klimakatastrophen und Kriege, die Millionen Menschen in die Flucht trieben. Stand uns eine noch viel größere Katastrophe bevor? Ich alleine konnte sie nicht aufhalten. Aber ich wollte ein Zeichen setzen, ich *musste* ein Zeichen setzen.

Ich musste meinen Beitrag leisten, um die Katastrophe abzuwenden, und ich musste andere Menschen dazu aufrufen, mit mir gemeinsam für eine bessere Welt zu kämpfen.

Ich dachte an meinen Großvater, der so vieles in seinem Leben erreicht hatte. Wer hätte sich gedacht, dass ein kleiner Junge von der Straße es zu einem weltberühmten Filmstar bringen und sich über den größten Diktator der Welt lustig machen würde?

Ich schloss die Augen und konnte meinen Großvater auf dem Heldenplatz stehen sehen, der zu mir und zur ganzen Welt sprach:

Es tut mir leid, aber ich möchte nun mal kein Herrscher der Welt sein, denn das liegt mir nicht. Ich möchte weder herrschen noch irgendwen erobern, sondern jedem Menschen helfen, wo immer ich kann; den Juden, den Heiden, den Farbigen, den Weißen. Jeder Mensch sollte dem anderen helfen, nur so verbessern wir die Welt. Wir sollten am Glück des Anderen teilhaben und nicht einander verabscheuen. Hass und Verachtung bringen uns niemals näher. Auf dieser Welt ist Platz genug für jeden, und Mutter Erde ist reich genug, um jeden von uns satt zu machen. Das Leben kann ja so erfreulich und wunderbar sein, wir müssen es nur wieder zu leben lernen! Die Habgier hat das Gute im Menschen verschüttet, und Missgunst hat die Seelen vergiftet und uns im Paradeschritt zu Verderben und Blutschuld geführt. Wir haben die Geschwindigkeit entwickelt, aber innerlich sind wir stehen geblieben. Wir

lassen Maschinen für uns arbeiten, und sie denken auch
für uns. Die Klugheit hat uns hochmütig werden lassen
und unser Wissen kalt und hart. Wir sprechen zu viel und
fühlen zu wenig.
Aber zuerst kommt die Menschlichkeit und dann erst die
Maschinen. Vor Klugheit und Wissen kommt Toleranz und
Güte. Ohne Menschlichkeit und Nächstenliebe ist unser
Dasein nicht lebenswert. Aeroplane und Radio haben uns
einander nähergebracht. Diese Erfindungen haben eine
Brücke geschlagen von Mensch zu Mensch, die erfassen
eine allumfassende Brüderlichkeit, damit wir alle eins
werden.
Millionen Menschen auf der Welt können im Augenblick
meine Stimme hören. Millionen verzweifelter Menschen,
Opfer eines Systems, das es sich zur Aufgabe gemacht
hat, Unschuldige zu quälen und in Ketten zu legen. Allen
denen, die mich jetzt hören, rufe ich zu: »Ihr dürft nicht
verzagen!«
Auch das bittere Leid, das über uns gekommen ist, ist
vergänglich. Die Männer, die heute die Menschlichkeit mit
Füßen treten, werden nicht immer da sein! Ihre Grausam-
keit stirbt mit ihnen, und auch ihr Hass. Die Freiheit, die
sie den Menschen genommen haben, wird ihnen dann
zurückgegeben werden. Auch wenn es Blut und Tränen
kostet, für die Freiheit ist kein Opfer zu groß. Soldaten,
vertraut euch nicht Barbaren an, Unmenschen, die euch
verachten und denen euer Leben nichts wert ist.
Ihr seid für sie nur Sklaven, ihr habt das zu tun, das zu
glauben und das zu fühlen. Ihr werdet gedrillt, gefüttert,
wie Vieh behandelt und seid nichts weiter als Kanonen-
futter. Ihr seid viel zu schade für diese verwirrten Subjekte,
diese Maschinenmenschen mit Maschinenköpfen und

Maschinenherzen. Ihr seid keine Roboter, ihr seid keine
Tiere, ihr seid Menschen!
Bewahrt euch die Menschlichkeit in euren Herzen und
hasst nicht! Nur wer nicht geliebt wird, hasst!
Soldaten, kämpft nicht für die Sklaverei, kämpft für die
Freiheit! Im 17. Kapitel des Evangelisten Lukas steht:
»Gott wohnt in jedem Menschen«. Also nicht in einem
oder einer Gruppe von Menschen. Vergesst nie, Gott lebt
in euch allen, und ihr als Volk habt allein die Macht, die
Macht, Kanonen zu fabrizieren, aber auch die Macht,
Glück zu spenden. Ihr als Volk habt es in der Hand, dieses
Leben einmalig kostbar zu machen, es mit wunderbarem
Freiheitsgeist zu durchdringen.
Daher im Namen der Demokratie: lasst uns diese Macht
nutzen, lasst uns zusammenstehen! Lasst uns kämpfen für
eine neue Welt, für eine anständige Welt, die jedermann
gleiche Chancen gibt, die der Jugend eine Zukunft und
den Alten Sicherheit gewährt.
Versprochen haben die Unterdrücker das auch, deshalb
konnten sie die Macht ergreifen. Das war Lüge, wie über-
haupt alles, was sie euch versprachen, diese Verbrecher!
Diktatoren wollen die Freiheit nur für sich, das Volk soll
versklavt bleiben.
Lasst uns diese Ketten sprengen, lasst uns kämpfen für
eine bessere Welt, lasst uns kämpfen für die Freiheit in der
Welt, das ist ein Ziel, für das es sich zu kämpfen lohnt!
Nieder mit der Unterdrückung, dem Hass und der Intole-
ranz. Lasst uns kämpfen für eine Welt der Sauberkeit, in
der die Vernunft siegt, in der Fortschritt und Wissenschaft
uns allen zum Segen gereichen. Kameraden! Im Namen
der Demokratie: Dafür lasst uns streiten!

Ich hatte die Rede meines Großvaters schon oft gehört und mir den Film dazu angesehen, doch noch nie war seine Botschaft für mich so deutlich gewesen wie an diesem Abend auf dem Wiener Heldenplatz. Das mulmige Gefühl war verschwunden. Ich setzte mich auf eine Parkbank und lächelte glücklich und zufrieden wie ein kleines Kind. Ich hatte keine Angst mehr und war mir sicher, dass wir gemeinsam die Welt zu einem besseren und fröhlicheren Ort machen konnten. »Das Leben kann ja so erfreulich und wunderbar sein, wir müssen es nur wieder zu leben lernen!«, hatte mein Großvater gesagt. Diesem Motto wollte ich weiterhin folgen und es in die Welt hinaustragen.

3

CHARLIE CHAPLIN – KÖNIG DER CLOWNS

Ich setze mich eingehend mit dem Leben und der Person meines Großvaters auseinander.

» Wenn man es sieht,
wirkt es so einfach.
Es ist so schwierig. «

JOHNNY DEPP
ÜBER CHARLIE CHAPLIN

MEIN GROSSVATER,
DER BERÜHMTESTE MANN DER WELT

Der bedeutende deutsche Publizist Kurt Tucholsky bezeichnete Charlie Chaplin 1922 als den berühmtesten Menschen der Welt und drückte seinen höchsten Respekt aus:

Der berühmteste Mensch ist zweifellos Herr Charlie Chaplin, über den alle einmal gelacht haben: die Pariser und die Londoner, alle Amerikaner und die australischen Matrosen, die Besucher der chinesischen Kinos und neuerdings auch die Deutschen, der alte Kontinent und der neue – ... Womit er das alles erreicht, ist völlig unbegreiflich. Manchmal nur mit einer kleinen Bewegung – er kann mit den Schultern weinen. Einmal wird er massiert – Chaplin sieht den riesigen Bademeister und sein beklatschtes und malträtiertes Opfer. Er wird der Nächste sein ... Und in den ergründlichen Augen liegt eine solche Angst, eine solche tiefe und fast tierische Furcht und dazu ein Gran Ironie, dass es so etwas gibt ... Und er bewegt sich nicht, und man hört ihn jeden Gedanken denken.

Auch Albert Einstein verehrte meinen Großvater. Während eines gemeinsamen Abendessens sagte er zu ihm: »Ich bewundere Sie über alles. In Ihren Filmen sprechen Sie kein Wort und dennoch versteht Sie die ganze Welt.«

Mein Großvater entgegnete lachend: »Ich bewundere Sie noch mehr, lieber Albert. Kein Mensch versteht Ihre Theorien, aber dennoch werden Sie von allen verehrt.«

Mein Großvater hatte Albert Einstein 1926 in Kalifornien kennengelernt und war seitdem mit ihm, so wie mit vielen anderen Intellektuellen seiner Zeit, befreundet. Er schätzte ihn nicht nur aufgrund seines Genies, sondern auch, weil Einstein trotz seines Ruhms bescheiden blieb und ein einfaches Leben ohne jeglichen Luxus führte.

Mit dem oben zitierten Satz hatte Albert Einstein das Erfolgsgeheimnis meines Großvaters und eines jeden guten Clowns auf den Punkt gebracht: Ein Clown braucht keine Worte, um sein Publikum zu erreichen. Allein durch den Blick seiner Augen, durch seine Mimik und durch seine Körpersprache drückt er Freude, Leid, Angst und Liebe aus und erzählt Geschichten, die das Publikum zum Lachen bringen. Doch Charlie Chaplin, der größte Clown aller Zeiten, war auch ein Mensch wie wir alle. Diesen Menschen wollte ich noch näher kennenlernen. Er war immer ein wichtiger Teil meines Lebens und mein erklärtes Vorbild gewesen. Ich kannte alle seine Filme auswendig, konnte seine charakteristischen Gesichtszüge zeichnen und malte seine Filmfiguren schon als Kind. Doch wusste ich wirklich schon alles über ihn und seinen persönlichen Zugang zu Humor und zum Lachen? Musste ich mich für meine Mission nicht noch ein wenig tiefer mit meiner eigenen Familiengeschichte, mit der Persönlichkeit meines Großvaters und seinen Werken auseinandersetzen? So stürzte ich mich in die Recherche, blätterte durch Fotoalben und grub in meinen Erinnerungen.

MEINE GROSSMUTTER OONA CHAPLIN

Noch heute sehe ich meine Großmutter vor mir, wie sie in ihrem weichen Morgenmantel und ihren flauschigen Hauspantoffeln in ihrem Lieblingsstuhl sitzt. Oonas Stimme war so sanft wie ihr Morgenmantel, an den ich mich als kleines Kind gerne kuschelte. Sie liebte uns alle und zeigte uns diese Liebe täglich. Doch nicht nur uns Kinder bedachte sie damit. Sie war bis ins hohe Alter für Wohltätigkeitsorganisationen aktiv und setzte sich für kranke Menschen ein. Dabei vernachlässigte sie aber nicht, das Vermächtnis meines Großvaters zu pflegen. Und nicht zuletzt förderte sie auch meine künstlerischen Ambitionen. Als sie starb, war der Verlust groß. Wenn ich mich an sie erinnerte, roch ich an einer großen Flasche Parfüm, die sie mir vererbt hatte und die ich lange Zeit in Ehren hielt. Nur zu besonderen Anlässen tupfte ich mir einige Tropfen des Parfüms auf die Haut. Dennoch leerte sich die Flasche leider irgendwann. Außerdem besaß ich ein paar Schuhe und den Morgenmantel von Oona. Für mich war sie eine wunderbare Großmutter, und für meinen Großvater war sie die Frau seines Lebens, die mit ihm durch dick und dünn ging.

Meine Großmutter wurde als Oona O'Neill 1925 geboren. Charlie Chaplin drehte gerade den Film *Goldrausch* und übermittelte Eugene O'Neill telegrafisch seine Glückwünsche zur Geburt des Mädchens, das er siebzehn Jahre später kennenlernen sollte.

Oonas Vater Eugene O'Neill war damals bereits berühmt und gilt bis heute als der bedeutendste US-amerikanische Dramatiker. Ihm wurden nicht nur der Nobelpreis für Literatur, sondern auch vier Pulitzer-Preise verliehen. Trotz seines großen Erfolgs konnte Eugene O'Neill seiner schwierigen Kindheit nicht entfliehen. Sie spiegelte sich in seinen Stücken wider, und sie beeinflusste sein ganzes Leben. Zwei seiner Ehen scheiterten, sein ältester Sohn beging Selbstmord, sein jüngerer Sohn wurde drogensüchtig, und er selbst verbrachte einige Zeit und vor allem die letzten Jahre seines Lebens von schwerer Krankheit gezeichnet. Im Unterschied zu Charlie Chaplin war er ein Meister der Tragödie und widmete sich innerlich zerbrochenen Figuren, die durch Selbstbetrug und Rausch versuchten, der Verantwortung ihres Lebens zu entfliehen.

Meine Großmutter Oona erlebte als Kind den Scheidungskrieg ihrer Mutter Agnes Boulton mit ihrem Vater. Sie wuchs während des Rosenkriegs ihrer Eltern auf, hörte als Kind nichts als Streit, erlebte Wut, Zorn, Enttäuschung, Tränen, betrunkene Eltern und einen flüchtenden Vater. Damals beschloss meine Großmutter, ein gänzlich anderes Leben zu führen. Sie wollte glücklich sein und selbst eine glückliche Familie haben. Und so sollte es auch kommen. Als sie siebzehn Jahre alt wurde, hatte sie schon etwas Erfahrung am Theater gesammelt und suchte sich eine Agentin, die sie ins Filmgeschäft bringen sollte. Sie wurde fündig, und diese Agentin meldete sich bei Charlie Chaplin, der gerade eine junge weibliche Hauptfigur für seinen Film *Shadow and Substance* suchte.

Viele Frauen hatten Charlie Chaplin verehrt, geliebt und seine Nähe gesucht. Schließlich sah er gut aus, war weltberühmt und schon in jungen Jahren der höchstbezahlte Filmschauspieler der Welt. Als Charlie Oona kennenlernte, hatte er bereits drei gescheiterte Ehen hinter sich und war gerade in eine skandalträchtige Auseinandersetzung mit einer gewissen Joan Barry verwickelt. Die Frau terrorisierte ihn mit

Anrufen, Selbstmorddrohungen und dramatischen Auftritten vor seinem Haus. Und sie zerrte ihn, als das alles nichts half, mit einer Vaterschaftsklage vor Gericht. Doch während sich die Presse auf die Story stürzte, daraus eine Hetzkampagne machte und meinen Großvater mit allen Mitteln durch den Schmutz zog, verliebten sich Oona und er ineinander. Verständlicherweise zögerte mein Großvater in dieser Situation, die erst achtzehnjährige Oona zu heiraten. Doch Oona war sich absolut sicher und erklärte ihm feierlich: »Ich werde nie einen anderen Mann in meinem Leben lieben.«

Tatsächlich hielt die Ehe der beiden und endete erst mit dem Tod meines Großvaters. Und ich bin mir sicher, dass Oona meinen Großvater über alles liebte. Sie stand während des Joan-Barry-Prozesses zu ihm, zog mit ihm in die Schweiz, gebar ihm acht Kinder und sorgte für ein glückliches Familienleben. Es gab nur eine Sache, die Oona bedauerte. Ihr Vater, Eugene O'Neill, brach nach der Eheschließung den Kontakt zu ihr ab und sprach nie mehr mit ihr. In Eugene O'Neills Augen war Charlie Chaplin kein richtiger Intellektueller, sondern ein Clown. Wenn er ihn auch als Clown genial fand, so blieb er doch ein Clown für ihn. Diese Ablehnung schmerzte Oona tief. Immer wieder versuchte sie mit ihrem Vater in Kontakt zu treten, doch es gelang ihr nicht. Als zwei Monate vor dem Tod Eugene O'Neills mein Vater, der fünfte Sohn von Oona und Charlie, zur Welt kam, gab Oona ihm den Vornamen Eugene.

VON HOLLYWOOD AN DEN GENFER SEE

Mein Vater Eugene Chaplin war das erste Kind von Charlie und Oona, das in der Schweiz geboren wurde. Ich wollte mich mit ihm in Vevey, das mitunter »Chaplintown« genannt wird, treffen und mich ausführlich über meinen Großvater und die Zeit seiner Kindheit im Manoir de Ban unterhalten.

Doch zuerst wollte ich mich mit der Frage auseinandersetzen, warum Charlie Chaplin die USA verließ und einen Großteil seines Lebens in der Schweiz verbrachte.

Mein Großvater war nicht nur der erfolgreichste Hollywoodstar aller Zeiten, sondern auch einer der berühmtesten Menschen der Welt, der aus den USA hinausgeworfen wurde. Wie war es dazu gekommen? In seinem Film *Moderne Zeiten* hatte er – wie erwähnt – die negativen Auswüchse der Industrialisierung aufs Korn genommen. So wurde er bald als Feind der Gesellschaft betrachtet, der die Menschen gegen die herrschende Klasse aufbrachte. Chaplins Gegner meinten »unverkennbare marxistische Vorzeichen« in seinen Filmen zu sehen. Und weil diese Filme Kassenschlager wurden, betrachteten konservative amerikanische Politiker und Industriekapitäne meinen Großvater als eine ernst zu nehmende Gefahr. Und selbst in den USA galt manchen Politikern *Der große Diktator* nicht nur als eine Satire über Adolf Hitler, sie fühlten sich auch selbst angegriffen! Der Film konnte auch als Kritik an anderen politischen Systemen und ihrem Militarismus verstanden werden, so auch als Kritik an den USA.

Der große Diktator (1940) wurde nicht nur der erfolgreichste Film Chaplins, sondern ist laut *New York Times* noch heute der »wichtigste Film der Filmgeschichte«. Dass man in den USA versuchte, diesen Film mit allen Mitteln zu verhindern, habe ich bereits oben erwähnt. Doch wie dies genau geschah, sei hier nachgetragen: Mein Großvater wurde plötzlich Tag und Nacht vom FBI überwacht. Edgar Hoover, der Chef der Polizeibehörde, setzte sich persönlich das Ziel, meinem Großvater die Aufenthaltsgenehmigung in den USA zu entziehen. Chaplin wurde gezielt diffamiert, sein Privatleben skandalisiert. In den Medien begann eine Hetze, die man heute als »Shitstorm« bezeichnen würde. Da kam Chaplins Gegnern der Prozess gegen Joan Barry gelegen. Charlie Chaplin verlor dabei viele Sympathien, und die öffentliche Meinung richtete sich auf einmal gegen ihn.

Kurz vor der McCarthy-Ära und zu Beginn des Kalten Kriegs richtete die US-Geheimpolizei ihren Blick auch auf Hollywoods Filmindustrie. Sie suchte nach kommunistischen Künstlern und hatte bald den »roten« Chaplin im Visier. Immer wieder wurde der Leinwandstar vor das Komitee gegen »unamerikanische Umtriebe« geladen. Mein Großvater beteuerte, dass er kein Kommunist sei, sondern ein »Friedenshetzer«, dass er keine Revolution machen wolle, sondern lediglich Filme.

Charlie Chaplin hatte sich immer als Weltbürger gesehen, als Internationalist und als Pazifist. Nationalisten lehnte er ab; sie seien für die Kriege in der Welt verantwortlich. Diese Einstellung machte meinen Großvater in den Augen der Mächtigen gefährlich, weil sie die Kraft seiner Botschaften fürchten mussten. Schließlich wurde dieser Künstler von Millionen geliebt.

Großvater war ein kritisch denkender Mensch, der die USA liebte. Er hatte sich allerdings nie um die US-amerikanische Staatsbürgerschaft bemüht und war zeit seines Lebens

Brite geblieben. Dies wurde ihm nun zum Verhängnis. Nach den Einwanderungsgesetzen der USA konnte ein Ausländer aus politischen oder moralischen Gründen des Landes verwiesen werden. Und nun bezichtigte man ihn beider Vergehen.

Als er 1952 nach England reiste, um seinen Film *Rampenlicht* vorzustellen, erhielt er beim Auslaufen des Schiffes aus dem Hafen von New York ein Schreiben des US Immigration Service, das ihm verbot, in die USA zurückkehren.

So mussten sich Großvater und Oona mit ihren vier Kindern eine neue Heimat suchen.

Erst 1972, zwanzig Jahre später, durfte mein Großvater wieder in die USA einreisen. Die US-Behörden hatten ihm ein Visum für immerhin zehn Tage erteilt, damit er an der Oscar-Verleihung in Los Angeles teilnehmen und die Auszeichnung für sein Lebenswerk entgegennehmen konnte.

Charlie Chaplin nahm es mit Humor und meinte: »Die US-amerikanische Regierung hat eben immer noch Angst vor mir.« Bei der Oscar-Verleihung erhielt er die längsten »Standing Ovations«, die je ein Schauspieler in Hollywood erhalten hatte. Übrigens wurden Chaplins Hand- und Fußabdrücke vor dem TLV Chinese Theater in Hollywood irgendwann entfernt und sind bis heute verschollen. Aber in Chaplins neuer Heimat, an der Uferpromenade des Genfer Sees, steht eine Charlie-Chaplin-Skulptur.

Ich hatte mich mit meinem Vater in einem meiner Lieblingsrestaurants verabredet, der L'Hostellerie de Genève in Vevey.

Das Restaurant liegt am Grande Place, einem der größten Marktplätze Europas, auf dem ein gigantisches Weinlesefest gefeiert wird, allerdings nur vier bis fünf Mal pro Jahrhundert. Das nächste Mal wird es erst 2020 stattfinden.

Da ich ein wenig zu früh dran war, bummelte ich noch an der Uferpromenade des Sees entlang. An einem schönen Sommertag wie diesem tummeln sich dort viele Menschen, vor allem Touristen. Sie bleiben natürlich vor der Charlie-Chaplin-Skulptur stehen und lassen sich mit dem Tramp fotografieren. Die Statue stammt von dem britischen Bildhauer John Doubleday, der auch schon die Beatles, Sherlock Holmes und Nelson Mandela verewigt hat.

Die Touristen versuchen oft, den Tramp zu imitieren, watscheln um die Skulptur, und manche bringen sogar ihre eigenen Utensilien mit: Hut, Stock und einen künstlichen Schnurrbart.

Alle haben immer wieder einen Riesenspaß, und es macht mir große Freude, sie dabei zu beobachten.

Eigentlich könnte und sollte jede Stadt und jedes Dorf Skulpturen von Menschen aufstellen, die andere zum Lachen bringen! Sie könnten an der Stelle von Feldherren und politischen Führern stehen, die Krieg und Not verbreiteten. Ich stellte mir überall auf der Welt »Denkmäler des Humors« vor, die die Menschen daran erinnern, mehr zu lachen. Und viel mehr Künstler sollten Aufträge erhalten, solche Denkmäler zu schaffen. Der Humor und das Lachen müssen den öffentlichen Raum erobern.

TREFFEN MIT MEINEM VATER:
LACHEN IST DER ERSTE SCHRITT ZUM GLÜCK

Voller Freude über meine neueste Idee betrat ich das Lokal und begrüßte meinen Vater. Wir blickten auf den geschäftigen Marktplatz, den glitzernden See und die Alpen, die von einem blauen Nebelschleier umhüllt waren. Ich war hier aufgewachsen und liebte diese Gegend, aber ich fragte mich, wie es wohl meinem Großvater ergangen war, der nicht ganz freiwillig hergekommen war.

»Also, Laura, du möchtest ein Buch über Humor und Lachen schreiben?«, begann mein Vater.

»Ja, seit ich in Kolumbien mit den Straßenkindern gearbeitet habe, weiß ich, dass ich mich dafür engagieren muss.«

»Ja«, stimmte er zu, »Lachen ist ein tolles Thema. Lachen ist der erste Schritt, um glücklich zu sein! Lachen macht die Menschen optimistisch. Je mehr in Beziehungen, der Familie und am Arbeitsplatz gelacht wird, desto weniger Konflikte gibt es. Aber das Lachen braucht auch Phantasie!«

»Und Freiheit!«, fügte ich hinzu.

»Oh ja, deshalb ist Humor manchmal auch richtig sarkastisch. Kennst du das berühmte Zitat von Einstein?«

»Du meinst das über meinen Großvater?«

»Nein, das über die Dummheit. Einstein hat einmal gesagt: Es gibt zwei Dinge, die unendlich sind. Das Universum und die Dummheit der Menschen. Aber beim Universum bin ich mir noch nicht sicher!«, zitierte mein Vater und lachte. »Tja«, sagte er, »auch über die Dummheit der Menschen kann man lachen. Am wichtigsten ist es aber, dass man auch über sich selbst lachen kann! Lachen ist gesund, und Gesundheit ist das wichtigste Gut für uns Menschen. Lachen sichert die Gesundheit! Darüber musst du unbedingt schreiben!«

Ich nickte und erzählte ihm, dass ich mich darüber mit einem Arzt unterhalten wollte.

»Hervorragend! Ich bin schon gespannt auf dein Buch. Und ich habe eine Überraschung für dich: Ich habe auch ein Buch geschrieben!«, sagte mein Vater.

Er überreichte mir einen großformatigen Text- und Bildband, den er veröffentlicht hatte. Er enthielt zahlreiche Fotografien und Anekdoten vom Leben im Manoir de Ban mit Charlie Chaplin. Ich war begeistert.

Mein Vater erzählte aus der Zeit, in der er selbst ein Kind gewesen und im Manoir de Ban aufgewachsen war. Ich konnte ihm nach Herzenslust Fragen stellen, und er ging auf etliche interessante Details ein.

Ebenso wie ich und meine Geschwister hatte er den riesigen Park des Hauses geliebt und im angrenzenden Wald Verstecken gespielt. Und so wie in meiner eigenen Kindheit hatten die Tiere, die es rund um das Haus gab, eine wichtige Rolle für ihn und seine Geschwister gespielt. Es war mein Großvater, von dem die Kinder lernten, die Natur und die Tiere zu respektieren und sie als Teil eines großen Ganzen zu verstehen. Ich erfuhr, dass Charlie Chaplin ein richtiger Tierschützer war. So hatte er in den Wäldern, die zum Herrenhaus gehörten, absolutes Jagdverbot erlassen. Während der Jagdsaison rief er regelmäßig die Polizei, damit sie die Jäger aus seinem Wald vertrieb. Doch nicht nur das Wild genoss den Schutz, sondern auch das Kleingetier: Es gab einen alten, morschen Baum im Park, der nicht gefällt werden durfte, weil er einer Eulen-Familie als Behausung diente. Imker durften überall ihre Bienenstöcke aufstellen, und ein Schäfer ließ seine Schafe im Park grasen, was den Rasenmäher ersetzte. Und die Kinder hielten alle erdenklichen Tiere von vietnamesischen Hängebauchschweinen bis zu Shetlandponys im Park. Eines der letzten Ponys, die mein Großvater zu Lebzeiten gekauft hatte, wurde mein erstes geliebtes Pony: Bichon. Offenbar hatte ich meine Tierliebe mit Bichon von ihm geerbt.

Es gab aber auch eine eigene Obstplantage und einen großen Gemüsegarten, die von Gärtnern betreut wurden. Mit dem frischen Obst und Gemüse konnten die große Familie und die vielen Gäste versorgt werden.

Das Haupthaus des Anwesens hat vierundzwanzig Zimmer auf drei Etagen, einen großen Dachboden, einen ebenso großen Keller, einen Personen- und einen Lastenaufzug. Das Anwesen wurde von meiner Großmutter Oona wie ein kleines Unternehmen geführt. Sie dirigierte zwei Köchinnen, drei Zimmermädchen, zwei Kinderschwestern, einen Chauffeur und einen Butler. Die Bediensteten waren fest angestellt und hatten ihre eigenen Unterkünfte auf dem Grundstück. Das gesamte Haus wurde mit Holz geheizt, und im offenen Kamin prasselte das ganze Jahr über Feuer. Mein Großvater liebte das Knistern.

Vater erzählte mir, dass Großvater großen Wert auf Pünktlichkeit legte. Er konnte sich auch noch genau an den Tagesplan seines Vaters erinnern:

Nach dem Frühstück arbeitete Charlie Chaplin von 10:00 bis 11:45 Uhr in seiner Bibliothek im Erdgeschoss. Dann aß er zu Mittag.

Ab 13:00 Uhr arbeitete er nochmals bis 17:00 Uhr in seiner Bibliothek.

Um 18:45 Uhr versammelte sich die ganze Familie zum gemeinsamen Abendessen im Speisesaal. Oft waren dazu auch Freunde und Bekannte aus der ganzen Welt eingeladen. Im

Sommer wurde das Frühstück auf unserer Terrasse serviert, und an schönen Tagen wurde abends dort gegrillt.

Besonders stolz war mein Großvater auf seine riesige Bibliothek. Seine Lieblingsautoren waren Guy de Maupassant und Edgar Allan Poe. Er hielt seine Kinder dazu an, möglichst viele Bücher zu lesen, und legte großen Wert auf ihre Schulbildung. Er hielt es für ein Privileg, in die Schule gehen zu dürfen. Im Hanwell-Kinderheim hatte er kaum etwas gelernt. Im Prinzip hatte er sich selbst alles Mögliche beigebracht. So ermahnte er seine Kinder immer wieder, gut zu lernen.

Neben der Bildung hielt er den Sport für sehr wichtig. Er liebte Tennis und galt in Hollywood als der beste Tennisspieler unter den Schauspielern. Natürlich sorgte er deshalb auch dafür, dass alle seine Kinder und Enkelkinder schon in frühen Jahren die Gelegenheit bekamen, Tennis spielen zu lernen. Sie durften sich dann auch mit ihm messen. Er ließ im Park des Hauses Tennisplätze und einen großen Swimmingpool errichten und organisierte Wettbewerbe im Tennis, Schwimmen, Wasserball und auch im Reiten.

Vor allen anderen Freizeitvergnügungen hatten Filmvorführungen einen großen Stellenwert im Familienleben. Sie fanden meist nach dem Abendessen statt und wurden von meiner Großmutter Oona organisiert. Natürlich wurden stets die neuesten Filme und Entwürfe meines Großvaters gezeigt. Es gab aber auch Schmalfilme, die meine Großmutter drehte und die das Familienleben im Manoir de Ban zeigten.

Einmal bekam Charlie zu Weihnachten einen Kassettenrekorder geschenkt. Mit dem nahm er alle Künstler, die im Manoir de Ban zu Gast waren, auf. Das Haus wurde rasch zum Treffpunkt für Filmstars, Produzenten, Autoren, Maler, Musiker, Politiker und auch für Zirkusleute, die aus aller Welt kamen, um meinen Großvater zu besuchen. Mein

Vater nannte mir etliche berühmte Namen, die er für sein Buch ausgewählt hatte. Darunter befanden sich die größten Schauspieler und Stars jener Zeit: Marlon Brando, Richard Burton, Audrey Hepburn, Sophia Loren, Paulette Goddard, Claudia Cardinale, David Niven, Jack Lemmon, Walter Matthau, Gene Kelly, Rex Harrison, Yul Brynner, Steve McQueen, Gary Cooper, Sir Richard Attenborough, Carlos Saura, Miloš Forman, Carlo Ponti.

Vater erzählte auch eine Anekdote über Charlie Chaplin und die Dreharbeiten zu seinem letzten Film *Die Gräfin von Hongkong*, in dem Sophia Loren und Marlon Brando die Hauptrollen spielten: Sophia Loren war längst bereit für die Aufnahme, aber Marlon Brando kam zu spät. Charlie Chaplin fuhr den großen Star an: »Wenn du denkst, du kannst trödeln, dann nimm das nächste Flugzeug nach Hollywood. ... Ich bin ein alter Mann, aber selbst ich schaffe es, pünktlich zu kommen.«

Mein Großvater erwartete ausnahmslos von allen seinen Mitarbeitern die gleiche Arbeitsmoral, die er selbst an den Tag legte. So musste sich auch der wilde Marlon Brando dem damals fast achtzigjährigen Charlie Chaplin fügen.

Auch berühmte Autoren, mit denen Chaplin befreundet war, kamen zu Besuch, zum Beispiel Graham Greene, Truman Capote oder Noel Coward. Mein Vater erinnerte sich besonders gut an die Besuche von Truman Capote, der immer vollkommen in Rot gekleidet, extravagant und exzentrisch auftrat und sich lange Diskussionen mit Charlie Chaplin lieferte, zum Beispiel über die Todesstrafe.

Da Charlie Chaplin klassische Musik liebte, lud er auch viele der berühmtesten Musiker der Welt in das Manoir de Ban ein, darunter Arthur Rubinstein, Pablo Casals, Isaac Stern, Wilhelm Backhaus, Clara Haskil. Auch weltbekannte

Dirigenten wie Herbert von Karajan und Lorin Maazel waren Gäste meines Großvaters.

Mein Vater war überzeugt, dass auch Charlie Chaplin selbst ein guter Musiker war. Chaplin weigerte sich allerdings, dies zu glauben. Obwohl das Lied »Smile« längst zu einem Klassiker geworden war, wollte er Gästen niemals die Interpretation seiner Werke zumuten und spielte nur für seine eigene Familie.

LEIDENSCHAFT FÜR DEN ZIRKUS

Von all den berühmten Gästen waren meinem Großvater seine Freunde vom Zirkus am liebsten. Zirkusartisten und Clowns aus der ganzen Welt gastierten regelmäßig im Haus und im Park. So kam es, dass auch mein Vater schon als Kind mit der Leidenschaft für den Zirkus und für Clowns angesteckt wurde. Bei Charlie Chaplin war es der in seiner Kindheit berühmte französische Clown Marceline gewesen, der ihn inspirierte und faszinierte. Seine Aufführungen waren so charmant, dass ganz London ihm zu Füßen lag. Charlie Chaplin durfte als Kind einmal gemeinsam mit ihm im Londoner Hippodrom auftreten und erhielt dabei vom Publikum so großen Applaus, dass er sich endgültig dazu entschloss, Schauspieler zu werden. Mein Großvater hielt Marceline für einen außerordentlich guten Künstler und war entsetzt über sein späteres Schicksal. Marceline wurde wie so viele melancholisch und verschlossen und beging schließlich Selbstmord.

Vermutlich diente Marceline auch als Inspiration für den alternden Clown Calvero in Charlie Chaplins *Rampenlicht*. Der Film ist eine Hommage an das Londoner Varieté-Milieu, in dem die Karriere meines Großvaters begann. Er thematisiert den Abstieg von Künstlern und ist eher ein Melodram als eine Komödie, wenn es auch einige äußerst lustige Szenen gibt. Meine Lieblingsszene ist die Schlussnummer, in der mein Großvater gemeinsam mit Buster Keaton als Pianisten-Violinisten-Duo auftritt und gegen die Tücken der Instrumente kämpft, die ein Eigenleben entwickeln.

Mein Großvater hat dem Zirkus auch einen eigenen, unglaublich witzigen Film gewidmet: Die Stummfilmkomödie *The Circus* aus dem Jahr 1928 ist neben *The Kid* mein Lieblingsfilm von Charlie.

In diesem Film verirrt sich der Tramp in eine Zirkusvorstellung und bringt das Publikum derart zum Lachen, dass ihn der Zirkusdirektor als Clown engagieren möchte. Da er aber nicht auf Befehl lustig sein kann, wird er nur als Requisiteur angestellt und durch seine unbeabsichtigten Missgeschicke zur heimlichen Hauptattraktion des Zirkus.

Der Film wurde gleich für mehrere Oscars nominiert, und mein Großvater gewann seinen ersten Oscar für seinen Einfallsreichtum, für das Drehbuch, die schauspielerische Leistung, die Regie und Produktion.

Doch beinahe wäre dieser Film nie in die Kinos gekommen. Bei den Dreharbeiten wurde das riesige Zirkuszelt durch einen Hurrikan komplett zerstört. Wochen später wütete ein Feuer und vernichtete alle Requisiten und den Szenenaufbau.

Vier Wochen nach dem neuerlichen Drehstart entdeckte mein Großvater, dass das gesamte bis dahin aufgenommene Filmmaterial durch einen Fehler bei der Entwicklung unbrauchbar geworden war. Alle Szenen mussten nachgedreht werden. Zuletzt versuchte noch seine Exfrau Lita Grey, mit der er sich in einem Scheidungsstreit befand, das gesamte Filmmaterial beschlagnahmen zu lassen. Doch trotz all dieser Widrigkeiten wurde der Film zu einer von Chaplins besten Produktionen.

Meine Lieblingsszene ist die, in der der Tramp unfreiwillig unter der Zirkuskuppel am Hochseil balanciert und auf dem Seil mehr schwebt als läuft. Plötzlich wird er von einer Horde Zirkusaffen attackiert. Die böswilligen Tiere zerren ihm seine Hose runter und enthüllen, dass er vergessen hat, sein Trikot anzuziehen. Mein Großvater spielte diese riskante Szene selbst und übte dafür monatelang mit Zirkusakrobaten am Seil.

Eine andere lustige, verrückte Szene ist die, in der der Tramp sich unbeabsichtigt in einen Löwenkäfig einsperrt. Was die Zuseher nicht wissen, ist, dass Charlie Chaplin, der Perfektionist, insgesamt 2000 Aufnahmen von dieser Szene machte, bei denen er sich selbst mit dem Löwen im Löwenkäfig befand. Das erklärt wohl auch, dass seine angstvollen Blicke so glaubhaft sind.

Mein Vater und ich teilen meines Großvaters Liebe zum Zirkus. Für meinen Vater repräsentiert der Zirkus pure Emotion und versetzt ihn stets in die Welt seiner Kindheit zurück. Er schwärmt noch immer von seinen Kindheitserinnerungen an den Zirkus Knie. Später wurde Eugene selbst Zirkusdirektor, und zwar beim Zirkus Nock. Mittlerweile besitzt mein Vater einen eigenen Zirkus in Kanada, in dem jedes Jahr die besten Nachwuchsakrobaten ihre Kunst vor internationalen Zirkusdirektoren vorführen dürfen. Eugene Chaplin ist auch einer der Juroren für die Vergabe der jährlichen Oscars für die besten Clowns der Welt.

Vater und ich sind uns einig, dass Charlie Chaplin der größte Clown aller Zeiten war. Zugegeben, wir sind natürlich erblich ein wenig vorbelastet.

Nach unserem Treffen beschloss ich, zu recherchieren, was andere berühmte Clowns über meinen Großvater dachten und ob sie durch ihre Arbeit ebenfalls Probleme mit den Mächtigen bekommen hatten. Mir wurde schnell klar, dass die großen Zirkusclowns des 20. Jahrhunderts meinen Großvater als Vorbild und als einen der ihren betrachteten.

CHARLIE CHAPLIN UND DIE GROSSEN CLOWNS: GROCK, RIVEL & POPOW

Der in Russland geborene Clown und Zirkuskünstler Oleg Popow, der 2015 seinen 85. Geburtstag feierte, wird gerne als »Russlands Charlie Chaplin« bezeichnet. Der berühmteste der noch aktiven großen Zirkusclowns des 20. Jahrhunderts nennt den frühen Filmstar Charlie Chaplin als sein größtes Vorbild und seine größte Quelle der Inspiration. 1960 hatte er sein Idol in Venedig getroffen und sich mit ihm blendend verstanden, obwohl Oleg damals nur Russisch sprach. Die gemeinsame Sprache der beiden war der Humor.

Zu seinem Zeitgenossen, dem spanischen Zirkusclown Charlie Rivel, soll mein Großvater einmal gesagt haben: »Bin ich es, der dich imitiert oder imitierst du mich?«

Charlie Rivel, der 1896 als Josep Andreu i Lasserre in eine Zirkusfamilie hineingeboren wurde und schon im Alter von drei Jahren als Gewichtheber auftrat, wurde in den zwanziger Jahren weltberühmt. Einige Jahre zuvor hatten Zirkusartisten und andere Künstler damit begonnen, Charlie Chaplins Figur des Tramps zu imitieren und in ihr Programm einzubauen. So auch er. Eine Trapeznummer mit komödiantischen Elementen à la Charlie Chaplin nannte die Familie »Charlie and the Rivels« (Charlot et les Rivels). Von da an war er bis zu seinem Tod als Charlie Rivel bekannt. Bis heute ist er der Welt in seinem knöchellangen, tomatenroten Trikot und den überdimensional großen Schuhen in Erinnerung. Der Zeit-Journalist Manfred Sack schrieb in seinem Nachruf 1983:

»Von seinen Seufzern, seinen Klagelauten, dem kunstvoll

stilisierten Jammer bleibt mir sein ›huuu‹ im Ohr; er formulierte es mit gespitztem Mund, während sich, die Hände überm Bauch gefaltet, Kopf und Oberkörper schraubend in die Höhe wanden: Kammermusik eines Clowns. ›Akrobat schööön!‹ war sein Vorkriegs-, ›huuu‹ sein Nachkriegssignet.«

Im Gegensatz zu meinem Großvater war Charlie Rivel gegenüber Adolf Hitler erschreckend naiv. So zumindest könnte man sein Verhalten wohlwollend interpretieren. Charlie Rivel trat während des Nazi-Regimes in Deutschland auf und floh nach dem Sieg der Alliierten nach Skandinavien. Obwohl er sich später die Frage stellte, wer nach solch einer Tragödie, wie sie unter Hitler und Franco geschah, noch lachen könne, schaffte er ab 1952 ein bemerkenswertes Comeback.

Als der oben zitierte Manfred Sack Charlie Rivel 1971 in München auf seine Arbeit unter Hitler ansprach und fragte, warum er nicht wie seine Landsleute Miró, Casals oder Picasso gegen Franco Partei ergriffen hatte, antwortete der Künstler:

»Ich bin ein Clown, ein Artist, und ein Artist ist für alle da, für die ganze Welt, wie ein Pastor, wie ein Arzt.« Sein Publikum, fand er, sei weder ein Volk noch eine Nation gewesen, sondern der einzelne Mensch, der ein Recht auf therapeutische Hilfe habe, sei es in Form von Gebeten, Medizin oder Späßen.

Auch ein anderer großer Clown, der als Grock bekannte Charles Adrien Wettach, musste sich nach dem Zweiten Weltkrieg harter Kritik stellen. Der 1880 geborene Schweizer Clown, der fünfzehn Instrumente beherrschte, sechs Sprachen fließend sprach und für seinen in allen Tonarten hervorgebrachten Ausruf »Waruuum?«, gefolgt von der Antwort »Nit mööööglich!« bekannt war, war ebenfalls in Nazi-Deutschland aufgetreten. Nichtsdestotrotz gilt er bis heute als einer der größten Clowns aller Zeiten. So nennt der Zirkusunternehmer von Roncalli, Bernhard Paul, nicht meinen Großvater als sein Kindheitsidol und Vorbild, sondern Grock. Im Hinblick auf Charlie Chaplins moralische Größe bezeichnet Paul ihn als Lichtgestalt: »Der hätte nie auf Kosten anderer irgendwelche Späße gemacht oder auf Kosten von Minderheiten.«

Mein Großvater kam niemals in die Verlegenheit, sich für oder gegen die Aufführung seiner Kunst in einem diktatorischen System entscheiden zu müssen. Anders war es bei dem letzten noch lebenden der großen Clowns, Oleg Popow. Während seine erste Nummer 1950 als »kosmopolitisch« verboten wurde, feierte die Sowjetunion ihn später als Volkskünstler – und das, obwohl er das Politbüro in seinen Auftritten parodierte. Und obgleich Popows Vater im Gefängnis wegen angeblicher Missachtung der Herrschaft Stalins starb, kam es erst 1991, nach dem Ende der Sowjetunion, zu einem Bruch mit der Heimat. Seither lebt Oleg Popow in Deutschland. Doch im reifen Alter von 85 Jahren will er als Iwanuschka, einer Art russischem Hans im Glück, auch wieder in der russischen Manege stehen.

Ein Clown, so sagt er heute, »sollte nicht einer Partei folgen, sondern seinem Gewissen«. Denn schließlich ist es nicht eine rote Nase, die einen Clown auszeichnet, sondern neben seiner Unverwechselbarkeit auch seine Weisheit. »Ein Clown sollte«, so Popow, »in erster Linie ein guter Mensch sein – sympathisch und optimistisch.«

Mein Großvater hatte sich zeit seines Lebens bemüht, ein guter Mensch und ein noch besserer Clown zu sein. In seiner Arbeit war er ein Perfektionist, ein minuziös planender Choreograf, ein Künstler, dem die Qualität über alles ging. Daher ist er nach wie vor das erklärte Idol vieler Hollywood-Schauspieler.

CHARLIE CHAPLIN,
DAS IDOL ALLER SCHAUSPIELER

Robert Downey Jr., der für seine Rolle als Charlie Chaplin 1992 für den Oscar nominiert war, schrieb Chaplin unglaublich große Fähigkeiten zu. Und wer sollte es wissen, wenn nicht er? Schließlich musste Downey Jr. für den Film unter anderem auch in die Rolle des Tramps schlüpfen und genauso wie Charlie Chaplin alles, was er sagen wollte, gestisch ausdrücken, alleine dadurch, dass er beispielsweise mit den Augen rollte. Er musste zumindest einige von Charlie Chaplins tausend verschiedenen Arten erlernen, ins Weite zu starren. Kein Wunder, dass er am Ende seines Interviews über Charlie Chaplin sagte: »Ich bin noch immer dabei, Charlie Chaplin zu verarbeiten. Ich lerne noch immer von ihm. Ich denke noch immer über ihn nach.«

Ein anderer der besten Schauspieler unserer Zeit begann bereits über Charlie Chaplin nachzudenken, als er sieben Jahre alt war. Johnny Depp erklärte, dass er als Kind geradezu besessen von Charlie war. Er wollte damals nicht irgendein Schauspieler werden, sondern Charlie Chaplin. Im Film *Benny & Joon* von 1993 imitierte er äußert gekonnt Chaplins »Brötchentanz«. Er brauchte einige Wochen, um zu erlernen, wie man die auf zwei Gabeln aufgespießten Brötchen so locker und leicht über den Tresen tanzen lässt, dass sie den Zuschauern ein Lächeln aufs Gesicht zaubern.

»Wenn man es sieht, wirkt es so einfach. Es ist so schwierig«, sagte er voller Bewunderung.

Schließlich ging es nicht nur um die Bewegung der Hände,

der Arme, des gesamten Körpers oder um die Mimik, sondern vielmehr um das perfekte Zusammenspiel all dieser Dinge. Jede einzelne noch so kleine Bewegung und jeder Augenaufschlag mussten perfekt aufeinander abgestimmt sein, um das auszudrücken, was ausgedrückt werden sollte.

Charlie Chaplin beherrschte das Spiel ohne Worte fraglos perfekt. Als der Tonfilm aufkam, rechneten manche damit, dass seine Karriere damit zu Ende war. Doch er konnte ebenso meisterhaft Adolf Hitlers Sprache imitieren und auf seine charakteristische Weise bis zu einer Art Hustenanfall überspitzen. Charlie Chaplin konnte den wortlosen Tanz mit der Weltkugel mit einer der besten Reden der Filmgeschichte kombinieren.

Diese berühmten Szenen aus seinem Film *Der große Diktator* kann man sich wie Johnny Depp immer und immer wieder ansehen, und wer von uns würde Johnny Depp in seinem Urteil nicht zustimmen, sie als »unendlich brillant« zu bezeichnen?

Doch wie kam es, dass mein Großvater besser sein wollte als alle anderen und es auch bis heute der Meinung so vieler anderer Künstler nach ist? Woher nahm er seine Ideen, seinen unglaublichen Arbeitseifer und den Willen, immer wieder etwas Großes, Einzigartiges zu erschaffen? Robert Downey Jr. hat dazu eine ähnliche Meinung wie Sigmund Freud.

Er wagt die Hypothese, Charlie Chaplin verwende das Medium Film, um zu seinen Wurzeln zurückzukehren, die Vergangenheit neu zu gestalten und sich mit ihr zu versöhnen. Wer das Ende seines Films *The Kid* gesehen hat, wird dies nachvollziehen können. Aber vielleicht hat auch Johnny Depp nicht unrecht, wenn er meint, dass es Chaplins größtes Anliegen war, Kunst zu machen.

Was wäre wohl aus meinem Großvater geworden, wenn

er nicht den Clown in sich entdeckt, perfektioniert und auf die Leinwand gebracht hätte? Wäre er, wie Robert Downey Jr. meint, genauso wie seine Mutter verrückt geworden?

WER WAR CHARLIE CHAPLIN WIRKLICH?

Mein Großvater wurde nicht gerade in die besten Verhältnisse hineingeboren. Seine Kindheit wurde oft mit der von Charles Dickens verglichen: Beide stammten aus den gleichen dunklen Winkeln Londons und wurden in jungen Jahren erfolgreich. Sie kannten das Elend der Straßen von London und entkamen ihm nur durch ihre Kunst. Charlie studierte die Betrunkenen, die zwischen der Kennington Road und der Themse dahintorkelten, und begann sie zu imitieren. Seinen ersten Auftritt hatte er bereits im Alter von vier oder fünf Jahren, als er einmal aus Verzweiflung den Platz seiner erkrankten Mutter auf der Bühne einnahm. Er imitierte seine Mutter mit all ihren Nuancen und all ihrem Feuer und bekam rasenden Beifall und Münzen als Lohn.

Wegen der schlechten psychischen Verfassung seiner Mutter, die immer wieder für einige Zeit in psychiatrische Kliniken kam, musste Charlie Chaplin sich mehr um *sie* kümmern, als sie sich um ihren Sohn kümmern konnte. Sein Vater war, wie bereits erwähnt, schwerer Alkoholiker und küsste Charlie nur ein einziges Mal, und zwar an dem Tag, an dem er starb. Charlie war damals zwölf Jahre alt. Gemeinsam mit seinem Halbbruder Sydney lernte Charlie, sich allein auf den Straßen Londons durchzusetzen.

Die elendesten Jahre seines Lebens verbrachte er im Waisenhaus in Hanwell, aus dem er schließlich davonlief. Es gelang ihm, auf Varieté-Bühnen aufzutreten. Mit Hilfe von Sydney bekam er immer mehr Engagements.

Erfolgreich wurde er in der Truppe von Fred Karno mit

seiner Rolle eines Betrunkenen, der dauernd die Aufführung stört. Er stolzierte über die Bühne, begann mit den Schauspielern und Musikern zu diskutieren und die Bühnenarbeiter und das Publikum zu beschimpfen. Das Publikum liebte diese Rolle, und Charlie Chaplin spielte sie während seiner ersten Auslandstourneen in Frankreich und Amerika. Als er 1912 wieder in die USA fuhr, hatte er die Rolle noch immer im Programm.

Beim Anblick der Freiheitsstatue soll mein Großvater gesagt haben, was Millionen Menschen in Amerika vor ihm gedacht hatten: »Ich bin gekommen, Amerika zu erobern.«

Nur wenige Jahre später hatte er, der barfüßige Gassenjunge aus Kennington, nicht nur Amerika, sondern die ganze Welt erobert.

Charlie Chaplin war aber immer stolz auf seine Herkunft, die verschiedenen Geheimdiensten Rätsel aufgab. Die Nazis hielten ihn für einen Juden und verhöhnten und beleidigten ihn. Aus Solidarität zum jüdischen Volk, das so viel Leid ertragen musste, ließ er die Nazis in ihrem Glauben und nahm diese Zuschreibung als Auszeichnung hin. Selbst der US-Geheimdienst führte Chaplin in seinen Akten als den Juden »Israel Thornstein« und hielt den Namen Charlie Chaplin für einen Künstlernamen. Auf Antrag des FBI, das ihn ja regelrecht verfolgte, wurde er jahrelang auch vom britischen Geheimdienst MI5 abgehört, und er erhielt eine eigene Akte mit der Kennziffer FH-710549. Selbst als er schon in der Schweiz lebte, wurde er permanent überwacht.

Da man seinen Namen in keinem Geburtsregister in London finden konnte, vermutete der britische Geheimdienst, er sei das Kind russischer Einwanderer. Der berühmte Geheimdienst, der die Geheimcodes der Enigma-Verschlüsselungsmaschine der Nazis knackte, der in Staatsstreiche auf der ganzen

Welt involviert war, konnte nicht herausfinden, woher mein Großvater tatsächlich stammte. Zu guter Letzt ging man davon aus, dass er in einem Wohnwagen in der Nähe von Birmingham zur Welt gekommen war.

Charlie Chaplin selbst war stolz darauf, dass er mütterlicherseits von Zigeunern abstammte, woher seiner Meinung nach auch seine tiefe Zuneigung für das fahrende Volk der Zirkusleute rührte. Laut seinem Biographen David Robinson gehörte die Familie seines Vaters vermutlich zu den Hugenotten, die vor der Verfolgung aus Frankreich nach England geflohen waren. Charlie Chaplin stellte erst viele Jahre nach dem Krieg klar, dass er kein Jude war, aber große Sympathie für das jüdische Volk hege.

Durch die genaue Auseinandersetzung mit der Lebensgeschichte meines Großvaters wurde mir erst richtig bewusst, welch große Gefahr die Mächtigen in seinen Filmen sahen. Man wusste, welchen Einfluss seine Kunst auf die Menschen hatte, und investierte unglaublich viel Zeit und Geld, um Chaplin als Kommunisten zu diffamieren und sein Privatleben zu skandalisieren. Humor und Lachen sind tatsächlich wirkungsvolle Waffen, um Autoritäten, autoritäre Regime und Ausbeuter zu entzaubern, und werden daher von ihnen mehr als alles andere auf dieser Welt gefürchtet.

Auch heute werden Kabarettisten, Comedians, Autoren, Regisseure und Cartoonisten, die sich über die Mächtigen lustig machen, gnadenlos verfolgt. Ich erinnere mich gern an meinen Besuch in Wien, die Tischrede von Giovanni und unseren Toast: »Lachen ist ein Menschenrecht!«

Konnte es sein, dass man bei der Formulierung der Charta der Menschenrechte das Lachen vergessen oder es absichtlich weggelassen hatte? Und hatten Clowns nicht immer eine essentielle Rolle in der Gesellschaft gespielt?

»Der Sinn des Clowns liegt darin, die gesamte Menschheit zu belustigen und sie mit den Gaben, die er ihr schenkt, zu bereichern«, schrieb Robert Payne in seiner Biografie über meinen Großvater. Und auf die Frage, was Humor sei, hat mein Großvater einmal geantwortet: »Der Humor ist der sanfte und wohlwollende Wächter des Geistes, der uns daran hindert, uns von dem scheinbaren Ernst des Lebens überwältigen zu lassen.«

Ein Clown kann seinen Humor sowohl als Waffe gegen die Mächtigen einsetzen als auch als Heilmittel für die Seele. Daher wollte ich nun einige Menschen und Institutionen besuchen, die Clowns ausbilden und deren Einsatz zum Wohl der Menschen fördern.

VOM INNEREN CLOWN ZUM PROFI

4

Ich begebe mich auf die Spuren von Michael Christensen in Europa und besuche die älteste Clownschule Deutschlands. Dort erfahre ich von Jenny Karpawitz und Udo Berenbrinker, wie sie ihren Schülern beibringen, den Clown in sich zu entdecken und die innere Freude zu aktivieren, und ich erhalte Einblick in die berührenden Lebensgeschichten von Clowns und Clowninnen.

Wir brauchen uns nicht weiter vor Auseinandersetzungen,
Konflikten und Problemen mit uns selbst und anderen
fürchten, denn sogar Sterne knallen manchmal aufeinander
und es entstehen neue Welten.
Heute weiß ich:
DAS IST DAS LEBEN!

AUS DEM GEDICHT
»ALS ICH MICH SELBST ZU LIEBEN BEGANN«
VON CHARLIE CHAPLIN

MICHAEL CHRISTENSEN,
DER ERSTE KRANKENHAUSCLOWN

Auf Zehenspitzen betritt der Clown die Frühchen-Station des New-York-City-Kinderkrankenhauses. Er trägt ein großkariertes gelbgrünes Hemd und einen zerbeulten braunen Hut. Um seinen Hals hängt eine knallrote Krawatte mit einem überdimensional großen Knoten. Von seinen Schultern flattert ein weißer Arztkittel. Große rote Punkte zieren seine Wangen und seine breite Nase. Um seinen Mund hat er dick weiße Farbe aufgetragen, die von einem aufgemalten dunkelroten Vollbart eingerahmt wird. Seine schwarz umrandeten Augen sind weit geöffnet. Langsam nähert er sich einem der Brutkästen und guckt hinein.

Im Brutkasten liegt ein neugeborenes Baby, das um einige Wochen zu früh auf die Welt gekommen und für diese noch nicht reif ist. An seinem Körper sind Messinstrumente befestigt und mit blinkenden Kontrollgeräten verbunden. Atmung und Herzschlag werden kontrolliert. Das rechte Händchen des Kindes trägt eine Kanüle, die den winzigen Körper mit lebensnotwendigen Infusionen versorgt.

Der Clown beugt sich langsam über den Brutkasten, greift mit seiner Hand hinein und streichelt sanft über die Fingerchen des Babys. Der kleine Körper entspannt sich, und auf dem Gesichtchen zeigt sich so etwas wie ein Lächeln.

Michael Christensen, der 1986 eine eigene Circus-Clown-Care-Truppe organisierte und diese in Kinderkliniken überall in den USA arbeiten ließ, gilt als der erste professionelle Krankenhausclown. Er bringt sogar Frühchen zum Strahlen. Als er in einem Interview gefragt wurde, ob jeder Clown ein Klinikclown sein kann, verneinte er dies. Neben Improvisationstalent und Talent zum Geschichtenerzählen müsse ein Klinikclown nämlich gleichzeitig verletzlich und offen sein und vor allem fähig, das eigene Ego beiseite zu lassen. Michael Christensen setzt sich dafür ein, dass nur professionelle Künstler, Musiker und Zauberer, also Menschen, die ihr Leben ihrer Kunst verschrieben haben, als Klinikclown arbeiten.

»Oft gibt es dann den Irrglauben, dass man sich nur eine rote Nase aufzusetzen braucht, lustige Kleider anziehen muss und dann loslegen kann.«

Im Unterschied zu seinem bekannten Kollegen Patch Adams, der durch den gleichnamigen Film mit Robin Williams noch berühmter wurde, glaubt er nicht daran, dass jeder von uns ein Clown sein kann:

»Das stimmt vielleicht, aber nur bis zu einem gewissen Grad. Lassen Sie es mich so erklären: Jeder kann eine Geige in die Hand nehmen und Geräusche damit machen. Manchmal wird das angenehm klingen und manchmal eben nicht. Aber jemand, der sein Leben lang schon Geige spielt und für den diese Musik eine Herzensangelegenheit ist, wird ganz anders damit umgehen. Und genau so ist es auch bei der Clownerie. Deshalb würde ich nur professionellen Künstlern eine rote Nase aufsetzen und sie im Krankenhaus arbeiten lassen.«

DIE ÄLTESTE CLOWNSCHULE DEUTSCHLANDS

Ich dachte an Michael Christensen, als ich mich auf den Weg nach Konstanz am Bodensee machte. Dort befindet sich die Tamala Clown Akademie, die älteste Clownschule Deutschlands, die Jenny Karpawitz und Udo Berenbrinker gemeinsam 1983 gegründet haben. Jenny und Udo hatten mich und mein Team zum Abschlusswochenende der Ausbildung zum Krankenhausclown, den sie Gesundheit!Clown nennen, eingeladen, und ich war sehr gespannt darauf, einen Einblick in die Ausbildung zu bekommen.

Die beiden begrüßten mich freundlich im großen Vorraum der Schule und kündigten mir an, dass ich an diesem Wochenende nicht nur bei Abschlussprüfungen der angehenden Gesundheit! Clowns zusehen, sondern mir auch die Diskussionen der Prüfer und Prüferinnen anhören dürfe. Beim großen Abschlussfest würde ich Gelegenheit bekommen, die Clown-Schüler und -Schülerinnen persönlich kennenzulernen und mich mit ihnen über ihre Motivation und über ihre Erfahrungen auszutauschen. Zuallererst musste ich aber gemäß dem Hausbrauch meine Schuhe ausziehen. Jenny und Udo führten mich durch die Räume. Dabei entdeckte ich sehr bald ein Filmplakat von *The Kid*, auf dem mein Großvater als Tramp zu sehen war. Automatisch blieb ich davor stehen, so wie damals Michael Jackson bei seinem Besuch im Haus meines Großvaters. Ich begann zwar nicht zu singen, aber ich erzählte den beiden, dass *The Kid* mein Lieblingsfilm war, und schwärmte:

»Ich liebe diesen Film seiner Emotionen wegen. Er geht so

tief. Wenn der Tramp das Kind rettet, kommen mir immer wieder die Tränen, obwohl ich den Film schon so oft gesehen habe.«

Jenny nickte zustimmend und meinte: »Charlie Chaplin hat seine Gefühle gezeigt. Damit hat er Gefühle bei seinem Publikum ausgelöst. Er hat dies mit seiner exakten Körpersprache kombiniert und war damit der perfekte Clown! Er ist unser Vorbild.«

»Charlie Chaplin hat etwas Einzigartiges gemacht. Er hat traurige Bilder mit innerer Freude kombiniert. Niemand konnte das so wie er«, schwärmte Udo.

Jenny fügte lächelnd hinzu: »Und wir lieben es, dass er nie wirklich scheitert. Er gewinnt immer. Am Ende des Films geht er hoch erhobenen Hauptes davon.«

»Und das ist genau die innere Haltung, die ein Clown braucht! Er hatte einfach dieses Talent. Man konnte bei ihm die allerkleinste Emotion wahrnehmen!«, ergänzte Udo.

»Ja, wir haben wirklich viel von ihm gelernt. Die Körpersprache, die Leichtigkeit, die Durchlässigkeit. Das alles haben wir bei ihm gesehen und uns gefragt, ob und wie man das jemandem beibringen kann«, meinte Jenny und fügte hinzu:

»Und weißt du, bevor wir diese Schule gegründet haben, waren auch wir Vagabunden. Du siehst, wir haben wirklich eine starke Verbindung zu ihm! Aber vielleicht sollten wir uns einmal setzen?«

Ich nickte lachend und folgte den beiden in den hellen Besprechungsraum. Die Sonne schien auf den großen Tisch, auf dem eine Schüssel mit Obst und Schokolade stand. Jenny holte einen großen Krug Wasser, schenkte uns ein und sagte: »Also, was willst du wissen?«

»Ich weiß jedenfalls schon, dass ihr große Charlie-Chaplin-Fans seid«, meinte ich lachend, »und dass ihr vor über dreißig Jahren die erste Clownschule in Deutschland gegründet habt.«

»Das war damals 1983 in Oldenburg. Wir sind damit Deutschlands älteste Clownschule. Seit 1991 sind wir hier in Konstanz«, erklärte Udo.

»Also, wie kommt man auf die Idee, eine Clownschule zu gründen?«, begann ich mein Interview.

Die beiden sahen sich kurz an und lachten, dann erzählte Jenny: »Das war eigentlich ganz einfach. Wir sind als Clowns aufgetreten, wo wir konnten, im Theater, auf der Straße und vor unserer Familie und unseren Freunden. Und alle haben uns immer gefragt: ›Wo habt ihr das gelernt?‹«

»Ja, wo habt ihr es gelernt?«

Udo erzählte: »Im deutschsprachigen Raum gab es damals keine einzige Clownschule, es gab nur einzelne Workshops von einzelnen Lehrern. In Deutschland gab es Clowns zu der Zeit auch nur im Zirkus, nicht auf der Bühne. Und so wie man früher bei Schauspielern gesagt hat, entweder man kann das oder man kann das nicht, so war das damals auch bei Clowns. Entweder konnte man es oder man konnte es nicht.«

»Und woher konntet ihr es?«

Jenny und Udo lachten.

»Jenny, erzähl du mal!«, meinte Udo und lächelte seiner Partnerin verschmitzt zu.

Jenny holte Luft und gestand: »Eigentlich wollte ich nie etwas mit Clown machen. Nicht einmal mit Theater. Ich komme von der Körperarbeit, bin ausgebildete Yogalehrerin, habe Bioenergetik, Energiearbeit, Meditation und solche Dinge gemacht. Aber ich hatte immer das Gefühl, dass in mir drinnen unglaublich viel Energie steckt, die ich noch nicht freisetzen konnte.«

Ich blickte Jenny an. Sie wirkte auf den ersten Blick sehr ruhig. Es lag an der Präsenz, die sie ausstrahlte. Jenny erzählte weiter:

»Eines Tages habe ich eine Performance mit Clowns gesehen, und da war mir sofort klar, dass ich das probieren musste, dass das genau mein Ding war. Ich wollte es sofort erlernen, und naja, mein erster Lehrer war Udo.«

»Oooh, du hattest also doch einen Lehrer!«, rief ich, und dann brachen wir alle in schallendes Gelächter aus, von dem sich Jenny aber nicht aus dem Konzept bringen ließ.

»Ich habe einige Workshops bei Udo besucht und bin dann zu unterschiedlichen Lehrern in Europa gegangen, unter anderem zu Roy Bosier in Rom und Zürich und zu F. J. Bogner in Frankfurt. Udo und ich wurden nach zwei Jahren ein Paar«, sagte sie und warf Udo einen auffordernden Blick zu. Er räusperte sich und erzählte:

»Ich komme aus dem klassischen Theater, aber ich wusste schon immer, dass ich nicht einfach nur ein klassischer Schauspieler sein will. Also habe ich mal das Strasberg-Training gemacht. Es war das einzige Strasberg-Training in Europa, ich hatte also Glück. Lee Strasberg hat eine Methode entwickelt, oder sagen wir weiterentwickelt, wie man als Schauspieler die Rolle in sich selbst findet und mit ihr verschmilzt. Dazu arbeitet man mit eigenen Erinnerungen und Emotionen«, erklärte Udo. »Alle berühmten Hollywoodstars haben sein Actors Studio in New York besucht und seine Methode erlernt, von James Dean über Marlon Brando, Johnny Depp, Al Pacino, Robert de Niro, Angelina Jolie bis zu Marilyn Monroe.«

»Bei der Strasberg-Methode gibt es überhaupt keine Körperarbeit. Du sitzt den ganzen Tag auf einem Stuhl und arbeitest an deinen Emotionen!«, fügte Jenny hinzu.

»Ehrlich gesagt war das Strasberg-Training zu dieser Zeit in Deutschland vollkommen out. Emotionen waren einfach nicht angesagt. Ich hatte aber das Gefühl, dass ich dieses Strasberg-Training brauche, um zu meinem Inneren zu kommen. Ich habe mich aber auch mit Körpertheater beschäftigt und bei Mitgliedern des Grotowski-Ensembles in Wien und München gelernt.«

Ich schaute hilfesuchend und fragte mich, ob Grotowski mir ein Begriff sein sollte. Udo nahm meine Unsicherheit natürlich wahr und erklärte: »In Polen gab es in den fünfziger und sechziger Jahren ein erstes Körpertraining für Schauspieler, geleitet von Jerzy Grotowski. Da wird so hart am Körper gearbeitet, dass dein Bewusstsein am Ende vollkommen leer ist. Das ist ein komplett anderer Ansatz als der von Lee Strasberg.«

»Und wie bist du vom Schauspiel dann zum Clown gekommen?«

»Ich bin auf einem Festival in München Jango Edwards begegnet!«

Ich nickte heftig, weil ich von diesem US-amerikanischen Clown und Comedien schon gehört hatte.

»Ich habe bei ihm trainiert und ihn in Amsterdam wiedergetroffen«, sagte Udo, »und als ich dann Jenny kennengelernt habe, waren wir uns einig, dass wir all das verbinden wollten: Strasberg, Grotowski und Clowning!«

»Genau wie Charlie Chaplin!«, ergänzte Jenny.

»Und genau wie er kommen wir von der Straße!«, meinte Udo.

»Die Straße ist der beste Ort, um es zu lernen, sagte auch Michael Christensen«, erinnerte ich mich.

»Oh ja«, rief Jenny. »Denn auf der Straße gehen die Leute einfach weiter, wenn es nicht lustig ist!«

Wir lachten, und dann erzählten die beiden, wie sie tage- und nächtelang zusammengesessen und über die Methode diskutiert hatten, die sie entwickeln wollten. Als sie mit den ersten Workshops anfingen, waren sie ungefähr in meinem Alter. Mittlerweile hatten sie ihre Ausbildung perfektioniert und konnten gar nicht alle Leute aufnehmen, die zu ihnen kommen wollten. Sie boten Einstiegsseminare an, in denen es darum ging, herauszufinden, ob man überhaupt für diese Ausbildung geeignet ist. Wenn das sicher ist, können sich die Leute für das Grundstudium bewerben und darauf aufbauend die Ausbildung zum Gesundheits-Clown absolvieren. Wer dann noch immer nicht genug hat, kann die Comedy-Ausbildung dranhängen. Außerdem bietet das Tamala-Center Trainings für Firmen an, wobei es einerseits darum geht, Humor in den Arbeitsalltag zu integrieren, andererseits versuchen die beiden die Clownausbildung im Bereich des Change Management unterzubringen. In den USA wird dies längst praktiziert. Viele Unternehmen holen sich sogenannte Change-Manager in den Betrieb, deren Aufgabe es ist, den Mitarbeitern, Managern und dem Unternehmen neue Perspektiven zu eröffnen. Change-Manager sind Querdenker und erarbeiten mit den Mitarbeitern spielerisch neue Lösungen. Sie haben fast immer eine Clownausbildung und sind geübt in Humorstrategien, die sie dann weitergeben. Mit Humor lässt sich eben vieles leichter sagen.

Ich dachte, dass dies ein weiteres wichtiges Thema war, mit dem ich mich unbedingt noch auseinandersetzen wollte. Nach allem, was ich bisher gehört hatte, wollte ich nun aber endlich wissen, wie man lernen konnte, ein Clown zu sein, und bat Jenny und Udo, mir das Konzept ihrer Ausbildung zu erklären.

Jenny und Udo holten tief Luft, dann begann Jenny:

»Zuerst geht es einmal darum, verschiedene Clowntypen kennenzulernen und an die Lebendigkeit eines Kindes heranzukommen. Am Anfang ist es sehr wichtig, ohne Sprache zu arbeiten. Wir arbeiten mit Tönen, da wir denken, dass der direkte Zugang zu Emotionen über Töne geschieht, nicht über die Sprache. Als Kinder lernen wir ja bald, uns diese Töne abzugewöhnen. Da bricht immer ziemlich stark etwas aus den Teilnehmern heraus, wenn sie plötzlich wieder so richtig Kind sein dürfen.«

Jenny lachte kurz und fuhr fort:

»Dann arbeiten wir eben auch stark mit dem Körper. Clown ist ja ein Beruf, bei dem die Körpersprache extrem wichtig ist. Wir verwenden Yoga-Techniken, um unseren Körper frei und durchlässig zu machen. Dann konzentrieren wir uns auf den emotionalen Humor, und da wird es schwierig. Als Clown geht es darum, Gefühle zu übertreiben, ohne dabei ins Drama zu sinken. Die Emotionen müssen authentisch, stark und expressiv sein, aber eben nicht zu dramatisch, nicht zu ernst. Ein Clown sollte dabei wie ein Kind sein. Ein Kind nimmt seine Gefühle sehr ernst, aber es kann im einen Moment weinen und im nächsten wieder lachen.«

Udo fügte hinzu: »Hinter allem, was der Clown tut, sitzt der Schalk. Auch wenn er wütend oder traurig ist, muss immer Platz bleiben für ein Augenzwinkern!«

Ich nickte und dachte an die Filme meines Großvaters, der all das perfektioniert hatte.

»Und wie genau kann man all das nun erlernen?«

Sie erklärten mir, dass dies nur über intensive Selbsterfahrung möglich sei und dass jeder zuallererst seinen eigenen inneren Clown entdecken und sich dann trauen muss, diesen nach außen zu tragen. Jenny und Udo gehen davon aus, dass jeder Mensch seinen eigenen inneren Clown hat. Auch ich habe einen, wenn der auch immer wieder vom Geist meines Großvaters belästigt wird.

Jenny und Udo betonten die Wichtigkeit, anschließend die eigenen Muster zu brechen. Dann kann man einen neuen Clown entwickeln und noch einen und noch einen. Am Ende haben alle Teilnehmer verschiedene Clownrollen, auf die sie in verschiedenen Situationen zurückgreifen können.

Jenny meinte: »Wir glauben, je mehr Rollen du hast, desto freier bist du. Du kannst deine Rolle wählen. Und dann geht es schließlich um die innere Freude!«

Udo warf ein: »Es gibt in dir und in jedem Menschen einen Teil, wo die Freude sitzt!«

Jenny fügte hinzu: »Wir sagen immer, dass alle Emotionen in uns stets zur gleichen Zeit existieren. Und wir sind mehr als unsere Emotionen, daher können wir uns entscheiden, welche wir abrufen oder in welche wir hineingehen. Und wenn wir uns entscheiden können, dann können wir uns auch für die Freude entscheiden. Und der Job des Clowns ist es, diese Freude immer und überall abrufen zu können.«

»Im Körper, im Geist, überall muss diese Freude sein!«, rief Udo.

»Wow«, entfuhr es mir und Jenny und Udo nickten.

»Es gibt einige Möglichkeiten, diese innere Freude in sich zu aktivieren, zum Beispiel mit der Strasberg-Methode. Früher war das mehr oder weniger Zufall bei uns, aber wir haben diese Fähigkeit für uns perfektioniert«, meinte Jenny.

»Das emotionale Gedächtnis wie einen Schalter ein- und ausschalten«, fügte Udo ein wenig verschwörerisch hinzu und meinte: »Im Film, bei Hollywoodschauspielern, ist es das Gleiche. Die Gefühle müssen echt sein. Die Zuschauern bemerken sofort, wenn sie nicht echt sind!«

»Apropos Film. Es gibt ja auch schon eine filmische Dokumentation über eure Ausbildung, mit dem Titel: Du wirst nicht der Gleiche sein. Gibt es Schüler und Schülerinnen von euch, die nach der Ausbildung nicht mehr die gleichen waren?«, fragte ich.

»Eigentlich alle!«, sagten Jenny und Udo wie aus einem Munde und nannten mir einige Beispiele.

Da gab es einen sehr erfolgreichen BMW-Manager, der schon immer etwas Clowneskes an sich hatte, was ihm auch in seinem Job nicht verloren gegangen war. Im Zuge seiner Ausbildung zum Clown wurde dieser Zug seiner Persönlichkeit immer stärker und stärker. Schließlich formte er sich zu einer Lebenshaltung. Für diesen Manager wurde es immer schwieriger, eine berufliche Aufgabe zu erfüllen, die so gegensätzlich zu dieser Lebenshaltung und zu seinem Inneren war. In seinem Job durfte er auf keinen Fall Fehler machen. Als Clown fand er aber Spaß daran, nicht fehlerfrei, sondern ein Mensch zu sein, der über sich und seine eigenen Fehler lachen konnte. So erreichte er irgendwann die Wegmarke, an der er sich entscheiden musste: für seinen Spitzenmanagerposten mit einem dementsprechend hohen Gehalt oder für den Clown in sich und die Möglichkeit, ein Mensch mit Fehlern zu sein.

Letztendlich kam er zu dem Schluss: »Egal, wie viel Geld ich verdiene, die Freude und die Freiheit ist mir im Leben grundsätzlich mehr wert.« Er kündigte und arbeitet nun als Clown.

Da gab es auch einen bekannten deutschen Richter, der während seiner Clownausbildung eines Tages seine rote Nase auf den Richtertisch legte und wenig später seine Berufsrobe an den Nagel hängte. Auch er ist nun als Clown tätig.

Jenny und Udo erzählten mir noch mehr interessante Geschichten von ihren Schülern, deren Namen hier nicht genannt werden dürfen. Diese Menschen üben ihre Berufe weiterhin aus. Ihre Arbeitgeber fänden es nicht angemessen, wenn sie öffentlich mit der Clownerie in Verbindung gebracht würden. Allerdings kommt ihnen für ihre hochsensiblen beruflichen Aufgaben die Ausbildung zum Clown zugute, denn sie fördert Kreativität, die in vielen beruflichen Situationen gefragt ist, wenn es um die Lösung schwieriger Probleme geht.

Zu diesen Schülern, die im Alltag mit Aufgaben betraut sind, die wir gewöhnlich nicht mit Humor in Verbindung bringen, gehörte eine Priesterin, der es gelungen ist, ihren Beruf in idealer Weise mit ihrer Liebe zum Clownesken zu vereinen. Und daher darf auch ihr Name hier angeführt werden: Gisela Matthiae. Sie hat sogar ein Buch über Clownerie und Glaubensfreude geschrieben. Der Titel lautet *Wo der Glaube ist, da ist auch das Lachen* (2013).

Während ihrer Ausbildung zur Clownin fragte sie sich, wie sie Lachen und Humor mit ihrem Job verbinden könne. Sie dachte nach, experimentierte und wagte es: Ihr erster Auftritt als Clownin vor dem Altar war so erfolgreich, dass sie mittlerweile als erste deutsche Kirchen-Clownin bekannt ist. Sie blieb nicht die einzige Priesterin, mit der Jenny und Udo zusammenarbeiteten.

Udo klärte mich darüber auf, dass das Clowneske und die Kirche von jeher in Verbindung stünden. Im Vatikan habe es bis ins 15. Jahrhundert hinein einen Hofnarren gegeben. Es habe sogar den Ritus in der Kirche gegeben, sich eine Auszeit zu nehmen und alles tun zu dürfen, was man wollte. Wie ich spätestens seit meinem Besuch in Wien wusste, war das in der Geschichte der Kirche nicht immer und überall der Fall. Es gab düstere Zeiten, in denen Menschen, die zu viel lachten, gefoltert oder auf dem Scheiterhaufen verbrannt wurden.

Udo fuhr fort und erzählte, dass die Engländer die ersten

gewesen seien, die wieder Kirchenclowns eingeführt hätten, Priester, die ihre Messe als Clown halten. Auch in der lutherischen Kirche habe es die Idee gegeben, wieder Humor in die Seelsorge zu bringen. Und erst kürzlich hatte Udo ein Clown-Seminar mit 22 Priestern in Zürich gehalten.

Ich sah ihn beeindruckt an.

»Ja, und einige halten nun ihre Messen tatsächlich als Clown!«, schloss er.

»Und gibt es heute bei den Prüfungen auch einen Priester?«, fragte ich, da ich gern live einen von ihnen gesehen hätte.

Jenny und Udo schüttelten bedauernd den Kopf und meinten, es sei nun Zeit, mit den Prüfungen zu beginnen. Wir traten aus dem Besprechungsraum und fanden den Boden des Vorzimmers mit über zwanzig verschiedenen Paar Schuhen verschiedenster Größen, Farben und Stile bedeckt. Die Schule hatte sich mit Schülern gefüllt, und schon sah ich den ersten Clown an uns vorbei auf die Toilette huschen. Und eine Clownin steckte ihren Kopf aus einer Umkleidekabine. Als sie mich sah, zog sie die Augenbrauen in die Höhe, rief: »Ooooh, die Enkelin von Charlie Chaplin!« und winkte aufgeregt. Wie aus dem Nichts tauchten plötzlich Frauen und Männer auf. Obwohl nur zwei von ihnen ein Kostüm trugen, konnte ich in ihnen allen mühelos Clowns erkennen. Sie näherten sich schüchtern und doch mit der typischen clownesken Frechheit, bauten sich vor mir auf und sahen mich mit großen Augen an, als sei ich ein exotisches Tier im Zoo. Einer von ihnen umkreiste mich und schnupperte an mir, eine andere zupfte vorsichtig an meinen Haaren, die anderen betrachteten mich mit respektvollem Abstand, murmelten sich hinter vorgehaltenen Händen etwas zu und gaben Töne von sich.

»Chaplin!«, sagte schließlich einer, und ein anderer wiederholte zustimmend: »Chaplin!«

Der Rest der lustigen Runde stimmte kopfnickend ein: »Ja, Chaplin, jaja, Chaplin, juchuuu!«

Ich wollte mich gerade vorstellen und jedem einzelnen die Hand schütteln, da änderte die Schar unversehens ihr Verhalten. Aus den Clowns, die mich eben noch vorsichtig beäugt hatten, wurde eine ausgelassene Horde von Fans. Eine drängte sich vor die andere, streckte die Hand aus und nannte ihren Namen, doch schon wurde sie von der nächsten zur Seite gestoßen, die sich ebenfalls vorstellen wollte. Ein anderer schob sich vor die beiden und tat, als wolle er mich in die Arme nehmen, wobei er seine Kollegen unauffällig zu Boden stieß. Die Clowns und Clowninnen kullerten durcheinander, klammerten sich an die Hose des Übeltäters und zogen ihn schließlich ebenfalls zu Boden. Kaum richtete sich einer von ihnen ein wenig auf, um mir die Hand entgegenzustrecken und laut seinen Namen zu rufen, wurde er schon vom nächsten überrumpelt.

Ich konnte mich nicht mehr halten vor Lachen, so gut stellten die Clowns eine Situation dar, die mir irgendwie bekannt vorkam. Schließlich applaudierte ich, sie rappelten sich vom Boden auf und gaben mir ganz normal einer nach dem anderen die Hand und stellten sich namentlich vor.

DIE PILGERNDE CLOWNIN
AUS DEM LAND DER KATASTROPHEN

Eine von ihnen sah besonders fröhlich und glücklich aus.

»Hallo, ich bin Maria Angélica, wie geht es dir?«, sagte sie und strahlte.

Als die anderen sich schon langsam entfernten, fragte ich sie, ob sie Lust habe, mir ein bisschen etwas über sich zu erzählen und zu erklären, warum sie hier eine Ausbildung zur Clownin machte.

»Natürlich, Laura! Es ist mir eine Ehre. Ich erzähle dir alles über mich, so viel du möchtest! Ich hab die Prüfung schon gestern bestanden. Kein Problem für mich!«, rief sie und lachte.

Ich lachte auch und lauschte ihr gespannt.

»Mein Name ist Maria Angélica und ich komme aus Chile. Ich wohne seit zwanzig Jahren in Deutschland. Jetzt lebe ich schon seit zehn Jahren mit meinem Mann und meinem Sohn in Dorsten; kennst du Dorsten an der Lippe?«

Ich schüttelte den Kopf.

»Das macht nichts. Das ist nur ein kleiner Ort mit 80 000 Einwohnern in Nordrhein-Westfalen. In Santiago de Chile leben 5 Millionen Menschen. Dort bin ich aufgewachsen«, sagte sie und erzählte mir von ihrer Kindheit. Obwohl sie während der Diktatur Pinochets aufgewachsen war, erinnerte sie sich an ihre Kindheit als eine Zeit voller Liebe und Lachen. In ihrer Familie wurden auch während dieser blutigen Jahre, in denen die freie Meinungsäußerung verboten war, Witze erzählt, sogenannte Flüsterwitze. Solche Flüsterwitze hatte man sich auch in den Jahren des Nationalsozialismus in Europa erzählt, und in kommunistischen Regimen bildeten sie natürlich auch ein Ventil für Menschen in Not. Wenn allerdings jemand beim Erzählen oder Lachen über diese Witze entdeckt wurde, landete er sofort im Gefängnis.

»Meine Mutter war so positiv, sie hatte so eine gute, starke Energie!«, sagte Maria Angélica.

Ich nickte zustimmend: »Das hat sie dir weitergegeben!«

Maria Angélica lachte und sagte verschmitzt: »So wie dein Großvater dir!«

Ich lachte und fragte sie, was ihr ursprünglicher Job war.

»Ich bin Meeresbiologin, bin sogar promoviert. Ich bin eine Expertin für die Klassifikation von Seeschmetterlingen. Kennst du Seeschmetterlinge? Das sind winzige Meeresschnecken, sehr bunt, sehr schön, aber sehr klein.«

»Und wie kommst du nun von den Meeresschnecken zur Clownausbildung?«, wollte ich wissen.

»Weißt du, mein Mann ist Psychiater. Er leitet ein Zentrum für Sozialpsychiatrie für Kinder und Jugendliche. Ich unterstütze ihn seit vielen Jahren und helfe ihm bei psychologischen Tests und Kontrollstudien. Wir haben Diagnosen gestellt und passende Medikamente gefunden. Weißt du, ich will diesen jungen Menschen, die in sehr schwierigen Lebenssituationen sind, helfen. Aber ich war unzufrieden damit, dass wir sie nur mit Medikamenten behandeln konnten, und ich dachte, es müsse noch andere Möglichkeiten geben.«

Ich nickte zustimmend und hörte gespannt zu. Vor fünf Jahren hatte Maria Angélica während eines Urlaubs am Gardasee in Italien eine Ausstellung über die »Clowns ohne Grenzen/Clowns Without Borders« gesehen, die in Kriegs- und Konfliktgebieten auftreten und schwer traumatisierten Menschen Freude bringen. Das brachte Maria Angélica auf den Gedanken, selbst Clownin zu werden.

»Hast du jetzt deine Midlife-Crisis?«, fragten ihre Freunde.

Ihr Sohn, damals ein Teenager, verfiel in Panik, weil er fürchtete, seine Mutter könne beim nächsten Elternsprechtag mit roter Nase antanzen, und auch Maria Angélicas Ehemann, der Psychiater, war nicht gerade begeistert von ihrer Idee.

Maria Angélica, die Clowns seit ihrer Kindheit geliebt hatte, trug ihr Vorhaben noch eine Weile in ihrem Innern mit sich herum, bis sie bei einer Internetrecherche zufällig auf der Seite des Tamala-Centers landete. Und wie es der Zufall so wollte, bot das Tamala-Center am darauffolgenden Wochenende eines der seltenen Einstiegsseminare in der Nachbarstadt Essen an. Bei so vielen Zufällen zögerte Maria Angélica keine Sekunde, sondern meldete sich und ihren skeptischen Ehemann sofort für das Seminar an.

Udo leitete es. Tief beeindruckt von der Art und Weise, wie er sie in ersten Übungen zum Lachen brachte und sie an die Figur des Clowns heranführte, bewarb sich Maria Angélica um die Aufnahme in die Clownschule. Danach machte sie sich wie jedes Jahr auf den Jakobsweg in Spanien. Es war in Mancilla de Las Mulas, als ihr Mann, der während ihrer Pilgerreise regelmäßig ihre E-Mails checkte, anrief und ihr verkündete: »Maria Angélica, du bist nun eine pilgernde Clownin.«

»Und jetzt bin ich offiziell Klinikclownin!«, beendete Maria Angélica ihre Geschichte und strahlte mich an. Dann fuhr sie fort:

»Ich habe auch schon eine Ausbildung zur Trainerin für Lach-Yoga gemacht und ein Konzept entwickelt, wie Eltern gemeinsam mit ihren Kindern lachen können. Mein Mann unterstützt mich dabei. Wir wollen Humor und Lachen als Therapieform in unsere Praxis integrieren. Ja, wir sind jetzt ziemlich innovativ!«

Sie lächelte mich verschmitzt an und sagte: »Weißt du, ich bin Chilenin, ich bin es gewohnt, fröhlich zu sein. Chile ist ein Land der Katastrophen. Die Menschen dort würden durchdrehen, wenn sie nicht lachen könnten. Selbst nach einem Erdbeben machen wir Witze. Die gute Laune und unser Humor sind das, was uns am Leben erhält.

Die Ausbildung hier ist noch etwas anderes, sie hat mein Leben verändert«, erklärte sie und lächelte mich strahlend an. »Ich habe hier eine neue Seite meiner Persönlichkeit entdeckt«, sagte sie und lobte die Lehrer und Teilnehmer der Kurse: »Ich danke jedem einzelnen von ihnen!«

»Wow, das klingt wirklich toll!«, sagte ich.

»Laura, nun kommen die anderen dran. Ich muss hineingehen, kommst du mit?«, fragte Maria Angélica.

MIRIBELL UND LOU, EIN MEISTERHAFTES CLOWNPAAR

Maria Angélica führte mich in den Seminarraum, in dem bereits Betten und andere Möbel für Krankenhausszenen aufgebaut waren. Noch standen die Schüler in losen Gruppen zusammen, lachten und unterhielten sich, doch bald kehrte Ruhe ein, und alle nahmen hinten im Raum Platz. Ich setzte mich an die Seite, und Jenny stellte mich und mein Buchprojekt vor. Dann begannen die Prüfungen. Während der Darbietungen wurde mir bewusst, dass es sich beim Job des Klinikclowns um eine ernste Sache handelte. Die Gespräche von Jenny und Udo mit den anderen Prüfern, Jan Karpawitz, Matthias Kohle, Coco Künzle und zwei Seminarschauspielerinnen, verdeutlichten, was alles dazu gehörte, ein guter Klinikclown zu sein:

Während der Arbeit durfte man niemals die innere Freude verlieren und ebenso wenig die Nähe sowie eine gewisse Distanz zu den Patienten. Klinikclowns müssen sehr sensibel sein und Kontakt zu den Menschen herstellen können. Dazu brauchen sie Initiative und Mut, jederzeit etwas Verrücktes zu machen. Sie sollen alle Gefühle zeigen können, nicht nur die positiven. Es reicht nicht, nur zu lächeln. Sie müssen auch »Widerstand« leisten können, Mimik und Töne einsetzen und dabei stets liebevoll bleiben und aus Demut heraus geben können.

Ich fragte mich in dem Moment, ob die Prüfung, die ich gerade miterlebte, oder die berufliche Realität die größere Herausforderung war. Jedenfalls wuchs mein Respekt in diesen Stunden, vor allem für die Clowns, die im therapeutischen und klinischen Bereich arbeiten.

Wenn während dieser Prüfungen etwas nicht klappte, bemerkte ich es zwar, doch es war faszinierend, wie Jenny, Udo und die anderen Prüfer dies mit einigen Details differenziert begründeten. Tatsächlich gab es an diesem Nachmittag einige Clowns, die das Zertifikat für die Arbeit mit alten Menschen nicht erhielten.

»Es ist eine unserer schwierigsten Aufgaben, jemanden durchfallen zu lassen, mit dem wir so lange intensiv zusammengearbeitet haben. Aber es geht nicht nur um unseren Namen, sondern auch um die Menschen, mit denen die Clowns dann arbeiten müssen«, erklärte mir Udo.

Es gab aber auch Clown-Paare, die offensichtlich alles richtig machten, zum Beispiel Cibylle und Evelyne, die sich als »Miribell und Lou« mit zwei Jugendlichen auseinandersetzen mussten und dies auf eine Art und Weise taten, die mir vor lauter Lachen die Tränen in die Augen trieb.

»Na, da gibt es eigentlich nichts zu diskutieren«, waren sich die Prüfer einig. »Die waren richtig innovativ. Sie haben schon mit ihrem Programm angefangen, bevor sie überhaupt den Raum betreten hatten«, sagte Jenny stolz.

»Und diese Frechheit! Wie sie einfach zu dem Stuhl gelaufen und ihn hochgehoben und an ihr Ohr gehalten und damit telefoniert haben«, rief die Seminarschauspielerin Sabine Buckstegge, die die Rolle eines dreizehnjährigen Mädchens gespielt hatte.

»Und dieses Thema des ersten Dates, damit haben sie uns genau dort abgeholt, wo wir sind«, sagte Sandra Schüssler, die als sarkastische Fünfzehnjährige mitgewirkt hatte.

»Das perfekte Timing ihrer Bewegungen und dieser Rap, unglaublich!«, sagte Matthias Kohler, einer der Akademie-Trainer.

»Die haben das aber auch geübt«, rief Coco Künzle dazwischen und erzählte, dass die beiden sie jede Woche donnerstags angerufen und nachgefragt hatten, ob sie dieses oder jenes Accessoire einsetzen durften.

»Und das Lied haben sie selbst gedichtet!«, fügte Jan Karpawitz hinzu.

»Und wie sich die Evelyne entwickelt hat. Als sie zu uns kam, hatte sie kaum Mut, aus sich herauszugehen. Und heute hat sie so laut aufgeschrien und losgeheult, als dieses Mädchen ihr gesagt hat, ihr Hintern sei zu dick«, meinte Udo in seiner ruhigen Art, in der Begeisterung und Stolz mitschwang.

Als einziger kritischer Punkt wurde angeführt, dass das Schweizerdeutsch der beiden außerhalb der Schweiz nicht so gut zu verstehen sei.

»Das ist aber kein Problem. Ich verstehe überhaupt kein Schweizerdeutsch und habe Tränen gelacht!«, fügte ich hinzu.

Nun wollte ich aber wissen, wie es den beiden selbst ergangen war, was es mit der Entwicklung von Evelyne auf sich hatte und was Cibylle sonst noch alles machte.

Ich fand Cibylle später draußen vor dem Tamala-Center, wo sie ihrem kleinen Laster frönte und mir einiges über sich erzählte. Ihr sehr jugendliches Auftreten hatte mich über ihr Alter hinweggetäuscht. Sie war schon 39 und von Beruf diplomierte Kunst- und Mediendesignerin sowie Dolmetscherin für Gebärdensprache.

Ich fragte sie, warum sie sich für diese Clownausbildung entschieden habe.

»Ich habe immer den Clown gespielt und bald gemerkt, dass ich das kann. Der Clown in mir wollte raus. Er wollte auf die Straße, in die Altersheime, in Kliniken, zu den Kindern und aufs Parkett. Und ich habe immer nach Möglichkeiten gesucht, die Kultur der Gehörlosen und Hörenden einander näherzubringen. Mit dem Clown geht das. Auch ohne Sprache können Gehörlose meiner Mimik, meiner Körpersprache und meinem Ausdruck folgen. Diese Sprache ist die einzige Weltsprache, die Sprache der Gefühle und Emotionen, die jeder auf dem Globus bis in den hintersten Winkel versteht.«

»Ja, das stimmt! Und wie hat dir die Ausbildung gefallen?«, fragte ich weiter.

Cibylle lachte erst einmal und sagte dann: »Mit dieser Ausbildung wurde alles bewusster, greifbarer; ich bin geformt worden und habe mich selbst geformt, habe neue und alte Energien freigesetzt. Ich kann es wirklich weiterempfehlen. Du musst über deinen Schatten springen und in den Spiegel sehen, den sie dir hier achtsam immer näherbringen. Und naja, ich bin seit jeher ein Energiebündel. Für mich hat es oft geheißen: Komm runter, Cibylle!«

»Das kann ich mir vorstellen«, sagte ich lachend, da ich ihre Energie auch in diesem Moment spürte. Sie fuhr fort:

»Weißt du, die ganze Ausbildung ist so gut miteinander vernetzt, und am Ende fügt sich alles zusammen. Ziemlich am Anfang mussten wir mit der Gruppe Straßentheater machen, das hat uns schon mal eine starke Bindung gegeben. Dann haben wir all diese Methoden gelernt, die ich nun jederzeit anwenden und weiterentwickeln kann. Tamala, Lee Strasberg, Grotowski! Für die Werkstattaufführung haben wir unsere Figur differenzieren und ein Clowngeschichte schreiben müssen. Im Praktikum habe ich meine Energie und Freude weitergeben dürfen. Und die Zusammenarbeit mit Evelyne, jetzt für die Prüfung, war einfach genial. Wir haben wie kleine Kinder mit unseren Requisiten gespielt und versucht, jeden Gegenstand neu zu erforschen und ohne Vorurteile neu zu sehen. Es macht mir riesigen Spaß, mit den Regeln der Komik zu spielen. Zum Beispiel ist ein Stuhl nicht gleich ein Stuhl. Vielleicht ist er für mich gerade ein Monster, ein Boot oder eben ein Telefon, wie in unserer Szene. Als Clown kann ich ihn, ganz im Gegensatz zur Pantomime, verfremden. Wir geben dem Stuhl neues Leben. Das ist wunderbar, um in einer Szene Brüche einzubauen, verstehst du?«

»Ja!«, rief ich, »wie bei Charlie Chaplins Brötchentanz aus dem Film *Goldrausch*!«

Wir lachten, und ich fragte sie noch nach dem Lied, das sie während der Prüfung gesungen hatten.

»Ja, das ist von mir, pass auf!«, rief Cibylle und begann noch einmal zu rappen:

»Geduld muäsch zersch lernä, bevord ufdä wahri Punkt chunsch vom Chernä,

s'isch iderä ihnä, du muäsch nur wellä, nöd immer s'Unwichtig in Vordergrund stellä.

Ohni Geduld chunsch zu nüt, das wär nur ä Lüg, hey, das wär nur ä Lüg…«

Ich schüttelte lachend den Kopf. Obwohl ich kein Wort davon verstand, klang es super. Nun wollte ich mich auch mit Evelyne unterhalten und machte mich auf die Suche nach ihr. Ich fand sie im Badezimmer, wo sie sich gerade die grüne Farbe vom Gesicht wischte.

»Hallo Evelyne«, sagte ich, »hast du Lust, dich noch mit mir zu unterhalten, bevor das Abschlussfest losgeht?«

»Ja, komm, gehen wir vielleicht in den physiotherapeutischen Raum, da haben wir ein wenig Ruhe«, sagte sie, nickte etwas schüchtern und schaute mich neugierig an. Ich folgte ihr in den Raum mit der Massageliege. Dort erzählte mir Evelyne ihre Geschichte. Sie stammte aus Birrwil, einer kleinen Gemeinde am Ufer des Hallwilersees im Schweizer Kanton Aargau, und war mit 24 eine der jüngeren Absolventinnen. Sie arbeitete als Fachfrau für Hauswirtschaft in einem Altersheim. Im letzten Jahr ihrer Ausbildung zur Fachfrau musste sie eine sogenannte Vertiefungsarbeit schreiben und wählte das Thema: »Clown – ein ganz normaler Beruf«. Sie erinnerte sich, dass sie schon im Alter von zwölf Jahren eine Fernsehdokumentation über Klinikclowns gesehen hatte und von deren Arbeit fasziniert war. Im Zuge ihrer Recherche stieß sie auf die Theater- und Clownschule Yve Stöcklin in Basel. Nach den 23 Ausbildungstagen, die sie dort absolvieren konnte, hatte sie Feuer gefangen und wollte unbedingt weitermachen. Schließlich landete sie beim Schnupperwochenende in Konstanz. Dort fühlte sie sich sofort wohl und blieb.

»Das Tolle am Clown ist«, erklärte mir Evelyne, »dass er jede Emotion ausleben darf.«

Sie lernte, die eigenen Gefühle zu erleben und auszudrücken. Den Durchbruch schaffte sie, als sie im ersten Ausbildungsjahr in die Rolle des Buffone schlüpfte. »Dieses Wesen aus dem Untergrund, diese versaute und vulgäre Clowngestalt sein zu dürfen, hat mir neue Möglichkeiten der Selbsterfahrung eröffnet«, lachte sie verschmitzt.

Ihre eigene Rolle als Clownin hatte sie nach der am Tamala-Center praktizierten Methode durch das Hineinversetzen in Tiergestalten gefunden. Evelyne war zuerst ein Fischotter, hatte sich aber schließlich in die Rolle eines Kojoten eingefühlt. Dieses Tier erdete sie, wie sie erklärte, und verhalf ihr wohl auch zum richtigen Maß an Verwegenheit.

Vor der Prüfung sei sie richtig aufgeregt gewesen. Immerhin sei es noch nicht so lange her, dass sie selbst eine Jugendliche war. Doch sobald sie in die Rolle der Lou, ihrer Clownin schlüpfe, verliere sie die Angst und auch jegliches Zeitgefühl. Das Thema entwickele sich im Zusammenspiel mit ihrer Partnerin und den Seminarschauspielerinnen wie von selbst. Sie habe unglaubliche Lust gehabt weiterzuspielen. Sie habe noch so viele verrückte, freche und lustige Ideen gehabt und sei ganz und gar in diesem Zustand gewesen, in dem eine Clownin sein sollte: in der Freude!

Ich bedankte mich bei Evelyne, und wir verabschiedeten uns.

»Dann bis später«, sagte sie.

Kaum war sie aus der Türe hinaus, streckte ein weiterer Tamala-Schüler den Kopf herein.

MAMA LÄCHELT JA

Der freundliche Mann im mittleren Alter lächelte mich an und fragte mich, ob er mir auch seine Geschichte erzählen dürfe.

»Ja, sehr gerne!«, sagte ich und bat ihn, Platz zu nehmen.

Rouven stammte aus Niedersachsen und erzählte mir sehr offen vom Tod seiner Frau, die an Krebs erkrankt war und die er lange allein zu Hause gepflegt hatte. Vor sechs Jahren war sie im Kreis der Familie in ihrem eigenen Bett gestorben.

»Ich erinnere ich mich noch genau an den Moment, als ich meinen beiden Söhnen sagen musste ›Mama ist gestorben‹. Sie waren damals neun und dreizehn Jahre alt.«

Sein jüngerer Sohn habe seine tote Mutter an diesem Abend nicht sehen wollen. Doch offenbar habe er sich doch irgendwann allein zu ihr geschlichen und sie betrachtet. Denn als Rouven ihm am nächsten Tag das Frühstück ans Bett brachte, meinte er: »Mama lächelt ja.«

Ich lächelte Rouven voller Mitgefühl an, und er sagte: »Diese Geschichte wollte ich dir erzählen, Laura, vielleicht passt sie ja in dein Buch!«

Ich war berührt von seiner Offenheit und wie es ihm gelang, diese schwierige Erfahrung zu verarbeiten. Nach dem Tod seiner Frau habe er sich allein um seine beiden Söhne gekümmert. Er habe als Buchhändler gearbeitet.

»Nun brauchen sie mich aber nicht mehr so sehr«, sagte Rouven, »also habe ich vor einem Jahr meinen Job gekündigt, denn ich möchte ein Clown sein. Lachen und Humor geben mir die Kraft, all das zu sein, was ich bin«, sagte er und fuhr fort: »Nachdem meine Frau gestorben war, haben die beiden Jungs und ich allein zusammengelebt. Und wir haben Spaß miteinander gehabt. Es war für uns sehr wichtig, dass wir trotz der schwierigen Zeit gemeinsam Spaß haben. Auch jetzt ist es noch so, wir lachen, wenn wir zusammen sind, obwohl wir auch immer wieder gemeinsam trauern. Und das ist eine Geschichte, die ich durch meine Arbeit als Clown weitererzählen und weitergeben will.

Einer meiner Gedanken, nachdem meine Frau starb, war, dass ich nun alles tun könne. Gemeinsam mit ihr hatte ich so sehr gelitten, und was immer ich nun Verrücktes tun würde, wäre wohl bis zu einem gewissen Grad nachvollziehbar und entschuldbar. Das gefiel mir.«

Rouven lächelte verschmitzt: »Und als Clown ist das so ähnlich.«

Ich war von Rouvens Geschichte beeindruckt und fragte ihn, was er nun genau vorhabe.

»Ich möchte natürlich als Clown arbeiten! In meiner Heimatstadt in Norddeutschland wird gerade ein Hospiz für unheilbar kranke Menschen gebaut. Ich werde meine persönlichen Erfahrungen mit meinen Kompetenzen als Clown verbinden und Menschen auf ihrem letzten Lebensweg zum Lachen bringen. Es ist nicht immer leicht, wie wir auch heute bei den Prüfungen gesehen haben. Aber es ist die schönste Arbeit, die ich mir vorstellen kann«, sagte Rouven und fügte hinzu: »Und außerdem werde ich noch das Aufbaustudium Comedy hier im Tamala-Center belegen!«

»Das klingt nach einem guten Plan!«, meinte ich.

»Ich habe noch eine gute Idee!«, sagte Rouven und fuhr fort: »Wir gehen nun hinüber und stoßen auf die Ausbildung, das Tamala-Center, die Clowns in uns und auch auf dein Buchprojekt an. Ich freue mich schon jetzt aufs Lesen!«

»Vielen Dank, und ja, gute Idee!«, sagte ich lachend. Wir standen auf und gingen in die geräumige Küche, in der sich bereits die meisten der Tamala-Schüler versammelt hatten.

Maria Angélica winkte mir lachend zu, und eine ältere Dame, die ich schon von meiner clownesken Empfangsszene kannte, rief in die Runde: »Es gibt Antipasti!«

Auf den Tischen vor den großen Fenstern standen zahlreiche Teller mit Köstlichkeiten, bei deren Anblick mir das Wasser im Mund zusammenlief.

»Hallo Laura«, sprach sie mich direkt an, »schön, dass du bei uns bist! Ich bin Elisabeth. Ich habe daran gezweifelt, ob ich nicht schon zu alt für eine Ausbildung zur Clownin bin. Aber Udo hatte recht, als er meinte: ›Clown-Sein ist keine Frage des Alters. Es ist ein Lebensweg!‹ Danke, Udo!«

Udo, der neben uns aufgetaucht war, sagte: »Elisabeth ist eine ganz tolle Clownin!«

Später fand ich heraus, dass Elisabeth Guggenberger eine bekannte österreichische Filmemacherin war. Gemeinsam mit ihrem Mann Helmut Voitl hatte sie zahlreiche Dokumentarfilme produziert und auch selbst Bücher veröffentlicht.

Jenny drückte mir ein Sektglas in die Hand, Udo schenkte ein, und ich stand neben den beiden, umringt von all den anderen Clowns, und spürte die Freude, die in der Gruppe nach den bestandenen Prüfungen herrschte.

Coco Künzle, deren inneres Strahlen von ihrer pinken Bluse verstärkt wurde, ergriff das Wort. Sie wollte der Gruppe ein Zitat von Henry Miller mit auf den Weg geben und las eine Stelle aus seinem Werk *Das Lächeln am Fuße der Leiter* (1948) vor:

»Ein bisschen Schmiere ins Gesicht, ein Lumpengewand – wie wenig man doch braucht, um nichts aus sich zu machen. Das sind wir alle einmal gewesen – nichts. ... Du selbst zu

Charlie Chaplin, mein großes Idol

Im Swimmingpool. Von vorne nach hinten:
Spencer, Kiera, Kindermädchen Emma Chambers,
Shannon, Laura, Kevin, Babysitter Brian

Bichon, mein Lieblingspony, feiert Geburtstag.

Familie Chaplin mit
Michael Jackson

Le manoir de Ban, das Hauptgebäude unseres Familiengutes

Rückkehr zum Manoir de Ban als Malerin

Mein erster Motorroller

Mein Chaplin-Tattoo erinnert mich jeden Tag an meinen Großvater.
© Chris Singer

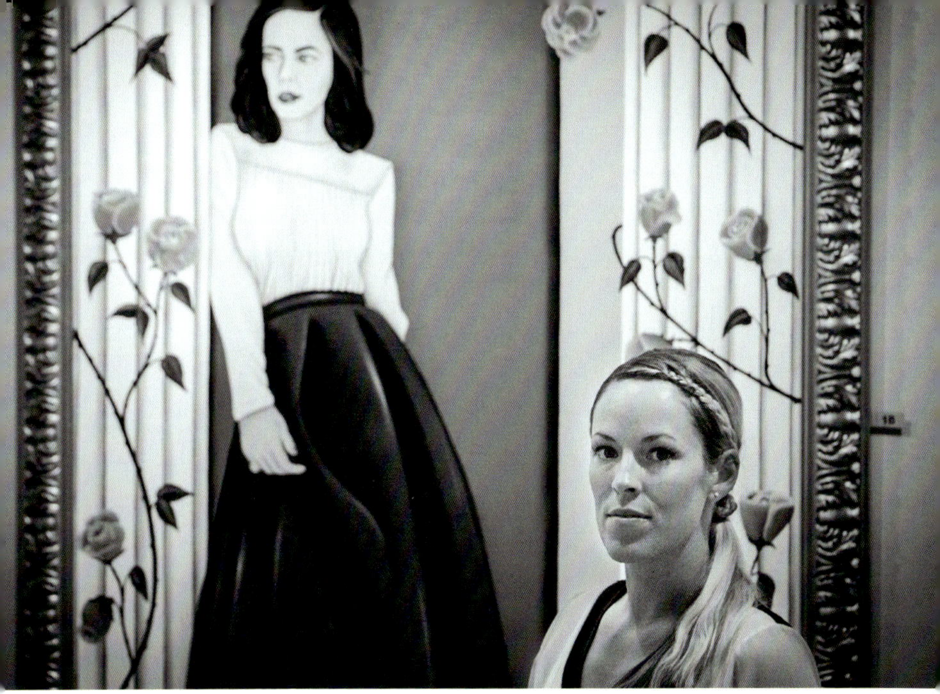

Meine Großmutter Oona war eine faszinierende Frau.
Pop-Art-Gemälde von Laura Chaplin

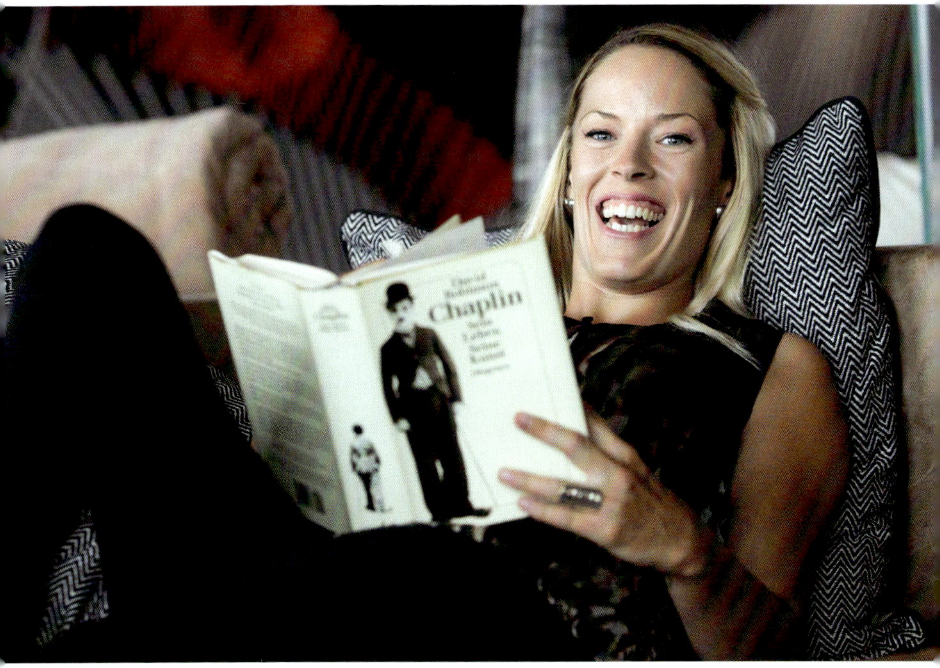

Charlie Chaplins Biografie gehört zu meinen Lieblingsbüchern.
© Chris Singer

Charlie Chaplin
in dem Film
The Kid, 1921
© getty images

Und in derselben Pose
Michael Jackson, 1995
© getty images

Mein erstes Gemälde
ist ebenfalls eine
Hommage auf *The Kid*.

Inspiriert von *Modern Times*.
Pop-Art-Gemälde von Laura Chaplin

Inside image: Oct. 1940 · "Soldiers! Don't fight for Slavery! Fight for liberty!" · The Great Dictator · by · Charlie Chaplin

»Soldaten! Kämpft nicht für Sklaverei, sondern für die Freiheit.«
Aus dem Film *Der große Diktator*.
Pop-Art-Gemälde von Laura Chaplin

Als Traumdoktorin mit André Poulie,
dem Präsidenten der Theodora Stiftung
© Walter Lutschinger

Mit der Tamala-Abschlussklasse und Jenny und Udo
© Walter Lutschinger

Wie Charlie Chaplin lieben auch mein Vater Eugene und ich den Zirkus.
Mein Vater leitete eine Zeit lang den Zirkus Nock.

Malunterricht mit Manolo

Mit Manolo und den anderen Kindern in Pereira, bei Moi pour Toit

Rettende Hände, unser erstes gemeinsames Bild

Smile – den Tag mit einem Lächeln beginnen!
© Chris Singer

sein, nur du selbst, ist eine große Sache. Das ist der schwerste Trick von allen!«

Die frischgebackenen Clowninnen und Clowns nickten lachend, klatschten und johlten. Dann ergriff Elisabeth Guggenberger das Wort:

»Ich schwöre, ich hatte keine Ahnung, dass Laura Chaplin heute unser Gast ist. Aber ich freue mich umso mehr, dass sie hier ist, da ich euch ein Charlie-Chaplin-Zitat mit auf den Weg geben möchte, und zwar dieses hier:

That's all any of us are – Amateurs!
We don't live long enough to be anything else.

Das ist es, was wir alle sind – Amateure!
Wir leben nicht lange genug, um etwas anderes zu sein.

Elisabeth verteilte an alle eine Kopie mit dem Zitat, unter dem ein Foto von Charlie Chaplin als Harlekin abgebildet war.

»Der Harlekin (Clown) spielt mit Gut und Böse, mit Recht und Unrecht, mit Himmel und Hölle. Sein Spiel schafft Räume und öffnet Türen, die Kreativität und Utopien einlassen. Er ist der Drahtzieher des Kosmos. Durch sein Spiel erhält er die schöpferische Kraft der Zwischenräume am Leben.«

Auf der Rückseite des Blattes befand sich ein Gedicht, das mein Großvater an seinem 70. Geburtstag, am 16. April 1959, geschrieben hatte.

Alle hoben nun ihre Sektgläser, stießen miteinander an und jubelten. Wir verbrachten einen langen gemütlichen Abend mit Speis und Trank, interessanten Gesprächen und weiteren lustigen Anekdoten aus dem Leben der angehenden Profi-Clowns.

»ALS ICH MICH SELBST ZU LIEBEN BEGANN«

In mein Hotelzimmer zurückgekehrt, ließ ich mich auf mein Bett fallen und nahm noch einmal das Blatt Papier mit dem Gedicht meines Großvaters zur Hand, das ich so sehr liebe:

Als ich mich selbst zu lieben begann ...
habe ich verstanden, dass ich immer und bei jeder
Gelegenheit,
zur richtigen Zeit am richtigen Ort bin
und dass alles, was geschieht, richtig
ist – von da an konnte ich ruhig sein.
Heute weiß ich: Das nennt man
SELBST-BEWUSST-SEIN

Als ich mich selbst zu lieben begann,
konnte ich erkennen, dass emotionaler Schmerz und Leid
nur Warnungen für mich sind, gegen
meine eigene Wahrheit zu leben.
Heute weiß ich: Das nennt man
AUTHENTISCH SEIN

Als ich mich selbst zu lieben begann,
habe ich verstanden, wie sehr es jemanden beleidigen kann,
wenn ich versuche, diesem Menschen meine Wünsche
aufzudrücken,
obwohl ich wusste, dass die Zeit nicht reif war und der
Mensch nicht bereit,

und auch wenn ich selbst dieser Mensch war.
Heute weiß ich: Das nennt man
RESPEKT

Als ich mich selbst zu lieben begann,
habe ich aufgehört, mich nach
einem anderen Leben zu sehnen
und konnte sehen, dass alles um mich herum eine
Einladung zum Wachsen war.
Heute weiß ich, das nennt man
REIFE

Als ich mich selbst zu lieben begann,
habe ich aufgehört, mich meiner freien Zeit zu berauben,
und ich habe aufgehört, weiter grandiose Projekte für die
Zukunft zu entwerfen.
Heute mache ich nur das, was mir Freude und Glück bringt,
was ich liebe und was mein Herz zum Lachen bringt,
auf meine eigene Art und Weise und in meinem eigenen
Rhythmus.
Heute weiß ich, das nennt man
EINFACHHEIT

Als ich mich selbst zu lieben begann,
habe ich mich von allem befreit, was nicht gesund für
mich war,
von Speisen, Menschen, Dingen, Situationen
und von allem, das mich immer wieder
hinunterzog, weg von mir selbst.
Anfangs nannte ich das »gesunden Egoismus«,
aber heute weiß ich, das ist
SELBSTLIEBE

Als ich mich selbst zu lieben begann,
habe ich aufgehört, immer recht haben zu wollen,
so habe ich mich weniger geirrt.
Heute habe ich erkannt: das nennt man
BESCHEIDENHEIT

Als ich mich selbst zu lieben begann,
habe ich mich geweigert, weiter
in der Vergangenheit zu leben
und mich um meine Zukunft zu sorgen.
Jetzt lebe ich nur noch in diesem Augenblick, wo ALLES
stattfindet,
so lebe ich heute jeden Tag,
Tag für Tag, und nenne es
BEWUSSTHEIT

Als ich mich selbst zu lieben begann,
da erkannte ich, dass mich mein Denken
behindern und krank machen kann. Als ich mich
jedoch mit meinem Herzen verband, bekam
der Verstand einen wertvollen Verbündeten.
Diese Verbindung nenne ich heute
HERZENSWEISHEIT

Wir brauchen uns nicht weiter vor Auseinandersetzungen,
Konflikten und Problemen mit uns selbst und anderen
fürchten,
denn sogar Sterne knallen manchmal aufeinander
und es entstehen neue Welten.
Heute weiß ich:
DAS IST DAS LEBEN!

Dieses Gedicht ist mein Lieblingsgedicht und schmückt die Wand meines Ateliers. Jeder meiner Besucher soll diese Verse lesen, denn sie enthalten die Lebensweisheit eines Mannes, der die ganze Welt zum Lachen brachte und mit seiner Kunst besser machen wollte.

Ich legte es auf den Nachttisch, schaltete das Licht aus und schlief zufrieden ein.

5
BEI DEN TRAUMDOKTOREN

Ich treffe den Gründer der Stiftung Theodora, André Poulie, und erfahre alles über den Einsatz der Traumdoktoren.

Sie haben Leichtigkeit und Lebensfreude in Annas Zimmer gebracht. Zu Zeiten, in denen alles unendlich schwer war!

HELEN SALZMANN, MUTTER EINER JUNGEN PATIENTIN ÜBER DIE THEODORA ARTISTEN

»Als kleiner Junge hatte ich einen schweren Unfall und dabei sehr großes Glück. Ich habe nicht nur beinahe ein Bein
verloren, sondern fast mein Leben. Damals in der Uniklinik
von Lausanne hat eine griechische Chirurgin dafür gekämpft,
dass mein Bein nicht amputiert wurde. Nach der Operation
hat mich meine Mutter Théodora monatelang täglich im
Krankenhaus besucht, hat mir Geschichten vorgelesen und
mir mit ihrem grandiosen Humor Kraft und Zuversicht geschenkt. Nur durch den Einsatz dieser beiden Frauen ist dieser Schicksalsschlag für mich glimpflich ausgegangen. Aber es
war ein einschneidendes Erlebnis, das ich nie mehr vergessen
werde und das mich für den Rest meines Lebens geprägt hat.«

Mir gegenüber saß André Poulie, der 1993 gemeinsam mit
seinem Bruder Jan Poulie eine Stiftung gegründet hatte. Diese
setzt sich weltweit dafür ein, das Leiden von Kindern in Krankenhäusern durch Freude und Lachen zu lindern. Die beiden
Brüder haben die Stiftung nach ihrer Mutter Théodora benannt.

Die Fondation Théodora – oder Stiftung Theodora – zählt
heute zu den größten Organisationen, die Krankenhausclowns
ausbilden und deren Einsatz finanzieren. Weltweit werden
jährlich mehr als 300 000 Kinder von den Theodora-Traum-
doktoren betreut.

André Poulie hatte mich nach Lonay am Genfer See eingeladen, um mir von der Arbeit in der Stiftung zu berichten.

»Schön, dass du hier bist, Laura. Ein anderer berühmter Gast, der amerikanische Jazzsänger Al Jarreau hat uns bei seinem Besuch das Lied ›Smile‹ deines Großvaters vorgesungen. Ich erinnere mich noch, wie er voller Überzeugung gesagt hat: ›Wenn du lachst, dann beeinflusst das deinen Körper, dann beeinflusst das auch deinen Geist. Wenn du deinen Körper und deinen Geist erreichst, erzeugst du eine wirklich gute Energie. Damit kannst du anderen helfen, du kannst erreichen, dass es jemandem besser geht. Und das ist unsere Aufgabe als Menschen, unsere gegenseitige Verantwortung!‹«, erzählte André Poulie begeistert.

Nachdem ich bei der Tamala-Clownschule in Konstanz schon einen Einblick in die Ausbildung von Clowns bekommen hatte, war ich neugierig zu erfahren, wie die Arbeit von Krankenhausclowns in der Praxis aussieht. Gespannt lauschte ich den Erzählungen von André, der als Leiter und Präsident der Stiftung alles über die Arbeit seiner Traumdoktoren weiß.

»Traumdoktor in Kinderspitälern zu sein, ist ein verantwortungsvoller Beruf, der sehr anstrengend sein kann. Dieser Job ist auf allen Ebenen extrem fordernd, besonders auf der emotionalen Ebene! Du musst absolut feinfühlig sein. Denn du arbeitest an einem Ort, an dem das Leben, Krankheit, Leiden, Angst und manchmal auch der Tod der kleinen Patienten sehr nahe beieinanderliegen. Die kranken Kinder, ihre Familienmitglieder und auch die Angehörigen des Krankenhauspersonals befinden sich in einem emotionalen Ausnahmezustand voller Zweifel, Angst und Hoffnung. In diesem sensiblen Bereich ist es notwendig, die Privatsphäre der Kinder und der Eltern zu respektieren. Bevor wir ein Kind besuchen, sprechen wir mit dem Krankenhauspersonal und holen wichtige Informationen ein. Bevor wir ein Zimmer betreten, erbitten wir das Einverständnis des Kindes. Das gehört zu den strengen ethischen Regeln, denen wir uns als Stiftung verpflichtet fühlen. Wir müssen unser Verhalten immer der körperlichen und seelischen Verfassung der kleinen Patienten anpassen. Oft wollen die Kinder keine große Show sehen, weil sie müde sind von ihrer Krankheit oder von der Einnahme von Medikamenten. Sie freuen sich über ganz einfache Dinge wie Seifenblasen, denen sie nachsehen können. Du benötigst Gefühl und Phantasie, um ein Kind ablenken zu können und träumen zu lassen. Als Traumdoktor musst du dich in die phantastische Gedankenwelt der Kinder hineinversetzen können, sie ansprechen und ihre Phantasie entfachen können.

Jeder Theodora-Künstler wird geschult, die spezifische Situation, in der sich ein Kind und seine Angehörigen gerade befinden, zu erkennen und in diesem Augenblick das Richtige zu tun. Wenn du nach dieser Arbeit nach Hause gehst, ist es fast unmöglich, das, was du gesehen und erlebt hast, abzustreifen und davon nicht persönlich betroffen zu sein. Die Emotionen, mit denen du konfrontiert bist, sind unglaublich stark.

Es ist für uns extrem wichtig, unsere Künstler mit dieser starken emotionalen Belastung nicht allein zu lassen. Deshalb bieten wir ihnen auch eine psychologische Betreuung an!«

Ich nickte zustimmend. André Poulie hatte so eindringlich von der Arbeit seiner Traumdoktoren gesprochen, dass ich die starken Emotionen, mit denen sie konfrontiert waren, selbst zu spüren meinte.

»Und welche Menschen können Traumdoktoren werden?«, fragte ich.

»Viele unserer Traumdoktoren sind in ihrem Brotberuf Schauspieler, Musiker, Zauberer, Mimen oder arbeiten tatsächlich als Clowns für Kinder und Erwachsene«, antwortete er. »Wir wählen unsere Künstler nach strengen Kriterien aus und geben ihnen eine umfangreiche Ausbildung. Wer diese erfolgreich abgeschlossen hat, begleitet zuerst einen erfahrenen Traumdoktor ein Jahr lang zu dessen Einsätzen, bevor er oder sie selbst alleine oder im Team zu den kleinen Patienten geschickt wird. Außerdem sind unsere Künstler verpflichtet, fortlaufend Weiterbildungskurse zu machen. Niemand kann in diesem Bereich täglich arbeiten. Daher kommt ein Theodora-Traumdoktor maximal sechs Tage pro Monat und maximal vier Stunden pro Tag zum Einsatz!«

Ich war beeindruckt. Die Ausbildung in der Stiftung Theodora schien um einiges härter zu sein als in der Tamala-Clownschule.

»Pass auf, ich zeig dir etwas!«, sagte André und stand auf. Kurz darauf kam er mit einem weißen Mantel zurück, der mit bunten Noten, Herzen und einer strahlenden Sonne bemalt war. Er hielt ihn mir entgegen und sagte: »Nach der Abschlussprüfung erhält jeder Künstler sein eigenes von der Theodora-Schneiderei entworfenes und gefertigtes Kostüm. Jedes ist anders und einmalig, so wie die Persönlichkeit des Menschen, der sich hinter der Figur verbirgt. Mit dem Überstreifen des eigenen Kostüms nimmst du deine Rolle als Traumdoktor an. Wenn du möchtest, kannst du probieren, wie es sich anfühlt!«

Natürlich konnte ich nicht widerstehen und schlüpfte in den bunten Mantel.

»Und was muss ich nun tun?«, fragte ich.

»Als Traumdoktorin besuchst du Kinder im Krankenhaus und schenkst ihnen in dieser schwierigen Zeit Lachen und Freude. Wir haben verschiedene Programme: In unserem Operationsbegleitungsprogramm betreuen und begleiten unsere Artisten die Kinder und ihre Angehörigen vor, während und nach einer Operation. Unsere Künstler aus dem Programm ›Herr und Frau Traum‹ und unser ›Kleines Orchester der Sinne‹ betreuen Kinder mit schweren Behinderungen. Im

Programm ›Die kleinen Champs‹ arbeiten die Theodora-Artisten mit Kindern, die an Übergewicht leiden, und motivieren sie«, erklärte mir André.

»Da ich eure Ausbildung noch nicht gemacht habe, muss ich das Kostüm leider wieder ausziehen«, sagte ich und fügte hinzu: »Aber ich möchte dir nicht nur meine Bewunderung ausdrücken, sondern ich möchte auch wissen, wie ich eure großartigen Projekte unterstützen kann. Auf jeden Fall will ich über eure Arbeit in meinem Buch berichten. Kannst du mir etwas über einen konkreten Einsatz erzählen?«

André überlegte nur eine Sekunde, dann begannen seine Augen zu leuchten und er beugte seinen Oberkörper nach vorn. Seine Stimme klang noch kräftiger als zuvor:

»Ein Beispiel für unsere Arbeit ist unser Programm in Weißrussland: Zehntausende Kinder sind seit dem schrecklichen Atomunglück in Tschernobyl in der Ukraine an Krebs erkrankt oder wurden mit schweren Missbildungen geboren. Besonders betroffen waren und sind das Nachbarland Weißrussland und die Region Minsk. Der Tag des Unglücks war der 26. April 1986. Es war ein Samstag, und das Wetter in Minsk war schön. Ein warmer Südwind wehte aus der benachbarten Ukraine kommend übers Land. Die Menschen nutzten den herrlichen Samstag und den nächsten Frühlingstag, einen ebenso schönen Sonntag, um die Sonnenstrahlen zu genießen. Sie arbeiteten in ihren kleinen Gärten oder saßen mit ihren Familien in den Parks. Niemand ahnte, dass im grenznahen Atomkraftwerk Tschernobyl die Techniker in der Nacht davor bei einem Routinemanöver die Kontrolle über das Kraftwerk verloren hatten und es zu einem Super-GAU gekommen war, zu dem schlimmsten Reaktorunfall in der Geschichte der Menschheit: Das gesamte Kraftwerk war explodiert.

Viele Menschen rund um Minsk haben sich zu der Zeit

auf der Straße aufgehalten, Kinder haben im Freien gespielt, und Mütter haben ihre Kinderwagen auf den dichtbevölkerten Gehsteigen geschoben, als der warme Frühlingswind die hochgiftige, unsichtbare radioaktive Wolke über dem Land verteilt hat. Tagelang hat niemand etwas von der Katastrophe im Nachbarland geahnt. Niemand hatte die Menschen gewarnt, und so sind Land und Menschen schwer verstrahlt worden. Die Folgen waren entsetzlich, vor allem für die Kinder. Noch heute erkranken in dieser Gegend mehr Menschen an Krebs als an irgendeinem anderen Ort der Welt, und noch immer werden viele Babys mit Missbildungen geboren.

Deshalb engagieren wir uns seit vielen Jahren in Weißrussland! Hundert Künstler sind für die Stiftung Theodora in Weißrussland tätig. Viele davon sind Zirkusclowns aus den Staaten der ehemaligen Sowjetunion, die in Moskau ausgebildet worden sind. Viele von ihnen beherrschen das ›théâtre d'object‹ und bringen die Kinder mit einfachsten Mitteln zum Lachen. Sie erwecken Alltagsgegenstände auf humorvolle Weise zum Leben!«

Ich blickte André ein wenig fragend an, und er erklärte es mir: »Du kennst doch sicher die Szene aus dem Film *Goldrausch*, in der dein Großvater zwei Brötchen auf Gabeln aufspießt und diese tanzen lässt!«

»Natürlich, der sogenannte Brötchentanz«, sagte ich.

»Das ist eine geniale Umsetzung dieser Technik und vielleicht der poetischste Tanz in der Filmgeschichte. Auf jeden Fall ist es allerhöchste Schauspiel- und Clownskunst!«

Ich nickte zustimmend. Ich war hingerissen von der ungeheuren Leidenschaft, mit der André Poulie an seine Arbeit ging und davon, wie sehr er für sein Anliegen, Kindern eine Freude zu machen, brannte. Doch André hatte gerade erst angefangen, davon zu erzählen.

»Wir organisieren auch einen mobilen Hospizdienst für Kinder, denen im Krankenhaus nicht mehr geholfen werden kann. Unsere Traumdoktoren besuchen diese Kinder regelmäßig zu Hause. Auch Kinder, die bereits sehr schwach und dem Tod nahe sind, verlieren ihren Spieltrieb nicht und freuen sich über die Besuche unserer Künstler, die Heiterkeit in diese schweren Tage und Stunden bringen.

Manchmal zerreißt es mir das Herz, wenn ich unsere Traumdoktoren bei diesen Einsätzen begleite. Diese Augenblicke und Bilder, das letzte Lächeln der Kinder, aus deren Körpern das Leben langsam entweicht. Das vergisst du nie mehr. Du verstehst, wie vergänglich alles ist, lernst Demut und erkennst die wahren Werte, auf die es in unserem Leben ankommt«, sagte André.

Ich nickte und musste an meine Arbeit mit den Kindern in Pereira, Kolumbien, und besonders an Manolo denken. Wie hätte ich jemals damit umgehen können, wenn ich seinen Tod oder den Tod anderer Kinder hätte miterleben müssen?

»Es ist unglaublich, was deine Traumdoktoren leisten«, sagte ich zu André.

»Oh ja. Ich habe großen Respekt vor unseren Traumdoktoren, besonders in Weißrussland. Sie sind jeden Tag mit sehr viel Leid konfrontiert und machen ihre Arbeit mit großer Hingabe. Ich selbst besuche sie so oft wie möglich und versuche ihnen zu helfen, so gut es geht. So habe ich auch einmal einem Traumdoktor das Leben retten können«, sagte André.

»Erzähl!«, forderte ich ihn auf.

»Einer unserer Künstler in Weißrussland hatte einen schweren Autounfall. Der Bus, mit dem er fuhr, ist gegen einen Baum geprallt und hat Feuer gefangen. Der Fahrer war sofort tot. Er selbst wurde eingeklemmt und war kurz davor, bei lebendigem Leib zu verbrennen. Zum Glück haben ihn Passanten aus dem brennenden Fahrzeug ziehen können. Aber er hatte schon schwerste Verletzungen und Verbrennungen erlitten. Eine Ambulanz hat ihn in ein kleines Provinzkrankenhaus gebracht. Dort hat es aber an den notwendigen Medikamenten gefehlt, und seine Überlebenschancen waren gering.

Eine Mitarbeiterin hat mich über seinen Unfall informiert. Daraufhin habe ich das Krankenhaus angerufen und mich nach seinem Gesundheitszustand erkundigt. In der nächsten Uniklinik zu Hause habe ich gefragt, welche Medikamente gebraucht würden, sie sofort in der Schweiz besorgt, und bin ins nächste Flugzeug nach Weißrussland gestiegen.

Am selben Abend war ich bei unserem Theodora-Traumdoktor in dem kleinen Krankenhaus in der Provinz, weit weg von der Hauptstadt Minsk. Sein Zustand war kritisch und die Ärzte haben mir mitgeteilt, dass sie ihn mit ihren begrenzten medizinischen Möglichkeiten nicht mehr retten könnten. Sie meinten, er müsse dringend in eine Spezialklinik nach Minsk verlegt werden. Den Transport in einem normalen Ambulanzfahrzeug würde er aber ebenfalls nicht überleben. Es gebe im gesamten Land nur eine für so einen schwierigen Transport ausgerüstete Ambulanz. Die gehörte aber dem Präsidenten. Also habe ich alles, was ich tun konnte, getan und es schließlich geschafft, dass diese Ambulanz unseren Traumdoktor abgeholt hat. Er lag dann monatelang in der Spezialklinik in Minsk, aber er hat es überlebt und arbeitet heute noch immer im Krankenhaus als Traumdoktor!«

Andrés Geschichte und sein großes Engagement beeindruckten mich. Er hatte selbst als Kind monatelang im Krankenhaus gelegen und lebte nun für seinen Traum, kranken und behinderten Kindern auf der ganzen Welt zu helfen.

»Ich habe meinen Job als Top-Manager beim Kosmetikkonzern L'Oreal in der Schweiz aufgegeben, um meine ganze Zeit und Kraft in meine Vision stecken zu können. Es gibt noch so viel zu tun«, fuhr er fort.

»2007 haben wir auch versucht, ein Traumdoktoren-Programm im Libanon auf die Beine zu stellen. Trotz der unsicheren politischen Situation haben wir es dann 2008 geschafft. Gemeinsam mit einem unserer artistischen Leiter aus Italien, Rodrigo Morganti – alias Dr. Strettoscopio, bin ich in den Libanon geflogen, wo wir gemeinsam mit dem Ibtissama-Team vor Ort das Programm nach dem Vorbild der Stiftung Theodora aufgebaut haben. Mein Traum ist es, noch viele weitere Stiftungen aufzubauen!«

»Ich teile deinen Traum, André!«, sagte ich.

»1986 hat Michael Christensen mit seiner Artistentruppe des ›Big Apple Circus‹ in New York die Krankenhausclowns quasi erfunden. Er gilt als der Vater dieser Bewegung, die vollkommen neue Aspekte in den Heilungsprozess kranker Kinder gebracht hat. Klinikclowns, die die Kinder, Familienangehörigen und das Krankenhauspersonal zum Lachen bringen, haben eine besonders positive Wirkung auf die Seele und damit auf den Gesundungsprozess der kleinen Patienten. Lachen und Humor ergänzen auf ganz natürliche Weise die großartigen Leistungen der Schulmedizin. Das ist heute in der Medizin unbestritten und durch Studien belegt. Spitäler, Ärzte, Krankenschwestern freuen sich, wenn wir uns bei ihnen melden und unsere Programme anbieten.

Eigentlich sollte jede Klinik zumindest *einen* Traumdoktor beschäftigen. Aber im Augenblick wird noch alles von privaten Organisationen finanziert, da weder die Krankenkassen noch der Staat diese wichtige Arbeit unterstützen. Länder wie Argentinien sind uns da weit voraus. Dort hat die Regierung ein Gesetz beschlossen, dass jedes Krankenhaus einen eigenen Clown beschäftigen muss. Daraufhin sind in Argentinien 2500 Clowns gesucht worden!«

Dieser letzte Punkt von Andrés Bericht, den auch Jenny Karpawitz und Udo Berenbrinker in Konstanz angesprochen hatten, empörte mich. Wie konnte es sein, dass Krankenkassen, Gesundheitsämter und Regierungen dafür kein Geld ausgeben wollten? Oft wurden Steuergelder und Beiträge für die sinnlosesten Projekte ausgegeben. Hatten die verantwortlichen Leute keine Kinder? Oder einfach kein Herz für Kinder? War ihnen das Lachen so suspekt, auch wenn es doch offensichtlich der Gesundheit dient?

»André, vielen Dank für den Einblick in deine Arbeit!«, sagte ich und versprach ihm: »Ich werde mich auf die Suche nach Beweisen dafür machen, wie sehr Lachen und Humor die Gesundheit fördern, und diese in meinem Buch beschreiben. Vielleicht kann ich so dazu beitragen, dass sich immer mehr Leute über den Zusammenhang von Lachen, Humor und Gesundheit bewusst werden und sich dafür einsetzen! Hast du noch eine Idee, wie ich euch unterstützen kann?«

Andre lachte: »Wow! Das klingt ja super!«

Dann trug er mir seine Idee vor:

»Unsere Stiftung Theodora ist eine große Familie. Deshalb organisieren wir Familienfeste. Wir laden unsere Künstler, alle Mitarbeiter und Mitarbeiterinnen, Ärzte und Ärztinnen, Krankenpfleger und Krankenschwestern sowie Spender und Spenderinnen regelmäßig zu Theodora-Picknicks ein. Sie finden immer an sehr ungewöhnlichen Orten statt. Zum Beispiel hat uns der Fußballclub Juventus Turin sein Stadion für ein Picknick zur Verfügung gestellt. Einmal hat die römische Polizei für uns eine Ausnahme gemacht und einen der schönsten Privatgärten Italiens für ein Picknick geöffnet. Mein größter

Traum aber wäre es, im Park der Charlie-Chaplin-Villa, dem Manoir de Ban in Vevey ein Picknick zu veranstalten. In der Villa von einem der besten Schauspieler und Humoristen aller Zeiten!«

Ich versprach, mich für diese wunderbare Idee einzusetzen!

Ich besuche den Unternehmer, Kunstsammler und Pionier der Humorbewegung Michael Berger in Wiesbaden, halte mit ihm eine fröhliche Bibelstunde ab und betrete seine Kirche des Humors. Dort treffe ich den Spirit von Madan Kataria und bekomme die Vision des Patch Adams mit auf den Weg gegeben.

Bewusstseinserweiterung durch Bewusstseinserheiterung!

MICHAEL BERGER

Humor ist ein Mittel gegen alle Krankheiten.
Ich glaube, dass Spaß ebenso wichtig ist wie Liebe.

PATCH ADAMS

AUF DER SUCHE NACH DEM
NÄCHTLICHEN REGENBOGEN

»Alles begann 1981, mit meinem Unfall in den USA«, sagte Michael Berger und erzählte mir seine Erweckungsgeschichte: »So wie jedes Jahr war ich mit meinen beiden Wanderfreunden unterwegs. In dem Jahr hatten wir beschlossen, den berühmten Yosemite-Nationalpark in Kalifornien zu besuchen. Der Yosemite-Nationalpark liegt in der Sierra Nevada und ist einer der schönsten Plätze auf unserem Planeten. Er ist berühmt für seine Artenvielfalt, für die Mammutbaumhaine und vor allem für seine phantastischen Wasserfälle und die schillernden Regenbögen. Bei den riesigen Wasserfällen kann man ein einmaliges Naturschauspiel beobachten: Wenn das Licht des Vollmonds bei klarer Luft auf Wassertropfen trifft, entstehen nächtliche Regenbögen. Damals habe ich gerade eine Kollektion mit Regenbögen gemacht, ich habe also Regenbögen gesammelt und wollte natürlich unbedingt einen nächtlichen Regenbogen sehen. So sind wir also in einer Vollmondnacht gemeinsam mit einigen anderen durch den Park zu einem der großen Wasserfälle gewandert. Wir dachten, wir haben Glück und bekommen einen Regenbogen zu Gesicht, denn die Luft war klar und der Mond schien hell über der Landschaft. Die Sterne haben über uns gefunkelt, und wir waren in einer euphorischen, aufgeregten Stimmung. Mit jedem Schritt, den wir gegangen sind, ist das Rauschen des Wasserfalls, auf den wir zusteuerten, lauter geworden. Wir haben uns gefragt, ob wir auch den nächtlichen Regenbogen mit eigenen Augen sehen können. Wir haben es kaum erwarten können.

Es ist dann noch einige Meter steil bergauf gegangen, und dann haben wir plötzlich am Fuß des riesigen Wasserfalls gestanden. Es war grandios. Das Wasser ist über mehrere hundert Meter donnernd von den schroffen Granitfelsen gestürzt. Und im Sprühnebel der Fluten hat der Regenbogen geleuchtet. Der Anblick hatte etwas Phantastisches. Wenn ich es im Fernsehen oder auf einem Bild gesehen hätte, wäre es beinahe kitschig gewesen, aber so war es überwältigend. Ich hätte ewig dort stehen, dem Donnern des Wassers zuhören und auf den Regenbogen blicken können. Obwohl wir noch ein gutes Stück vom Wasserfall entfernt waren, hat uns der feine Sprühregen getroffen und durchnässt. Ich wollte ein wenig nach hinten gehen, um an einem sicheren Ort meine Kamera auszupacken. Vielleicht würde ich es ja schaffen, diesen grandiosen Anblick festzuhalten. Ich habe mich also vom Wasserfall abgewandt und bin einige Meter weggegangen.

Doch plötzlich ist das Donnern lauter geworden, und auch die Wassertropfen schienen größer und schwerer zu werden. Ein Platzregen? Hagelkörner? Ich habe mich zu meinen Freunden umgedreht und gesehen, dass sie mit vor Angst verzerrten Gesichtern auf mich zugelaufen sind. Was von oben auf uns niedergeprasselt ist, war nicht Wasser, es waren feine Kieskörner und kleine Steine, die sich von einem der dunklen Felsen gelöst hatten. Meine beiden Freunde und eine weitere Wandergruppe haben sich neben diesem Felsen befunden. Von oben sind immer größere Felsbrocken heruntergekommen, direkt auf sie zu und haben sie unter sich begraben. Ich kann mich nur noch an diesen Anblick erinnern, danach war alles dunkel.

Irgendwann habe ich dann wieder das Donnern des Wasserfalls gehört. Und dann, so bildete ich mir ein, habe ich menschliche Stimmen gehört. Ich wollte mich mit den Beinen nach oben strampeln, doch ich konnte sie nicht bewegen.

Auch meine Arme waren unter Geröll begraben und Steine drückten auf meinen Brustkorb. Ich konnte kaum atmen. Doch die Stimmen der Menschen klangen nahe, und ich habe all meine Kraft zusammengenommen und um Hilfe gerufen. Ich rief einmal, ein zweites Mal, ein drittes Mal, ich bekam kaum Luft, doch ich habe nicht aufgegeben.

Plötzlich ist es heller geworden, und ich habe Geräusche und Stimmen gehört, die mir auf Englisch etwas zuriefen. Dann hat der Druck auf meinem Körper langsam abgenommen, und ich konnte wieder ein wenig freier atmen. Schließlich habe ich in die Augen zweier Menschen geschaut, die beruhigend auf mich eingesprochen und mich langsam und vorsichtig befreit haben. Zu dem Zeitpunkt habe ich keine Schmerzen in meinem Körper gespürt, ich war nur unbändig froh darüber, am Leben zu sein, und hatte gleichzeitig eine schreckliche Angst, dass ich meine Freunde nie mehr wieder sehen würde. Meine Retter haben mich auf eine Trage gehoben und diese an Seilen befestigt. Dann erst habe ich bemerkt, dass ein Rettungshubschrauber über uns gekreist ist. Während sie mich langsam nach oben gezogen haben und der Himmel immer näher kam, habe ich das Bewusstsein verloren.

Als ich die Augen wieder aufgeschlagen habe, glaubte ich, es sei nun doch um mich geschehen. Vor mir standen zehn gelb angezogene Frauen, die fröhlich ›Clowning for the Lord‹ sangen. Ich habe meine Augen zugemacht und wieder aufgemacht. Ich habe vorsichtig nach links und nach rechts geschaut und schließlich realisiert, dass ich mich in einem Krankenhaus befand und es sich bei den zehn Frauen um Krankenschwestern gehandelt hat, die für mich gesungen haben. Ich habe in ihre fröhlichen Gesichter und auf ihre helle freundliche Kleidung geschaut und gesehen, wie sie sich voller Inbrunst ins Zeug gelegt haben, und auf einmal habe ich bemerkt, wie ich selbst zu lächeln begann. Aus dem Lächeln wurde ein Lachen, gefolgt von Tränen des Glücks und der Dankbarkeit darüber, dass ich noch am Leben war.«

Michael lehnte sich zurück und wirkte ein wenig erschöpft, so, als hätte er die Geschichte soeben noch einmal erlebt.

»Michael, was für eine Geschichte! Du hattest so großes Glück!«, sagte ich voller Empathie.

»Ja, ich hatte wirklich Glück. Ich hatte zwar zahlreiche Knochenbrüche und musste viele Wochen in diesem Krankenhaus in Fresno bleiben, aber ich lebte. Meine beiden Freunde und eine ganze Gruppe von amerikanischen Wanderern haben das Unglück nicht überlebt. Sie sind vom herabfallenden Gestein erschlagen worden. Es war schrecklich für sie, für ihre Familien und auch für mich. In diesem Krankenhaus hatte ich viel Zeit, über mein Leben nachzudenken. Besonders gut haben mir die singenden Krankenschwestern gefallen, die mich und andere Patienten in dieser extrem schwierigen Situation zum Schmunzeln und zum Lachen gebracht haben. In dieser Zeit in den USA habe ich auch erstmals von Patch Adams und seinem Krankenhaus, dem Gesundheit! Institute in West Virginia gehört, in dem Patienten ohne Sozialversicherung kostenlos behandelt werden. Patch Adams versucht die westliche Schulmedizin nicht nur mit anderen Medizintraditionen zu kombinieren, sondern auch mit Kunst. Als ich davon gehört habe, habe ich es fast bereut, dass ich eine Krankenversicherung hatte und in einem normalen Krankenhaus gelandet war!«

Michael lachte kurz und meinte, dann wieder ganz ernst: »Nein, dieses Krankenhaus war wirklich sehr gut. Und seit dieser Geschichte setze ich mich für das Lachen, den Humor und die Gesundheits-Clowns ein. Patch Adams habe ich natürlich auch getroffen, aber das erzähle ich dir später. Nun zeige ich dir erst einmal das Harlekinäum!«

FRÖHLICHE BIBELSTUNDE MIT MICHAEL BERGER

Michael Berger, Unternehmer und Kunstsammler, leistet auch Pionierarbeit in Sachen Humor. Er ist Mitglied von »Humor Care«, einem Verein, der die wissenschaftlich fundierte Anwendung von Humor in klinischen, psychosozialen, pädagogischen und beratenden Berufen in Deutschland und Österreich fördert, und er finanziert ›Humorkongresse‹ in Basel.

Michael hatte mich nach Wiesbaden eingeladen, um mir seine Humor-Sammlung zu zeigen. Er führte mich durch sein ›Harlekinäum‹.

»Das Museum ist also nach Harlekin benannt?«, fragte ich Michael.

»Genau! Der Harlekin war in seiner ursprünglichen Form eine Narrengestalt der italienischen Komödie und der Narr am mittelalterlichen Hof. In seinem schwarz-weißen Fellflicken-Robbenkostüm konnte er mit seiner Maske und mit Humor unliebsame Wahrheiten sagen, ohne das eigene Leben zu gefährden. Und genau das wollten wir auch tun, meine Frau Ute und ich. 1969 haben wir unsere Firma ›Harlekin‹ gegründet. Wir produzieren fröhliche Geschenk- und Scherzartikel. Die wichtigsten sind hier ausgestellt. Wir haben hier zum Beispiel aber auch eine Ausstellung über die Banane gemacht!«

»Ich verstehe, die Banane gilt ja als Frucht der Fröhlichkeit, die den Serotoninspiegel im Gehirn ansteigen lässt«, sagte ich.

»Wie sonst nur bei großartigem Sex oder beim Konsum von sehr viel Schokolade!«, fügte Michael hinzu und führte mich in sein Büro, wo wir uns weiter unterhielten.

Das Harlekinäum ist nicht das einzige Museum von Michael Berger. Er besitzt auch ein Kloseum, das sich mit verschiedenen Aspekten der menschlichen Verdauung beschäftigt, ferner ein ›Muttermuseum‹ im unterfränkischen Amorbach, das er seiner Mutter gewidmet hat. Am interessantesten fand ich, was er mir von der sogenannten ›Kirche des Humors‹ erzählte, die er mir später noch zeigen wollte.

Kirche und Humor sind zwei Themenkomplexe, die man nicht unbedingt miteinander in Verbindung bringt. Nachdem mir Giovanni in Wien erzählt hatte, wie sehr Lachen und der Humor im christlichen Mittelalter von der Kirche gefürchtet wurden, hatte ich mein Redaktionsteam mit Recherchen dazu beauftragt und wollte mit den Ergebnissen nun Michael, den Besitzer einer ›Kirche des Humors‹, beeindrucken.

Ich zog meine Notizen aus der Tasche, und breitete meine Blätter auf dem Tisch aus, räusperte mich und begann mit einem Zitat aus der Bibel: »Selig seid ihr, dir ihr jetzt weint, denn ihr werdet lachen.«

»Wer zuletzt lacht, lacht am besten«, konterte Michael.

Ich blickte ihn ein wenig überrascht an, nickte zustimmend und fuhr fort: »Dem Lachen wird im biblischen Sinn etwas Triumphales und Endzeitliches zugesprochen. Zu Beginn des Christentums hatte es sogar die Auffassung gegeben, dass ein Christ in diesem Leben nicht lachen dürfe. Lachen vor dem Tod schien die Erlösung vorwegzunehmen.«

»Was ich schon immer sage: Bewusstseinserweiterung durch Bewusstseinserheiterung!«, rief Michael und grinste mich an.

Ich griff nach einem weiteren Blatt und las ein Zitat des Schweizer Pfarrers und Schriftstellers Kurt Marti über Jesus vor. Marti hält Jesus eher für einen herzlich lachenden als griesgrämig in der Ecke sitzenden Menschen. Jesus war schließlich dafür bekannt, dass er »oft mit allen möglichen und unmöglichen Leuten zusammen getafelt und ihnen viele Liter Wein spendiert hat und von Zuschauern deswegen als Schlemmer und Zecher, als Kumpan der Zöllner und Sünder gescholten worden ist.«

Michael nickte und blickte mich gespannt an.

Ich fuhr fort:

»Es gibt auch einen Gemeindepfarrer aus Emmendingen, Peter Bloch, der ein Buch mit dem Titel *Der fröhliche Jesus* geschrieben hat. Darin stellt er die Frage: Kann denn einer die ›Frohe Botschaft‹ verkünden, der selbst nicht von Freude und Fröhlichkeit erfüllt ist?

Dass wir Jesus nicht so kennen, liegt für Bloch daran, ich zitiere, ›dass die Kirche häufig einem Jesusbild folgt, das weitgehend von menschlichen Zügen, zu denen auch der Humor gehört, gereinigt worden ist‹«.

»Soso!«, sagte Michael und fügte grinsend hinzu: »Schließlich hat Jesus keine Drohbotschaft verkündet, sondern eine Frohbotschaft!«

»Genau, und außer Frage steht, dass Jesus denjenigen, die unter schwierigen Umständen leben müssen, einen Grund zum Lachen gab«, meinte ich.

»Aber fromme Eiferer hatten wie alle Fanatiker keinen Sinn für Humor. Und es gibt eine lange Tradition, eine ganze Reihe von christlichen Theologen, die das Lachen kritisierten«, warf Michael ein.

»Ja, genau, Lachen wurde mit Weltlichkeit, sündhafter Dreistigkeit und mangelndem Glauben gleichgesetzt. Vielleicht war der Kirche das Lachen auch suspekt, weil es als Kritik verstanden werden konnte? Oder weil es sich wie jeder Freudenausbruch der Kontrolle entzog?«, vermutete ich.

»Lachen kennt kein Tabu. Lachen nimmt keine Rücksicht!«, rief Michael zustimmend.

»Ja, es gibt also keine Macht der Welt, die gegen das Lachen ankommt!

Doch rein theologisch gesehen ist gegen Lachen und Humor eigentlich nichts einzuwenden, steht hier in meinen Notizen. Es wird sogar darüber diskutiert, ob die Heiligen im Himmel lachen und ob Gott selbst Humor hat!«

»In der Bibel selbst musst du Lachen und Humor allerdings mit der Lupe suchen!«, warf Michael ein.

Ich nickte zustimmend und las vor: »In der Bibel findet sich das Lachen eher selten und wird oft in einem negativen Zusammenhang gebraucht. Häufig ist jedoch von Freude, Fröhlichkeit und Jubel die Rede, welche immerhin indirekt mit Lachen und Humor zu tun haben. Ein Beispiel, wo Lachen als Bild der Erlösung verstanden wird, ist der Psalm 126, bei dem es um die Befreiung aus der babylonischen Gefangenschaft geht: ›Als der Herr das Los der Gefangenschaft Zions wendete, da waren wir alle wie Träumende. Da war unser Mund voll Lachen und unsere Zunge voll Jubel.‹

Aber es gibt noch eine Bibelstelle, in der das Lachen einer Frau als Reaktion auf eine nicht ganz so erfreuliche Situation, geschildert wird: Sara, Abrahams Frau, die in hohem Alter noch ein Kind bekam.«

Ich las vor: »Sara, die Frau von Abraham, lachte und dachte bei sich: ›Nun, da ich alt bin, soll ich noch der Liebe pflegen, und mein Herz ist auch alt.‹ Laut Bibel fand Gott diese Reaktion nicht besonders komisch. Sara und Abraham bekamen tatsächlich noch einen Sohn, den sie Isaak nannten.«

»Auf Hebräisch bedeutet Jizchak: ›Er lachte‹ oder ›Er wird lachen!‹«, rief Michael voller Begeisterung.

Zum Abschluss unserer kleinen Bibelstunde las ich Michael noch ein Zitat von Ursula Homann vor: »Die Bibel ist weder ein finsteres noch ein heiteres Buch, sondern eine gewaltige

Synthese der Darstellung von Heil und Unheil, Sünde und Gnade, Verlorenheit und Erlösung, Göttlichem und Menschlichem, ja auch Erhabenem und Lächerlichem, aber sie ist kein Buch des Humors.«

»Tja. Schade eigentlich. Was sagst du eigentlich zu dem Humor der Juden?«, fragte mich Michael, der selbst Jude ist.

Auch dazu hatte ich viele Informationen mitgebracht: Lachen ist fester Bestandteil der jüdischen Tradition, und der Talmud enthält zahlreiche Lach- und Lächeltexte.

»Der Talmud zeigt, wie religiöse Regeln in der Praxis und im Alltag von den Rabbinern verstanden und ausgelegt werden«, warf Michael ein, »er weiß um das Lachen, das lockert, entspannt und den Einstieg in ernsthafte Themen erleichtert.«

Ich wagte die Vermutung, dass der Widerspruch zwischen der grandiosen Bestimmung des jüdischen Volks, wie ihn die Religion lehrt, und den schwierigen Verhältnissen, in denen viele Juden leben, zu einem Gefühl für komische Widersprüchlichkeiten innerhalb der jiddischen Kultur geführt haben mag.

Michael kannte sich als Jude in der Tradition seines Glaubens aus und zitierte den deutsch-israelischen Journalisten und Religionswissenschaftler Ben-Chorin, der den Humor eine Lebenskraft nennt, ohne die manches nicht auszuhalten sei. Ben-Chorin sagte einmal: »Würde ich alles und mich selbst immer ernst nehmen, dann müsste ich an der Welt und an mir verzweifeln.«

Mir fiel noch eine andere passende Textstelle ein, und so kramte ich in meinen Unterlagen, bis ich sie fand. Der Gründer des Chassidismus, Rabbi Israel Baal Schem Tov, vertritt die Auffassung: »Gott will frohe Menschen, der Satan will traurige.«

Michael nickte wissend und meinte: »Wenn ein Mensch nur Glauben hat, steht er in der Gefahr, bigott zu werden. Hat er nur Humor, läuft er Gefahr, zynisch zu werden. Besitzt er aber Glaube und Humor, dann findet er das richtige Gleichgewicht, mit dem er das Leben bestehen kann.«

Er lachte und fügte hinzu: »Das ist aber nicht von mir, sondern von Martin Buber, dem bekannten jüdischen Religionsphilosophen. Er nannte den Humor den ›Milchbruder des Glaubens‹! Jüdische Religionsvertreter sind für ihren Humor bekannt.«

Doch es gab auch innerhalb der christlichen Tradition bekannte Persönlichkeiten, die sich für Humor in der Kirche einsetzten und deren weise Worte ich Michael vorlesen konnte.

Martin Luther soll gesagt haben: »Gott will, dass wir fröhlich sind.«

Selbst vom überaus ernsten Reformator Calvin ist der Satz überliefert: »Die Beschaffenheit der Welt ist in der Freude Gottes gegründet. Ihm und seiner Schaffenslust dankt die Welt ihr Leben, dankt sich unsere Lebensfreude und auch, dass wir etwas zum Lachen haben.«

Besonders gut gefiel Michael und mir, dass es sogar eine Art Heiligen des Humors gibt, einen gewissen Philipp Neri, Pippo genannt, der im 16. Jahrhundert lebte und sehr volkstümlich war. Die Leute nannten ihn einen »komischen Heiligen«, was ihn aber keineswegs störte.

»Dieser Pippo scheint einige Nachfahren zu haben, einer davon ist wohl der Schweizer Pfarrer Ernst Heller: Er nennt sich ›Circus-, Markt- und Schaustellerseelsorger‹ oder auch ›Clown Gottes‹. Seine Stola trägt Bilder aus der Clown- und Zirkuswelt, und er nimmt kein Blatt vor den Mund«, sagte ich.

»Man soll die Wahrheit heiter sagen, denn dem Clown hört man lieber zu als dem Prediger! Das ist aber wieder nicht von mir, sondern vom englischen Schriftsteller und Publizisten John B. Priestley«, kicherte Michael.

»Dieses Zitat nehmen sich offenbar einige kirchlichen Würdenträger zu Herzen. Denn mittlerweile gibt es sogar christliche Kabaretts, die sich nicht auf hämische Weise über die Kirche und das Christentum lustig machen, wie man das sonst von vielen Kabarettisten gewohnt ist, sondern die mit subtilem Humor für die Kirche und ihre Botschaft werben.«

»Das ist ja ein Heidenspaß!«, sagte Michael und erklärte mir, dass man dieses Wort im Deutschen für wirklich großen Spaß verwendete.

»Als ob Christen keinen Spaß haben dürfen?«, wandte ich fragend ein.

Michael lachte: »Die Katholiken durften zumindest zu Ostern so richtig die Sau rauslassen! Das Osterlachen war ein wichtiger Bestandteil des christlichen Brauchtums und soll zwischen dem 14. und 19. Jahrhundert richtig populär gewesen sein. Hast du das auch in deinen Unterlagen?«

»Aber natürlich!« Ich las ihm vor: ›Risus paschalis, das Osterlachen. Es ist heute kaum mehr bekannt, dass es in der mittelalterlichen Kirche eine genaue liturgische Einordnung des Lachens gab: Am ersten oder am zweiten Osterfeiertag erzählte der Pfarrer von der Kanzel aus eine fröhliche Geschichte. Diese sollte die Gemeinde zu lautem Lachen, dem sogenannten Osterlachen, anregen. Damit wurde die Trauer der Passionszeit vertrieben und der Sieg über die Hölle und die Freude an der Auferstehung gefeiert. Angeblich ging es beim Osterlachen immer heftiger zu. Viele Geistliche machten die Kanzel zur Bühne und sorgten dafür, dass das Kirchenvolk vor Lachen brüllte und sich auf die Schenkel klopfte.‹

Es war also eine klassische Ausnahmesituation, in der man in lustiger Form Kritik an der weltlichen und kirchlichen Obrigkeit vorbringen durfte! Ein bisschen wie Fasching. Natürlich gefiel das nicht allen kirchlichen Würdenträgern. Es gab einen Basler Pfarrer und Reformator, Johannes Oekolampad, der sich in einem Brief an einen Kollegen Wolfgang Capito über die Oster-Prediger beschwerte:

›Einer schrie immer Kuckuck. Ein anderer legte sich auf Rindermist, tat, als sei er im Begriff, ein Kalb zu gebären. Wieder einer zog einem Laien eine Mönchskutte an, machte ihm dann vor, er sei nun Priester, und führte ihn zum Altar. Wieder einer erzählte, mit welchen Mitteln der Apostel Petrus die Wirte um die Zeche betrog.‹

Die Prediger sollen sogar zum Gaudium der Gläubigen obszöne Geschichten erzählt haben, und nicht nur das! Die Antwort von Wolfgang Capito auf die Beschwerde seines Kollegen war pragmatisch und entbehrte nicht eines gewissen Humors: Immerhin hindere das Osterlachen die Leute daran, in der Kirche einzuschlafen. Und es sei besser, vor lachenden Menschen zu predigen als in leeren Kirchen.

Doch nicht alle sahen diesen Brauch so locker. Martin Luther lehnte ihn als ›närrisches lächerliches Geschwätz‹ ab, und seit der Reformationszeit bekämpften ihn Kleriker beider Konfessionen. Bis ins 19. Jahrhundert hielt er sich angeblich nur in entlegenen Winkeln Süddeutschlands und Österreichs. 1853 gab es in Regensburg einen Erlass, der ›Fabeln, gereimte Dichtungen, Obskures‹ aus den Predigten verbannte. Vermutlich bezog dieser Erlass sich auf den Brauch des Osterlachens. Interessanterweise wird das Osterlachen allerdings niemals in offiziellen kirchlichen Quellen erwähnt«, beendete ich meinen Vortrag und fügte nachdenklich hinzu:

»Vielleicht wurden die Quellen auch vernichtet wie in Umberto Ecos Buch *Der Name der Rose*?«

»Weißt du was, der Film zum Buch wurde gleich hier ums Eck, im Kloster Eberbach, gedreht!«, rief Michael.

»Was für ein Zufall!«, sagte ich.

»Es gibt keinen Zufall!«, sagte Michael, zwinkerte mir verschwörerisch zu und erhob sich.

»Laura, es ist wirklich toll, was du mit deinem Team alles zu dem Thema zusammengetragen hast. Da konnte sogar ich noch etwas lernen. Was hältst du nun von einem kleinen Spaziergang zu meiner Kirche des Humors? Diese Kirche des Humors hat mit all dem nichts gemeinsam.«

»Lass uns gehen!«, rief ich und sprang auf.

LACHYOGA IN DER KIRCHE DES HUMORS

»Wie bist du eigentlich zu der Kirche gekommen?«, fragte ich ihn, als wir durch Wiesbaden spazierten.

»Die Gemeinde hat sie nicht mehr gebraucht, und ich dachte mir, eine Kirche ist ein wunderbarer Ort für Kunst und Humor. Also habe ich sie gekauft!«, erklärte mir Michael.

»Du hast sie einfach gekauft und umfunktioniert?«

»Naja, zuerst musste ich sie natürlich entweihen lassen. Schließlich bin ich ja kein Pfarrer. Und dann wurde sie zur Kirche des Humors. Man könnte sie auch Tempel der vereinten Religionen nennen. Es soll jedenfalls eine Kirche sein, in der die Menschen nicht mit Furcht vor Gott kommen, sondern um gemeinsam zu lachen und fröhlich zu sein. Und hier sind wir auch schon«, erklärte mir Michael.

Wir standen neben einer richtigen Kirche, die unübersehbar dem Humor gewidmet war. »HUMOR KIRCHE«, stand in großen Buchstaben auf der Seitenwand.

Bevor wir die Kirche betraten, zeigte mir Michael sein »Lachmal«: Neben der Kirche hatte er drei Grabsteine aufstellen lassen, auf denen die Namen aller Firmen eingraviert sind, gegen die er Prozesse geführt hat.

Durch die satirische Verwendung von Markennamen war die Firma Harlekin insgesamt 54 Mal mit dem Gesetz in Konflikt geraten. Michael und Ute hatten bekannte Firmennamen in leicht abgewandelter Form auf Kondompackungen drucken lassen. So wurde aus der Lufthansa die ›Lusthansa‹ und BMW stand plötzlich für ›Bums mal wieder!‹. Ein paar Prozesse hatten die Spaßvögel verloren, nahmen es aber mit Humor.

Wir betraten den Innenhof, gingen an einem riesigen Harlekin vorbei, der uns zulächelte, und betraten die Kirche, die innen auch tatsächlich wie ein Gotteshaus aussah. Es gab eine Kanzel, eine Art Altar und davor auch einige Kirchenbänke. Doch auf der Kanzel stand neben einigen Heiligen- und Comicfiguren eine kleine Statue meines Großvaters Charlie Chaplin. Der Altar war nichts anderes als eine Videoinstallation von Nam June Paik in Form eines riesigen Kreuzes oder ein »Robolt«, wie Michael mir erklärte. Und statt einer Kirchenorgel war Sphärenmusik von Jo Jones zu hören.

Michael erzählte, dass er ein Bewunderer der Fluxusbewegung sei, die in der Tradition des Dadaismus den herrschenden Kunstbegriff kritisch hinterfragte. Besonders verehrte er den Aktionskünstler Joseph Beuys, mit dem er befreundet war und dessen Kunstwerke er sammelte. Beuys vertrat die Idee, dass jeder Mensch ein Künstler sein und dass jeder dazu beitragen könne, das Leben in Politik und Wirtschaft sozial und kreativ zu gestalten. Eine Idee, die Michael mit seiner Firma Harlekin und mit seiner Unterstützung der Humorbewegung in Deutschland umsetzte.

Michael stellte sich hinter die Kanzel und rezitierte ein paar Sätze von Beuys aus dem Jahr 1958. Darin beklagt der Künstler, dass zu wenig gelacht würde. Er vermisst das große homerische Gelächter, mit dem man dem Lachen der negativen Geister entgegentreten müsse, das hinter allen Dingen steckt. Nur mit Lachen könne man diese Geister erschrecken, denn einen lachenden Menschen ertrügen sie nicht.

Michael lachte laut und erklärte feierlich: »Seit dem Nulltag wurde hier auch richtig viel gelacht!«

»Der Nulltag, was ist das?«, fragte ich.

Michael kam wieder hinter der Kanzel hervor, und wir setzten uns auf eine der Kirchenbänke.

»Begonnen hat ja alles damals im Yosemite-Park, aber so richtig kamen die Dinge am Nulltag ins Rollen. Es war der 1. April 1997. Wir haben rund um die Kirche des Humors einen ganzen Tag zum Thema Lachen mit Experten und Publikum veranstaltet. Dr. Michael Titze war natürlich da, der Gründungsvorsitzende von Humor Care. Als Psychotherapeut und Psychoanalytiker, der schon viele Bücher über das Lachen geschrieben hat, hielt er einen Vortrag über die Geschichte des therapeutischen Humors. René Schweizer, dieser grandiose Schweizer Selbstdarsteller und Aktionskünstler, trat als ›Humorotiker‹ auf und und und! Ja, und einer unserer Gäste war in Indien im Ashram gewesen und hatte dort Madan Kataria kennengelernt!«

»Den Begründer des Lachyoga?«, fragte ich.

»Genau! So habe ich am Nulltag vom Lachyoga erfahren. Wir haben das gleich hier in der Kirche ausprobiert. Wir haben einfach mal drauflos gelacht! Ha ha ha! Aber natürlich wollte ich Madan Kataria persönlich kennenlernen. Also habe ich ihn zum Humorkongress nach Basel eingeladen. Dann kam Madan Kataria hier zu uns in die Kirche des Humors und hat mit uns Lachyoga gemacht! Kennst du Lachyoga?«

»Ich weiß, dass Lachyoga seinen Ursprung in den Selbstversuchen des amerikanischen Wissenschaftsjournalisten Norman Cousins hat. In seinem Buch *Der Arzt in uns selbst* beschreibt er, wie er sich von seiner unheilbaren Erkrankung der Wirbelsäule zurück in die Gesundheit gelacht hat«, sagte ich.

»Ein tolles Buch, genau. Und dieses Buch ist Madan Kataria in die Hände gefallen! Daraus hat er dann sein Lachyoga entwickelt«, sagte Michael und fuhr fort:

»Als er damals hier war, war er ja noch in den Anfängen. Es war unglaublich interessant für uns alle. Aber es hat auch ihm unglaublich viel Kraft gegeben, bei uns in der Kirche des Humors auftreten und arbeiten zu können! Er hat gesagt, daran wird er sich immer erinnern.«

Michael erhob sich und ging langsam auf die Kanzel zu.

»Ich bin zwar kein zertifizierter Lachyoga-Trainer, aber ich habe oft genug mitgemacht und erinnere mich auch noch genau an die Übungen von Madan Kataria, die er uns hier gezeigt hat«, sagte Michael und begann rhythmisch in die Hände zu klatschen. Dazu machte er: »Ho Ho HaHaHa, Ho Ho Hahaha, Ho Ho Hahaha! Das ist das Begrüßungslachen. Der Bauch dehnt sich aus und zieht sich wieder zusammen. Wenn du das in einer Gruppe machst, brichst du damit das Eis. Die Hemmungen werden abgebaut. Hei, Hei, Hahahahaha, Hei, Hei, Hahahaha«, fuhr Michael mit einer weiteren Übung fort.

Ich sah unversehens die Menschen vor mir, die an öffentlichen Orten in Indien und überall auf der Welt grundlos gemeinsam lachen, sah, wie sie die Arme der Sonne entgegenstrecken und aus voller Kehle jubeln. Ich sah hunderte von Männern in weißen Hemden und Frauen in bunten Saris, die mit ihren Stimmen eine fröhliche Geräuschkulisse erzeugen und mit strahlenden Gesichtern in die Kamera lachen. Ich dachte an Menschen aus aller Welt, die sich erst ein wenig schüchtern ansehen und unter Anleitung von Madan Kataria vorsichtig die Lachyoga-Übungen durchführen und die dann plötzlich aus vollem Herzen zu lachen beginnen und sich mit ihrer Fröhlichkeit gegenseitig anstecken. Ich erinnerte mich auch daran, dass Madan Kataria in Interviews stets strahlend und glücklich wirkte.

»Und nun das Löwenlachen«, sagte Michael. »Es basiert auf dem Simha Mudra der Yogis. Der Mund wird so weit wie möglich aufgemacht und die Zunge herausgestreckt. Mit den Händen stellt man die Pranken des Löwens nach« – Michael hob die Arme – »aber statt einem Löwengebrüll lässt man das Lachen aus dem Bauch ertönen: Wuhahahahaha!«

Michael stand noch immer neben der Kanzel, sah mich direkt an und lachte aus vollem Hals »Wuhahahaha. Wuhahahaha!«

In meinem Inneren begann etwas zu kitzeln, und auf einmal fing ich auch an zu lachen, wenn auch nicht so löwenmäßig wie Michael.

»Schön, dass du lachst, Laura! Das Tolle am Lachen ist ja, dass es ansteckend ist und dass jeder mitlachen kann«, fuhr Michael fort. »Es macht Spaß, es hat aber auch ernsthafte positive Folgen: Die Mandeln und das Gewebe im Rachenraum aktivieren das lymphatische System, das Fremdkörper und Gifte im Körper abbaut. Es geht beim Lachyoga darum, über das Lachen die Selbstheilungskräfte zu aktivieren. Damals, bei unserem Treffen hier, war auch Brigitta Kottwitz dabei. Sie kommt aus der Kunst, ist dann Lachyoga-Trainerin geworden und hat den Lachclub Frankfurt gegründet. Mittlerweile gibt es richtig viele Lachclubs in Deutschland und auf der ganzen Welt!«

»Ja, es ist eine populäre Bewegung geworden!«, meinte ich.

»Weil Lachen einfach glücklich macht!«, fügte Michael hinzu.

Wir verließen die Kirche und machten uns auf den Rückweg zum Harlekinäum. Dabei unterhielten wir uns weiter über Madan Kataria und seine Lebensgeschichte. Er stammt aus einer Bauernfamilie, die in einem kleinen Dorf an der indisch-pakistanischen Grenze lebte. Seine Mutter förderte seinen Wunsch, Arzt zu werden, sodass er nicht nur den Doktortitel erwarb, sondern auch ein Post-Graduate-Studium in Mumbai absolvierte. In einem Vorort der Millionenstadt nahm er seine Tätigkeit als Arzt auf. Das Leben in Mumbai war stressig, die Menschen waren gehetzt und lachten kaum. Madan Kataria bemerkte bald, dass auch ihm das Lachen vergangen war und dass ihn das Streben nach Geld und Erfolg nicht glücklich machte, sondern vielmehr depressiv. Er wollte etwas dagegen tun, und ein erster Schritt war, das Gesundheitsmagazin »My Doctor« herauszugeben, in dem er 1995 den Artikel »Lachen – die beste Medizin« veröffentlichte. Von da an beschäftigte er sich immer mehr mit den positiven Auswirkungen des Lachens und gründete im selben Jahr den ersten Lachclub in einem öffentlichen Park. Nach anfänglicher Skepsis wuchs die Teilnehmerzahl rasch. Es sprach sich herum, dass man sich nach dem morgendlichen Lachen wesentlich besser fühlte. Anfangs erzählten sich die Teilnehmerinnen und Teilnehmer gegenseitig Witze und lustige Geschichten, um miteinander lachen zu können, doch bald wiederholten sich die Witze und Geschichten. Außerdem unterschied sich der Humor der Teilnehmenden voneinander, und nicht jeder konnte über jeden Witz lachen.

Madan Kataria recherchierte weiter und fand heraus, dass der Körper nicht zwischen echtem und simuliertem Lachen unterschied. So bat er die Teilnehmer seines Lachclubs, Lachen einfach mal zu spielen. Überraschend war, dass aus dem gespielten Lachen bald ein echtes Lachen wurde, das alle anderen ansteckte. Da es für manche Menschen schwerer ist als für andere, einfach drauflos zu lachen, begann Madan Kataria mit Aufwärmübungen, Klatschen und bestimmten Rufen, die dabei halfen, die Hemmungen abzubauen. Dabei fiel ihm die Ähnlichkeit zum Pranayama-Yoga auf. Gemeinsam mit seiner Frau Madhuri kombinierte er die Lachtechniken mit Yoga-Elementen und entwickelte ein vollkommen neues Trainingsprogramm für Gesundheit und Wohlbefinden: Das Lachyoga war geboren.

»Diese Technik ermöglicht erwachsenen Menschen, herzhaft und anhaltend zu lachen, ohne das kognitive Denken einzubeziehen. Das Lachyoga umgeht also den Intellekt, jeder Mensch kann lachen lernen, ohne auf Humor, Witze und Komödien angewiesen zu sein«, meinte Michael.

»Es wird also gelacht, auch wenn es keinen Grund zum Lachen gibt!«, sagte ich.

»Beim Lachyoga lachen wir nicht, weil wir glücklich sind, wir sind glücklich, weil wir lachen!«, zitierte Michael die Philosophie des Lachgurus Madan Kataria.

»Die Idee hinter der Lachyoga-Bewegung ist auf jeden Fall, die vielen gesundheitlichen Vorteile des Lachens zu genießen. Es ist für den Körper ja angeblich nicht relevant, ob aus gegebenem Anlass oder einfach so gelacht wird!«, meinte ich.

»Auf jeden Fall ist Madan Kataria mit seinem Lachyoga sehr erfolgreich. Es ist mittlerweile nicht nur in Indien populär, sondern das Lachyoga ist zu einer weltweiten Bewegung geworden.

Damals habe ich ihn gewissermaßen als Exoten nach Deutschland eingeladen, aber heute steht Madan Kataria mit seinen über 6000 Lachclubs in über siebzig Ländern für Gesundheit, Glück und auch für den Weltfrieden. Er hat Lachyoga für bestimmte Krankheitsbilder und für bestimmte Zielgruppen entwickelt. Und er bringt es auch in Betriebe. Das soll nicht nur zur Leistungssteigerung beitragen, sondern auch zu einer größeren Zufriedenheit der Mitarbeiterinnen und Mitarbeiter«, sagte Michael und zog das Fazit: »Wo gelacht wird, da macht die Arbeit eben Spaß!«

»LACHEN IST DAS GOLD DER SEELE. ES ÖFFNET DIE SINNE FÜR DEN GESANG DER DINGE!«

Dieses Zitat von Rainer Maria Rilke fiel mir ein, als ich mit Michael Berger wieder zurück ins Harlekinäum ging. Ich hatte noch einige Fragen an Michael:

»Was ist Humor für dich persönlich?«, fragte ich.

»Humor ist Energie. Humor ist Abstand. Humor ist, auf den Mond zu fliegen und vom Mond wieder hinunterzublicken! Humor ist aber auch eine Art, die Zunge zu zeigen, der Obrigkeit die Zunge zu zeigen. Und die Zunge ist scharf wie ein Messer! Deshalb ist die Zunge auch ein wichtiges Symbol für mich!«

»Wie hast du eigentlich angefangen mit dem Sammeln?«, wollte ich wissen.

»Das war 1964, da habe ich in Innsbruck im Gastgewerbe gearbeitet. Zuerst habe ich einen Barmixkurs besuchen müssen. Und dann stand ich dort im Hotel Hufeisen, und alle wollten nur Bier!«, lachte Michael, »jedenfalls hab ich dort angefangen, Alltagsgegenstände zu sammeln. Kleine Gegenstände wie Mörser, aber auch große wie Kummets. Und da hab ich dann zum Beispiel einen Spiegel reingemacht, um die Gegenstände zu verändern.«

Ich musste lachen, als ich mir den steifen, gepolsterten Ring vorstellte, der normalerweise Zugtieren um den Hals gelegt wird und von Michael zu einem Spiegelrahmen umfunktioniert wurde.

»Später habe ich dann mit dem Gastgewerbe aufgehört, meiner Mutter bei ihrem Kunstgewerbe geholfen und mich irgendwann selbstständig gemacht. Vermutlich hat meine Sammelleidenschaft auch mit meiner Kindheit zu tun, da hatten wir nicht viel. Als Halbwüchsiger habe ich dann Micky-Maus-Hefte gesammelt«, sagte Michael.

Wie Sigmund Freud und viele andere Menschen war Michael davon überzeugt, dass es die Erfahrungen aus seiner Kindheit waren, die sein Leben prägten.

»Und Patch Adams hast du auch kennengelernt?«, fragte ich Michael.

»Ja, natürlich. Auf ihn bin ich schon nach meinem Unfall in Amerika gestoßen. Damals habe ich mir gedacht, das ist ein großartiger Kerl! Ich habe ihn gleich hierher eingeladen! Und als er hier war, haben wir festgestellt, dass wir fast gleich aussehen!«, erzählte er lachend.

»Er hat von seinem Krankenhaus erzählt, und ich habe ihm viel Geld dafür gespendet. Kurz darauf bin ich nach Vermont gereist, um an einem seiner Clownworkshops teilzunehmen. Wir haben dort gecampt, wunderschön, und dann Arbeitsgruppen eingerichtet. Ich war natürlich in der Museumsgruppe.«

Michael erzählte voller Begeisterung von Patch Adams, der mit seiner Präsenz ganze Räume füllte und ohne den die gesamte Clownsdoktoren-Bewegung niemals zustande gekommen wäre.

»Du kennst ihn vermutlich aus dem Film mit Robin Williams?«

»Ja«, sagte ich. »Der Film hat ja nicht so gute Kritiken bekommen, aber ich finde, es gibt darin einige tolle Szenen. Besonders gut finde ich die, in der Patch Adams zum ersten Mal so richtig in die Rolle des Clowns schlüpft und die Kinder unterhält. Dabei kennt er keine Grenzen, er hüpft auf den Betten herum, klappt sie zusammen und bringt das ganze Zimmer durcheinander. Plötzlich steht der Dekan seiner Hochschule im Raum und sagt mit beißender Stimme: ›Was machen Sie hier?‹ Und Patch Adams, also Robin Williams, stellt sich gerade hin und sagt: ›Ich bringe die Kinder zum Lachen, weil Lachen sich positiv auf die Gesundheit auswirkt‹. Dann zählt er wie ein braver Student alle Vorteile des Lachens für die Gesundheit auf.«

Michael lachte: »Ja, Patch ist schon ein richtiger Revoluzzer und ein Hippie. Er lässt sich von niemandem etwas sagen. Der Film basiert ja auf seinem Buch, kennst du es?«

»Das habe ich noch nicht gelesen, nein!«, gestand ich.

»Mhm«, machte Michael und erhob sich. Er ging zu einem seiner Bücherregale, griff nach einem Buch, hielt es mir hin und sagte: »Schau, hier habe ich sogar eine englische Version für dich. Ist schon etwas älter, aber da steht alles über Patch und seine Arbeit drin. Kannst du behalten!«

Ich bedankte mich für dieses Buch, die Führung durch Michaels Sammlungen und unser Gespräch über die Kirche des Humors. Ich hatte das Gefühl, dass ich wieder ein großes Stück weiter in die Welt des Lachens vorgedrungen war.

Michael begleitete mich nach draußen, und ich warf noch einen Blick auf seine Arche Noah, die im Garten stand. In seiner Version durften diejenigen auf der Arche mitfahren, die lächelten. Ich wollte meinen Beitrag dazu leisten, dass dies möglichst viele Menschen waren, dachte ich. Dann fuhr auch schon das Taxi vor, das mich zum Bahnhof bringen sollte.

»Laura, ich bin gespannt auf dein Buch. Lachen ist gratis. Es ist ansteckend, aber man braucht sich danach nicht die Hände zu waschen!«, verabschiedete sich Michael mit festem Händedruck und rief mir hinterher: »Auf Wiederlächeln!«

HUMOR UND HEILUNG –
DIE VISION DES PATCH ADAMS

Im Zug lehnte ich mich zurück und nahm das Buch aus meiner Tasche, das Michael mir geschenkt hatte:

Patch Adams und Maureen Mylander: *Gesundheit!*

In der Buchwerbung heißt es: »Bringt auf einzigartige Weise frischen Wind in die Segel Ihrer Gesundheit, ins Gesundheitswesen und unser ganzes Gesellschaftssystem – durch die gelungene Verbindung schulmedizinischer Hilfe mit alternativen Therapiemethoden, Humor und Freude.«

Neugierig begann ich Patch Adams' Geschichte zu lesen: Er war der Sohn eines Infanterie- und Artillerie-Offiziers, der selten zu Hause war. Als Kind zog die Familie oft um, und Patch musste lernen, wie man schnell neue Freunde findet. Sein bester Kumpan war aber immer sein älterer Bruder. Die Mutter überhäufte die beiden Kinder mit Liebe und Zuwendung und hatte einen großartigen Sinn für Humor. In der Schule war Patch ausgesprochen gut, doch er störte den Unterricht, indem er Regeln in Frage stellte. Schon als Kind war er also das, was man einen Klassenclown nennt.

Patch liebte besonders die Naturwissenschaften und löste mit Vorliebe exakte, rationale Fragen, auf die es eindeutige Antworten gab. Er führte zu Hause Experimente durch und nahm bald an wissenschaftlichen Wettbewerben teil. Kurz nach dem letzten wissenschaftlichen Wettbewerb, an dem er sich beteiligte – Patch war gerade sechzehn Jahre alt geworden –, unterhielt er sich zum ersten Mal besonders intensiv mit seinem Vater. Seine Mutter und sein Bruder waren für einige Tage verreist. Und Patchs Vater erzählte seinem Sohn erstmals von seinen Kriegserfahrungen. Der Zweite Weltkrieg und vor allem der Koreakrieg hatten seiner Psyche stark zugesetzt. Seine Erlebnisse quälten ihn und lasteten auf seinem Gewissen. Er glaubte, einen Freund im Krieg im Stich gelassen zu haben. Die Fragen nach Recht und Unrecht ließen ihn nicht mehr los. Auch gegenüber seiner Familie fühlte er sich im Unrecht und entschuldigte sich bei Patch dafür, kein guter Vater gewesen zu sein. Wahrscheinlich litt er an einer posttraumatischen Belastungsstörung, welche damals weder erkannt noch behandelt wurde, ebenso wenig wie ein Herzleiden. In der Woche nach diesem Gespräch erlitt Patchs Vater nämlich einen Herzanfall, wurde von einem Krankenwagen in die Klinik gefahren, starb aber schon eine halbe Stunde später, ohne dass jemand aus der Familie sich verabschieden konnte.

Dies war Anfang der sechziger Jahre, und damit begann eine stürmische Zeit für Patch Adams. Die Familie hatte bis dahin in Deutschland gelebt. Nun zogen sie in die Heimat der Mutter, in eine Kleinstadt in Nord-Virginia. Dort erlangte der Teenager Patch in der Schule schnell den Ruf, ein Störenfried zu sein. Die Trauer um seinen Vater trug sicher dazu bei, den Jugendlichen in einer ohnehin schwierigen Entwicklungsphase zu verstören. Patch suchte seinen Weg, begann sich politisch zu engagieren, marschierte bei Demonstrationen mit und stellte sich Vorurteilen und der Rassentrennung entgegen. Er schrieb auch Artikel, die sich nicht nur gegen die Rassentrennung, sondern auch gegen religiöse Heuchelei und gegen den Krieg wandten. Aber ebenso schrieb er Gedichte über den Schmerz, den er empfand. Seine Liebe zur Wissenschaft konnte ihn nicht mehr trösten, und auch die Unterstützung der Mutter half nicht mehr: Patch war unglücklich. Und dies wirkte sich in seinem Abschlussjahr an der Highschool auch körperlich aus. Er bekam heftige Magenschmerzen, deren Ursache Geschwüre waren. Die Ärzte verschrieben ihm viele Medikamente, und er musste einige Zeit im Krankenhaus verbringen. Da niemand da war, dem er so vertraute, dass er sich über seine Sorgen, seine Ängste und seine Fragen nach dem Sinn des Lebens austauschen konnte, verschlimmerte sich sein Zustand. Dann machte auch noch seine erste Freundin mit ihm Schluss. Und ein Onkel von ihm, der ihm bis zu einem gewissen Grad den Vater ersetzt hatte, brachte sich um. Patch selbst war ebenfalls versucht, sich das Leben zu nehmen, stand schon auf den Klippen in der Nähe seines Colleges und dachte darüber nach, zu springen. Glücklicherweise tat er es nicht, sondern beschloss, seine Freundin zurückzugewinnen. Leider misslang es ihm, und schließlich ging er zehn Kilometer zu Fuß nach Hause zu seiner Mutter und sagte zu ihr: »Ich habe versucht, mir das Leben zu nehmen. Am besten bringst du mich in eine psychiatrische Klinik.«

So kam Patch in die geschlossene Abteilung der Fairfax-Klinik. Sein Leben nahm eine Wende. Er erfuhr, dass nicht die Ärzte den stärksten Einfluss auf seine Genesung hatten, sondern seine Familienangehörigen, Freunde und Mitpatienten. Besonders war es sein Zimmerkollege Rudi, der ihm die Augen für etwas Wesentliches öffnete: Rudi erzählte Patch von einer Einsamkeit, die Patchs eigenen Schmerz trivial erscheinen ließ. Zum ersten Mal konnte Patch sich wirklich in einen anderen Menschen einfühlen und dies auch zeigen. Er empfand Mitgefühl mit Rudi und verstand, dass er sich anderen Menschen öffnen musste, um geliebt zu werden und glücklich zu sein. Er musste zulassen, dass andere ihn berührten.

Für Patch Adams war dies ein Moment spirituellen Erwachens. Er erkannte die Kraft der Liebe. Er sah ein, dass er die

Naturwissenschaften und den Verstand auf eine destruktive Art und Weise benutzt hatte und dass ihn sein Versuch, alles zu widerlegen, was ihm nicht als nüchterne Tatsache erschien, sehr einsam gemacht hatte. Er begann mit den anderen Menschen auf der psychiatrischen Station zu sprechen und entdeckte bei ihnen ähnliche Zusammenhänge von Einsamkeit und verlorenen Träumen. Patch kam zu dem Schluss, dass die vermeintlich »verrückten« Menschen mit einem solchen Ausmaß von Angst, Ärger, Traurigkeit und Verzweiflung auf die Vielschichtigkeit des Lebens reagierten, dass sie Schutz vor sich selbst brauchten.

Nun war sich Patch sicher, dass er selbst wieder in Ordnung war, dass er diesen Schutz nicht mehr brauchte, und verließ die Klinik. Er beschloss, ein Schüler des Lebens zu werden, und zwar eines glücklichen Lebens. Er wollte alles über Menschen, Glück und Freundschaft wissen: Zuerst las er alle Werke von Nikos Kazantzakis, dessen Roman *Alexis Sorbas* (1952) als gleichnamiger Film 1964 höchst erfolgreich war. Patch identifizierte sich nämlich mit dem englischen Bücherwurm in der Geschichte, dem Alexis Sorbas sagt: »Du denkst zu viel, das ist dein Problem. Kluge Leute und Krämer, die wiegen alles.«

Angeregt durch diese Szene setzte Patch nun die Gefühle an die erste Stelle in seinem Leben – noch vor das Denken. Und Patch las sich nun durch die Klassiker der Dichtung des 19. und 20. Jahrhunderts. Die Welt der Kunst half ihm, zu verstehen, was ihm geschehen war. Es half ihm auch, seine Mitmenschen zu verstehen, mit denen er sich nun intensiv zu beschäftigen begann. Patch setzte sich das Ziel, herauszufinden, warum Menschen sich wohlfühlen. Er ging bewusst und freundlich auf Menschen zu, interessierte sich für ihre Geschichten und wurde zum Entdecker von Kontinenten der Erfahrung und des Spaßes. Er ging nach wie vor methodisch vor, doch er handelte nun bewusst und absichtsvoll im Sinne der Menschlichkeit.

Während eines Jobs im staubtrockenen Datenarchiv der Bundeskreditanstalt der Navy in Anacostia versuchte Patch mit einem Kollegen die Arbeit mit Spaß und Humor zu würzen: Die beiden sangen den Bürokollegen Informationen aus den Akten vor, etwa als feierlichen gregorianischen Choral: »Welche Akte wühünschest du?« Oder sie kamen als Gorillas verkleidet zur Arbeit. Patch bemerkte, dass Spaß im Leben ebenso wichtig ist wie die Liebe und versuchte, Humor und Spaß auch in andere Bereiche seines Lebens zu integrieren. Er übte sich darin, andere zum Lachen zu bringen, wo er nur konnte. Nicht nur im Büro erprobte er sein Talent, sondern auch vor unbekannten Menschen im Supermarkt. Mit Hilfe des Lachens besiegte er seine inneren Dämonen und wurde zu dem, der er heute ist: Ein Mensch mit Selbstvertrauen, mit Liebe zur Weisheit, mit dem Wunsch, die Welt zu verändern. Ein Mensch mit einer Vision. Diese Vision bestand anfangs vor allem darin, Arzt zu werden. Als Patch 1967 in die Medizinische Hochschule von Virginia eintrat, merkte er jedoch bald, dass viele seiner Professoren »weltfremd und arrogant waren und ihnen jede Vision für ein menschliches System der Gesundheitsfürsorge fehlte. Die Betonung lag auf dem Patienten als einem passiven Empfänger einer Weisheit, die Halbgötter in ihrem Technologie-Tempel verabreichten.«

Auch die Studenten sollten in eine Form gepresst werden, die Patch unmenschlich erschien und gegen die er rebellierte, wie er es in der Schule getan hatte. Auch das Krankenhauspersonal wurde herumkommandiert, und viele Fachleute in der Gesundheitsvorsorge kämpften mit Leere, Einsamkeit und Verzweiflung. Patch selbst hatte zumindest das Glück, dass ihm die akademische Seite des Medizinstudiums keine besonderen Schwierigkeiten bereitete und er sich einmal in der Woche und an den Wochenenden freinehmen konnte, um Sport zu treiben und sich selbst vor einem Burnout zu bewahren. So viel Selbstsicherheit zog die Frauen an, sie interessierten sich für den jungen Mann.

Das Wichtigste war für Patch aber immer die Interaktion mit den Patientinnen und Patienten. Sie liebten ihn, da er aus der Unpersönlichkeit der Fremden in weißen Kitteln ganz offensichtlich herausstach: Er war 1,93 groß, hatte lange Haare, einen Schnurrbart und besuchte sie am liebsten, wenn die gewichtigen Arztkollegen nicht dabei waren. So fand Patch bald heraus, dass die Patienten von seiner Art, mit ihnen umzugehen, begeistert waren. Dass jemand so gut mit ihnen umging, hatten sie vorher nie erlebt: »Ich sprach offen mit ihnen, weinte mit ihnen, massierte sie, tröstete sie, machte Witze mit ihnen und injizierte statt der üblichen Ampullen ein wenig Ausgelassenheit und Spaß in ihr Leben!«

Die Patienten, Schwestern und Pfleger liebten sein Auftreten, ebenso einige seiner Kommilitonen. Doch viele fühlten sich auch von ihm und seinem Frohsinn, mit dem er auf die Leute zuging, bedroht. Unter den Ärzten herrschte die Meinung, dass dort, wo Menschen litten und starben, würdevoller Ernst und Distanz angebracht seien. Doch Patch sah das anders und ließ sich nicht von seiner Überzeugung abbringen, auch nicht nach einem Streit mit dem stellvertretenden Dekan, der verhindern wollte, dass der Störenfried Adams die Zulassung als Arzt erhielt. Unter anderem warf ihm der Dekan »exzessives Glücklichsein« vor.

Doch Patch Adams machte seinen Abschluss und fand die Orte, an denen er ›exzessiv glücklich‹ sein konnte: eine Kinderklinik in einem Ghetto von Washington D. C. und eine freie Hippie-Klinik im Bezirk Georgetown, die von Freiwilligen betrieben wurde und ihn zum späteren Aufbau seiner eigenen Klinik inspirierte. Er fand auch die richtigen Menschen, allen voran Lynda Edquist, die seine Frau wurde, und viele Freunde, mit denen er gemeinsam 1979 das Projekt startete: The Gesundheit! Institute.

»Wir wählten diesen Namen, weil er für Amerikaner komisch klingt, die Menschen zum Lachen bringt und somit für die Heilung öffnet, außerdem weil ›good health‹ eben Gesundheit bedeutet.«

Nach seiner Zulassung als Arzt hatte Patch sich seine Praxis im eigenen Wohnhaus eingerichtet, in dem er mit Freunden lebte und praktizierte. In der medizinischen Hauspraxis waren Spiel und geteilte Erfahrungen ebenso wichtig wie medizinische Behandlungen. Den Patienten wurden keine Rechnungen gestellt, und es wurden auch keine Zahlungen der Krankenkassen angenommen. Es gab keine Versicherungen gegen Kunstfehler. Alternative Behandlungsmethoden wie Akupunktur, Homöopathie, Chiropraktik und Naturheilkunde nutzten sie ebenso wie die Schulmedizin.

»Während dieser zwölf Jahre entdeckten wir, dass die meisten Patienten in ihrem Leben weitaus mehr brauchten als Medikamente. Ihre Gesundheit schien mit ihrer individuellen Wahrnehmung von Lebensqualität eng verflochten zu sein. Oft war es ihre Unzufriedenheit mit der Arbeit, der Familie oder mit sich selbst, die eine ›Heilung‹ oder Verbesserung der Gesundheit ständig verhinderte. Es erschien uns dringend notwendig, zu verstehen, wie diese Tragödien vermieden werden konnten. Wir wollten uns dem Gesundheitsproblem jedes einzelnen Menschen erfolgreich zuwenden. Üblicherweise gehören diese Fragen in die Fachgebiete der Philosophie, der Psychologie, der Künste und der Religion, also haben wir uns mit jedem dieser Fächer ausführlich befasst.«

Um aber das endgültige Ziel, ein Hospital für freie Gesundheitsfürsorge, einrichten zu können, musste sich Patch Adams auch um die Beschaffung finanzieller Mittel kümmern. Bis dahin hatten sie sich niemals um Werbung oder Medienbekanntheit bemüht; sie waren ganz von selbst bekannt geworden und hatten durch Mundpropaganda stets neue Patienten gefunden. Außerdem stand Patch der Werbung skeptisch gegenüber. Er war sehr idealistisch und hatte Sorge, dass aus seiner Vision ein Produkt werden könnte. Dennoch waren es die Werbung und erste Zeitungsartikel, die das Gesundheit! Institute der breiten Masse bekannt machten und die Beschaffung von Geldern ermöglichten. Als Patch Adams dann selbst Vorträge und Seminare über seine Philosophie des Heilens hielt, kam die Sache so richtig in Gang. Offenbar wurden wesentliche Aspekte der Gesundheitsfürsorge bei den üblichen medizinischen Konferenzen gar nicht angesprochen. Patch traf mit seiner Thematik genau die Bedürfnisse der Menschen. Dann fing er damit an, seinen Vorträgen Clownerien und Parodien anzuhängen, und entwickelte schließlich eine Show über das magische Elixier des Lebens. Diese Show wurde zur besten Werbung für das Wohlbefinden, und sie beschrieb gleichzeitig ausgezeichnet, worum es beim Gesundheit! Institute ging.

Einmal sprach Patch Adams zwei Stunden vor Medizinstudenten in Boston. Nach dem Vortrag verbrachten er und sein Team einen halben Tag damit, einigen der Studenten alles über die »Arbeitsweisen eines verrückten Doktors« beizubringen. Sie halfen ihnen dabei, ein Kostüm zu entwerfen, und lehrten sie im Schulhof der elitären Medizinischen Hochschule von Harvard das Jonglieren, die Clownerie und den Seiltanz. Das war so erfolgreich, dass Patch Adams seit damals regelmäßig Workshops dazu anbot. Außerdem trat er mit seinen Humor-Shows überall in den USA auf und erhielt dafür Fördergelder, die er wiederum in den Bau des Hospitals stecken konnte. Durch seine Shows, die Überzeugung für seine Sache und den Spaß, den er überall verbreitete, wurde Patch Adams zu einem Medienereignis. Radio- und TV-Sender strahlten seine Botschaft aus, und er trat sogar in der Oprah-Winfrey-Show auf. Patch Adams wurde weltbekannt und reiste schließlich auch als Clown durch die Länder der ehemaligen Sowjetunion.

Ich lehnte mich zurück und blickte aus dem Fenster. Ich hatte gerade vierzig Seiten über das Leben und die Vision eines anderen Menschen gelesen und nicht bemerkt, wie schnell dabei die Zeit vergangen war. Die Geschichte von Patch Adams, ob als Film oder als Buch, erinnerte mich an die meines Großvaters. Patch Adams war zwar in relativem Wohlstand und nicht wie Charlie Chaplin in großer Armut aufgewachsen, doch auch Patchs Vater hatte sich nicht um ihn kümmern und kaum Gefühle zeigen können. Und ebenso wie der Vater von Charlie starb er, als sein Sohn noch sehr jung war.

Genauso wie Charlie Chaplin betrachtete Patch Adams gesellschaftliche Missstände kritisch und rebellierte dagegen. Die beiden arbeiteten mit verschiedenen Mitteln, Ansprüchen, in unterschiedlichen Bereichen und zu unterschiedlichen Zeiten. Doch eines verband sie: Sie glaubten an die Macht des Lachens und lebten dafür, andere Menschen zum Lachen zu bringen und damit die Welt zu einem besseren Ort zu machen.

Würde es mir gelingen, in ihre Fußstapfen zu treten? Ich beugte mich wieder über mein Buch und fand darin ein Kapitel über Humor und Heilung. Patch Adams sprach mir aus der Seele:

Humor ist ein Mittel gegen alle Krankheiten. Ich glaube, dass Spaß ebenso wichtig ist wie Liebe. Wenn Menschen gefragt werden, was ihnen am Leben gefällt, beschreiben sie in letzter Konsequenz das, was ihnen Spaß macht – ob das nun Autorennen fahren, Tanzen, Gartenpflege, Golfspiel oder Bücher schreiben ist. Philosophisch gesprochen bin ich überrascht, dass alle immer so ernst sind. Das Leben ist ein so großes Wunder, und es ist so schön, am Leben zu sein, dass ich mich frage, wie irgendein Mensch auch nur eine Minute verschwenden könnte?!

Jeder ... weiß, dass Lachen die beste Medizin ist. Norman Cousins schrieb in seinen späten Jahren eindrucksvoll darüber, wie er sich ›gesund gelacht‹ hat, als er an einer chronischen Krankheit litt. Die Erfahrung hatte eine so starke Wirkung auf ihn, dass er in fortgeschrittenem Alter noch den Beruf wechselte, um diese Information in die Medizin einzubringen. Für Sigmund Freud war der Witz anscheinend wichtig genug, dass er über dieses Thema ein eigenes Buch schrieb. Doch es ist gar nicht nötig, dass uns Fachleute etwas über die Anziehungskraft des Humors erzählen. Unsere Einsicht ist groß genug, um von einem lustigen Menschen zu sagen, dass er ›Leben in die Bude bringt‹.

Humor wurde durch die gesamte Geschichte der Medizin, von Hippokrates bis hin zu Sir William Osler, als gesundheitsförderndes Mittel stark angepriesen. Als die Wissenschaft die Medizin zu beherrschen begann, wurden subjektive Behandlungsmethoden wie Liebe, Vertrauen und Humor auf den Rücksitz verfrachtet, weil es schwierig war, ihren objektiven Wert zu untersuchen. Es erstaunt mich immer wieder, dass Menschen das Bedürfnis haben, etwas Offensichtliches zu beweisen. Wenn individuelle Personen oder Gruppen befragt werden, was für das Wohlbefinden am wichtigsten ist, steht Humor stets als Erstes auf der Liste, sogar noch vor Liebe und Vertrauen, von denen viele Menschen das Gefühl haben, *sie hätten bei ihnen versagt. Selten wird bestritten, dass ein guter Sinn für Humor lebenswichtig für eine erfolgreiche Ehe ist. Alle öffentlichen Redner sind sich darüber klar, dass Humor ein wirksames rhetorisches Mittel ist, um Aufmerksamkeit auf das Gesagte zu lenken.*

Menschen sehnen sich nach Lachen, als ob es eine essentielle Aminosäure wäre. Wenn uns das Weh der Existenz ergreift, suchen wir vordringlich durch Komik Erleichterung. Je mehr Emotionen wir in eine Angelegenheit investieren, desto heftiger ist gebundene Energie für schallendes Gelächter in der Anlage vorhanden. Sex, Ehe, Vorurteile und Politik liefern ein endloses Reservoir humoristischer Ideen, und trotzdem wird Humor in der Welt der Erwachsenen geleugnet. Beinahe überall in der Geschäftswelt, der Religion, der Medizin und der akademischen Welt ist der Humor degeneriert und wird sogar verdammt – abgesehen von Ansprachen und Anekdoten. Die Betonung liegt auf Seriosität, und es wird stillschweigend vorausgesetzt, dass Humor nicht dazu passt. Die Gesundheitserziehung bemüht sich kaum, die Tugend der Leichtigkeit zu erschließen. Im Gegenteil, Krankenhäuser sind bekannt für ihre melancholische Atmosphäre. Obwohl Angehörige des Krankenhauspersonals untereinander vielleicht gerne kameradschaftliche Freude teilen, scheint bei den Patienten ihr Ziel zu sein, Leiden mit Leiden zu bekämpfen. ...

Doch ich bestehe immer noch darauf, dass Humor und Spaß (Letzteres ist angewandter Humor) gemeinsam mit Liebe als gleichberechtigte Partner zu den entscheidenden Zutaten eines gesunden Lebens gehören.

... Ich bin zu der Überzeugung gekommen, dass Humor lebenswichtig für die Heilung von individuellen, kommunalen und gesellschaftlichen Problemen ist.

LACHEN – DIE STÄRKSTE MEDIZIN DER WELT

Ich untersuche die positiven Aspekte des Lachens auf Körper, Geist und unsere Arbeitswelt. Dafür reise ich nach München und stärke mich zuerst mit einem unglaublich fröhlichen Essen. Dann besuche ich einen Vortrag des Humorexperten Roman Szeliga, der nicht nur Arzt, sondern auch der erste CliniClown Europas ist.

Einmal lachen hilft besser,
als dreimal Medizin zu nehmen.

CHINESISCHE WEISHEIT

NORMAN COUSINS ENTDECKT
DAS WUNDERMITTEL LACHEN

»Ich habe keine guten Nachrichten für dich. Deine Chance, diese Krankheit zu überleben, ist eins zu 500.«

Dies war die vernichtende Prognose, die dem US-Wissenschaftsjournalisten Norman Cousins von seinem Arzt Dr. William Hitzig gestellt wurde.

»Du leidest an einer nicht heilbaren Wirbelsäulenentzündung. Das Bindegewebe in deinem Rückgrat löst sich dadurch praktisch auf«, fuhr sein Arzt, mit dem er seit zwanzig Jahren befreundet war, fort. »In unserem Krankenhaus ist kein Fall bekannt, der je geheilt werden konnte. Diese Krankheit bricht hauptsächlich nach Schwermetallvergiftungen oder nach einer Streptokokken-Infektion aus. Ich habe zahlreiche Spezialisten in New York kontaktiert, die die Diagnose bestätigt haben. Du musst ab sofort zur Behandlung hier bleiben!«

Norman Cousins litt seit Tagen an Schwindelanfällen, Fieber und Schmerzen, als er seinen Arzt aufsuchte. Nach dieser Diagnose und der schlechten Prognose war er am Boden zerstört. Schon nach kurzer Zeit wurden seine Schmerzen unerträglich, seine Beweglichkeit verringerte sich täglich. Er konnte sich im Bett kaum allein umdrehen und seine Arme nicht mehr heben. Das Genick wurde steif, er konnte seinen Kopf nicht mehr zur Seite drehen, selbst seinen Kiefer vermochte er nur mehr unter größter Anstrengung zu öffnen. Es war ein Zustand absoluter Hoffnungslosigkeit.

Als renommierter Wissenschaftsjournalist, der sich seit vielen Jahren mit medizinischen Studien beschäftigte, war er sich im Klaren, wohin dieser Albtraum führen würde. Sein Körper würde langsam zerfallen. Unerträgliche Schmerzen und Lähmungserscheinungen am ganzen Körper würden ihn bis zum bitteren Ende begleiten. Da erinnerte er sich an seinen Besuch bei dem Friedensnobelpreisträger Dr. Albert Schweitzer in Lambarene, Gabun. Dr. Schweitzer hatte damals Humor als »wichtigstes Lebensmittel« in seinem Hospital bezeichnet. Er hatte auch die Arbeit von »Buschdoktoren«, Medizinmännern und Heilern in den Dörfern geschätzt und berichtet, dass sie mit ihren Methoden ebenfalls Patienten geheilt oder zumindest deren Zustand verbessert hätten.

Norman Cousins fühlte sich körperlich zwar erbärmlich, aber sein Kampfgeist und Lebenswille waren ungebrochen. Wenn ihm die Schulmedizin keine Hoffnung geben konnte, musste er etwas anderes finden. Er setzte auf seine Tugenden als erfolgreicher Journalist: scharfe Beobachtungsgabe, Neugier, Intuition und Risikobereitschaft.

Da er nichts mehr zu verlieren hatte, brach er die ärztliche Behandlung ab und begann ein außergewöhnliches Experiment der Selbstheilung, das dazu führte, dass er wieder völlig beschwerdefrei und gesund wurde. Am Ende stand für ihn die Erkenntnis, dass Heilung im Grunde nichts anderes ist, als Selbstheilung durch die immens starken Kräfte, die jeder Mensch aktivieren kann. Norman Cousins therapierte sich selbst durch Lachen! Sein Buch *Der Arzt in uns selbst* (1979) wurde zum Bestseller und markiert eine Wegscheide in der Geschichte der modernen Medizin.

Norman Cousins war überzeugt davon, dass negative Gefühle, Stress, Depression, Einsamkeit, Trauer, Wut, Ärger unser Immunsystem nachhaltig schwächen und so zu schweren Erkrankungen führen können. Zahlreiche Studien der modernen Lachforschung bestätigten, dass Lachen, Humor und positive Emotionen unglaubliche Kräfte im menschlichen Körper freisetzen, mit denen selbst schwere Erkrankungen zu therapieren sind. Diese Selbstheilungskräfte ergänzen die Leistungen der Schulmedizin enorm und sollten für uns alle zugänglich und aktivierbar sein.

»BIST DU HUNGRIG, DANN SINGE! SCHMERZT DICH ETWAS, DANN LACHE!«

Norman Cousins' Geschichte demonstriert die unglaubliche Kraft, die das Lachen hat. Seit ich mich mit dem Thema so intensiv auseinandersetzte und an diesem Buch arbeitete, war ich wie von selbst auf zahlreiche Informationen und Artikel zum Thema Lachen und Gesundheit gestoßen. Zeitungen, Zeitschriften und Internetblogs berichteten über die positiven Auswirkungen von Lachen, Heiterkeit und Humor. Ich hatte aber auch – wie schon erwähnt – mein Redaktionsteam gebeten, nach Ärzten, Therapeuten und Wissenschaftlern zu suchen, die Experten für dieses Thema sind. So erfuhr ich, dass es nicht weniger als 2500 renommierte Psychologen, Immunologen, Neurologen, Stressexperten usw. gibt, die weltweit auf dem Gebiet der Humor- und Lachforschung arbeiten. Nach der bahnbrechenden Entdeckung von Norman Cousins hatte sich eine eigene Wissenschaftsdisziplin etabliert, die sich mit dem Lachen beschäftigt: Die sogenannte Gelotologie. Sie kann mittlerweile messbare und meist eindeutige Ergebnisse vorweisen. Berühmte Universitäten in Europa, in den USA und auch in Asien veröffentlichen regelmäßig neue Studien, die zeigen, dass Humor und Lachen noch mehr Positives in unserem Körper und in unserer Psyche bewirkten als uns bisher bekannt und bewusst war.

Beim Lesen der hundert Geschichten, die täglich bei mir eintrudelten, wurde mir langsam bewusst, dass ich den Rahmen meines Buches sprengen würde, wenn ich auch nur die Hälfte von diesen Geschichten einbauen würde. Tatsächlich hätte ich ein weiteres Buch über Lachen und körperliche und seelische Gesundheit, Heilung und Prävention, eines über den sozialen Nutzen von Lachen und eines über Ernährung schreiben können.

Denn auch das, was wir essen, bestimmt das Gemüt. Ob wir Essen als lustvoll erleben und es uns glücklich und fröhlich macht, hängt zwar stark vom subjektiven Empfinden und von Erinnerungen ab. Dennoch gibt es offenbar eine Vielzahl von Lebensmitteln mit einem geringeren oder höheren Anteil an besonderen Inhaltsstoffen, welche zur guten Laune beitragen können. Das Stichwort ›Mood Food‹ beschreibt zahlreiche Lebensmittel, die zur guten Laune beitragen: Chili, Ingwer, Beeren, Vanille, Fisch, und nicht zuletzt Bananen und Schokolade. Welche Lebensmittel welche Inhaltsstoffe liefern, die dann im Körper zu bestimmten Botenstoffen umgeformt werden, die uns lustig, fröhlich und glücklich machen, ist eine eigene Wissenschaft, in der sich alles um Aminosäuren, Neurotransmitter und Serotonin dreht. Mir wurde ob der vielen Informationen schwindlig, und ich dachte, dass ich mal eine Pause einlegen und mir eine lustige Szene aus einem meiner Lieblingsfilme ansehen müsste.

Natürlich fiel meine Wahl auf den Chaplin-Film, in dem Essen ein zentrales Motiv darstellt: In *Goldrausch* von 1925 schickt mein Großvater den Tramp ins Alaska von 1898, wo gerade das Goldfieber ausgebrochen ist. Als der Tramp gemeinsam mit einem anderen Goldsucher wegen eines Schneesturms in einer Hütte eingesperrt ist, macht der Hunger die beiden fast wahnsinnig.

Um etwas in den Magen zu bekommen, probiert der Tramp wortwörtlich zuerst eine Kerze und kocht schließlich einen seiner überdimensional großen Schuhe in einem riesigen Topf. Liebevoll richtet er ihn an und filetiert ihn, als sei er ein deli-

kater Fisch. Während sein Kumpan mit dem ärgsten Wider-
willen in den Schuh beißt, isst der Tramp mit so viel Würde,
als sei er in einem vornehmen Restaurant. Konzentriert wi-
ckelt er sein Schuhband mit der Gabel auf und verspeist es
wie köstliche Spaghetti. Leider hält die Sättigung nicht lange
an, der Hunger macht sich wieder breit und führt bei Charlies
Kumpan zu einer Halluzination: In seinen Augen verwandelt
sich der Tramp in ein überdimensional großes Huhn, das es
zu erlegen gilt.

Ich lachte schallend über die Angst in den Augen des
Tramps, der nicht wusste, wie ihm geschah, und der vor seinem Kumpan flüchten musste. Ich lachte darüber, wie er sich
bewegte, nämlich tatsächlich wie ein Huhn, und im Zwei-
kampf mit seinem Kumpan wirkte er hoffnungslos unterlegen.
Zum Glück erscheint im richtigen Moment ein riesiger Bär in
der Hütte, den der Tramp erlegen kann, sodass die beiden vor
dem Hungerwahnsinn gerettet sind.

Der Lachreflex hat, wie ich mittlerweile weiß, biologisch gesehen keinen anderen Nutzen, als uns vorübergehend vom
Stress zu erlösen. Doch das Lachen hat so viele positive Nebenwirkungen, dass es einem Wundermittel gleicht. Ich hatte
es oben schon erwähnt, doch ich wiederhole es, weil es so
wichtig ist: Lachen stärkt das Immunsystem und schützt somit vor Erkältung, vor Diabetes und vor Krebs. Es senkt den
Blutdruck, fördert die Verdauung und verbessert die Lungenfunktion. Es stillt den Schmerz, vertreibt den Stress und bringt
den ultimativen Glückskick. Es verbessert den Sex, hält fit
und ist alles in allem die beste Anti-Aging-Methode. Es min-
dert Aggressionen und verbindet mit anderen Menschen.

Lachen ist die beste Medizin der Welt – und die günstigste dazu.

»Bist du hungrig, dann singe! Schmerzt dich etwas, dann lache!«, lautet ein altes jüdisches Sprichwort. Eine chinesische Weisheit sagt, dass einmal lachen besser hilft als dreimal Medizin zu nehmen. Und schon Aristoteles wusste, dass »das Lachen von großem Wert für die Gesundheit des Menschen« ist. Was der Volksmund also schon lange wusste, wird nun zunehmend wissenschaftlich bewiesen und findet Eingang in die Schulmedizin.

Ich beschloss einen Arzt zu konsultieren. Auch wenn er mir keine Dosis Lachen verschreiben konnte, so sollte er mir doch wenigstens erklären, wie das Wundermittel Lachen sich aus schulmedizinischer Sicht auf den Körper und auf den Umgang mit den Mitmenschen auswirkt. Mein Rechercheteam machte mich auf einen Experten aufmerksam, der nicht nur Facharzt für Innere Medizin, sondern auch ein Kommunikationsprofi in Sachen Humor ist: Dr. med. Roman F. Szeliga.

Er hatte nach seinem Medizinstudium an der Universität Wien die Ausbildung zum Facharzt für Innere Medizin gemacht und später als Healthcare-Direktor bei Johnson & Johnson Medical gearbeitet. Seit 2004 leitete er gemeinsam mit seiner Frau die Event- und Kommunikationsagentur Happy-&Ness. Er zählt zu den besten Rednern im deutschsprachigen Raum. In seinen Vorträgen geht es um Freude im Business, um wertvolle Impulse im Verkauf, Selbstmanagement und in der Führung von Mitarbeitern und dabei immer um Humor. Seine Erlebnisvorträge, die Humor zum Programm machen, wurden bisher von weit mehr als 50 000 Menschen besucht. Namhafte Unternehmen reißen sich um eine humorvolle Beratung von Dr. med. Roman F. Szeliga.

Als ich erfuhr, dass er 1991 beim Verein CliniClowns als

erster Krankenhausclown Europas gewirkt hatte, ging es mir nicht anders. Ich musste ihn unbedingt persönlich kennenlernen. Glücklicherweise schien es ihm ganz ähnlich zu gehen, als er von meinem Projekt erfuhr. Er lud mich zu einem seiner Vorträge in München ein, wo er für die Mitarbeiter eines großen Unternehmens einen Vortrag über Humor im Business halten sollte. Dr. Szeliga versprach, mich als Ehrengast in der ersten Reihe zu platzieren und mir im Anschluss an den Vortrag mit all seiner ärztlichen Kompetenz zur Seite zu stehen.

DAS GUTE-LAUNE-DINNER

»Laura, kannst du schon einen Tag früher nach München kommen?«, fragte mich Barbara am Telefon. Ihre Stimme klang aufgeregt. Ich überlegte kurz und antwortete: »Ja, warum denn?«

»Ich bin auf einen jungen, engagierten Koch gestoßen, der sich noch dazu super mit Ernährungswissenschaften auskennt: Thomas Hofmann. Er weiß genau, welche Nahrungsmittel sich positiv auf die Stimmung auswirken, und kann erklären, warum. Ich habe ihm von dir, deinem Buchprojekt und deiner Kampagne erzählt. Er möchte dich unbedingt kennenlernen und für dich ein ›Gute-Laune-Menü‹ kochen. Ich habe uns schon eine Küche in einem Haus von Freunden in München organisiert«, erzählte Barbara begeistert.

»Das klingt ja großartig. Bist du auch dabei?«, wollte ich wissen.

»Er hat mir verraten, was er alles kochen könnte. Das lasse ich mir nicht entgehen!«, sagte Barbara.

»Wunderbar!«, rief ich, »aber bitte informiere Thomas, dass ich meinen eigenen Wein und Champagner aus der Schweiz mitbringe.«

»Deinen eigenen Wein?«, fragte Barbara.

»Ja, ich habe einen Freund, der ein kleines Weingut am Genfer See betreibt. Vor zwei Jahren hat er mich eingeladen, meinen eigenen Wein und Champagner zu kreieren. Ich habe ein Jahr lang in den Weingärten mitgearbeitet, bei der Ernte und bei der Produktion geholfen. Jede Woche war ich in der Kellerei und habe dazugelernt. Ich habe auch die Wein- und

Champagnerflaschen ausgesucht und die Etiketten für die Flaschen entworfen. Es hat unglaublich viel Spaß gemacht! Vielleicht werde ich noch eines Tages Winzerin mit meinem eigenen Weingut!«

»Wow, da bin ich aber gespannt!«, sagte Barbara.

Wir beschlossen, dass ich einen Tag früher nach München fahren und wir uns am Abend im Haus von Barbaras Freunden mit Thomas treffen würden. Also machte ich mich auf den Weg, und als ich in München mein Hotelzimmer bezogen hatte, fuhr ich zu der Adresse, die Barbara mir genannt hatte. Mein Weg führte mich am Schlosspark Nymphenburg vorbei. Ich stieg aus, spazierte durch schmale Straßen mit vielen Bäumen, vorbei an kleinen Villen, bis ich schließlich vor einem Gartentor stand, an dem ein Luftballon mit einem Smiley angebracht war. Barbara öffnete mir die Tür.

»Hallo, Laura, schön, dich zu sehen! Thomas steht seit Stunden in der Küche, oder vielleicht sogar seit Tagen!«, sagte sie zur Begrüßung und umarmte mich. Neugierig betrat ich die kleine Villa, die innen modern eingerichtet war.

»Meine Freunde, denen das Haus gehört, sind in Urlaub«, erklärte Barbara und fügte hinzu: »Folgen wir unserer Nase!«

Sie führte mich durchs Haus und öffnete schließlich die Tür zur Küche, in der sich ein junger Mann gerade die Hände an einem Geschirrtuch abtrocknete. Auf dem Kopf trug er eine klassische Kochmütze, die ein wenig unklassisch mit einem leuchtenden gelben Bommel verziert war.

»Guten Abend, ich bin Thomas, dein Gute-Laune-Koch!«, stellte er sich vor. Hinter ihm türmten sich auf einem Küchenblock mehrere leere sowie bereits mit duftenden Zutaten gefüllte Töpfe, Pfannen und Schüsseln.

»Hallo, ich bin Laura. Es riecht toll hier!«, meinte ich und schüttelte Thomas die Hand.

»Ich hab schon alles für unser Essen vorbereitet. Ich hoffe, du hast ein wenig Hunger mitgebracht?«, fragte er.

»Nicht nur Hunger, sondern auch Durst. Und wie versprochen etwas zu trinken!«, meinte ich und hielt den beiden meine Kühltasche entgegen, die zwei Flaschen Wein und eine Flasche Champagner enthielt. Ich überreichte Thomas zuerst den Champagner.

»Wow, großartig, das hast du selbst designt, oder?«, sagte Thomas und betrachtete die Etiketten.

»Laura zeichnet und malt seit ihrer Kindheit!«, erläuterte Barbara.

»Super! Ich koche seit meiner Kindheit!«, lachte Thomas.

»Wirklich?«, sagte ich.

»Ja, als ich noch in die Volksschule gegangen bin, habe ich schon verschiedene Pasta-Variationen ausprobiert. Ich habe meiner Mutter nachgeeifert. Wenn ich von der Schule nach Hause gekommen bin, hat es nach Olivenöl, frischem Gemüse und nach Kräutern geduftet. Und am nächsten Tag roch es wie auf einem indischen Gewürzmarkt«, schwärmte Thomas.

»Ja, bei uns gab es auch immer tolles Essen. Mein Vater ist der beste Grillmeister aller Zeiten. Ich weiß nicht, wie er es macht, aber alles, was er auf den Grill wirft, wird einfach köstlich!«, meinte ich.

»Ja, Essen hat auch ganz stark mit der Erinnerung zu tun. Für mich bedeutet Essen an großen, voll beladenen Tischen mit vielen frohen Menschen zusammenzusitzen und zu feiern. Gemeinsames Essen ist pure Freude für mich! Mit der richtigen Gesellschaft schmeckt das Essen einfach doppelt so gut«, sagte Thomas und zwinkerte mir zu.

»Ich schlage vor, wir stoßen erst mal mit Lauras Champagner an!«, warf Barbara ein und stellte die Gläser bereit.

Thomas betrachtete noch einmal das Etikett der Flasche. Dann las er laut vor: »Étoiles Pétillantes, das heißt auf Deutsch doch prickelnde Sterne, ein toller Name für einen Champagner!«

»Naja, Champagner darf ich ihn eigentlich nicht nennen. Den Begriff haben die Franzosen als Marke geschützt. Aber wir haben ihn nach der Champagner-Methode produziert. Die Flaschen müssen regelmäßig gedreht und gerüttelt werden. Das habe ich selbst gemacht. Ich bin richtig stolz auf meine prickelnden Sterne.«

»Das sollte auf dem Etikett stehen: ›Handgerüttelt von Laura Chaplin‹. Das würde den Champagner noch besser und teurer machen!«, schlug Thomas lachend vor. Dann öffnete er behutsam die Flasche und füllte gekonnt unsere Gläser.

»Thomas, vielen Dank für die Einladung. Barbara, vielen Dank fürs Organisieren!«, sagte ich und hob mein Glas.

»Laura, vielen Dank fürs Kommen. Ich hoffe, es gelingt mir, dich heute mit purer Fröhlichkeit einzukochen. Auf die prickelnden Sterne und dein Buch!«, sagte Thomas, und wir stießen auf unseren »Gute-Laune-Abend« an. Barbara nahm einen großen Schluck, blickte mich mit funkelnden Augen an und trank gleich noch einmal. Sie prostete mir zu und wiederholte: »Auf die prickelnden Sterne!«, und fügte hinzu, »und dass dein Buch auch wie ein Stern am dunklen Abendhimmel leuchtet! Mhm, schmeckt das gut!«

»Alkohol wirkt sich übrigens grundsätzlich positiv auf den Gemütszustand aus. So wie bei allem kommt es hier aber auf die richtige Dosis an«, erklärte Thomas. »Aber nehmt doch einmal Platz!«

Wir setzten uns an den Tisch, der nicht nur festlich gedeckt, sondern auch mit bunten Smarties bestreut war.

»Ich habe Thomas verraten, dass du Süßigkeiten liebst!«, sagte Barbara.

»Ja, damit Essen richtig glücklich macht, muss man näm-
lich die Vorlieben seiner Gäste kennen!«, verriet uns Thomas.
»Es kann aber auch nicht schaden, den Koch zu kennen.
Erzähl doch noch etwas über dich!«, meinte ich.

»Sehr gerne«, sagte Thomas und erzählte: »Ich habe eigentlich gegen den Willen meiner Eltern beschlossen, Kochen zu
meinem Beruf zu machen, und eine Kochlehre in einem berühmten Restaurant gemacht. Aber in der Gastronomie geht
es manchmal alles andere als lustig zu. Es gibt genaue Regeln,
wie alles zu sein hat, und kaum Platz für Kreativität. Als Koch
tust du dein Bestes, um die Kunden zufriedenzustellen. Und
falls sie das Essen loben, kommt es oft nicht mal bei dir an.
Und es ist gar nicht leicht, die Kunden zufrieden zu machen.

Ich erinnere mich an eine Geschichte in einem Luxusres-
taurant. Dort gab es einen Stammgast, der immer Wiener
Schnitzel bestellte. Jedes Mal aufs Neue trug er dem Kellner
auf, der Küche auszurichten, dass das Wiener Schnitzel sehr
flach geklopft werden müsse, bevor es paniert wird. Ich war
damals noch ganz neu im Restaurant und habe mir die größte
Mühe gegeben, das Fleisch so flach wie möglich zu klopfen.
Als der Kellner mir sagte, dass der Gast mich persönlich sprechen will, habe ich gedacht, er will sich bei mir bedanken. Ich
bin also hinaus in die Gaststube gegangen, und als mich der
Gast erblickte, rief er so laut, dass es das ganze Lokal hören
konnte: ›Herr Koch, schließen Sie alle Fenster im Restaurant!
Das Schnitzel ist so dünn, dass es mir schon zweimal vom Teller geweht worden ist!‹ Die Gäste haben aufgeblickt, von mir
zum Stammgast und wieder zu mir und angefangen, gemeinsam mit dem Stammgast über mich zu lachen. Manche haben
sich nun ebenfalls über ihre Speisen lustig gemacht. Ich stand
schwitzend und mit hochrotem Gesicht mitten in der Gaststube und konnte einfach nicht glauben, dass sich die feinen

Gäste plötzlich in eine gehässige Meute verwandelt hatten. Es war peinlich, beschämend und auch ärgerlich. Schließlich habe ich mich wirklich bemüht, den Wunsch des Gastes zu erfüllen und das Essen so zuzubereiten, wie er es haben wollte!«

»Wie gemein!«, rief ich aus. »Ich hasse es, wenn man sich auf Kosten eines anderen Menschen lustig macht. Einen anderen zum Gespött zu machen, ihn oder sie vor allen anderen auszulachen, das lehne ich total ab. Mein Großvater hat sich niemals in seinen Filmen über schwächere Menschen lustig gemacht. Sondern nur über Diktatoren und Menschen, die sich unangemessen autoritär gegenüber Schwächeren verhalten haben. Hier sollte man Humor als Waffe einsetzen und nicht gegenüber Schwächeren. Ich habe das schon in meiner Schulzeit gehasst. Immer, wenn eine Gruppe von Mitschülern gemeinsam über eine nicht so beliebte Person hergefallen ist, habe ich nicht anders gekonnt, als dazwischen zu gehen und mich für die schwächere Person einzusetzen!«

»Mir geht es genauso. Also wenn Laura und ich damals im Lokal gewesen wären, wären wir aufgestanden und hätten Partei für dich ergriffen!«, sagte Barbara.

»Kennt ihr das Buch *Please Stop Laughing at Me*, ›Bitte lacht nicht über mich‹ von Jodee Blanco?«, fragte ich.

Barbara und Thomas schüttelten den Kopf, und ich erzählte ihnen von diesem bewegenden Buch der amerikanischen Autorin:

Als Kind war Jodee Blanco sehr schüchtern, die Schwächste in der Klasse und wurde verspottet, ausgelacht, gedemütigt und in den Schulpausen und auf dem Schulweg verprügelt. Die Lehrer wollten nicht sehen, wie sehr Jodee gemobbt wurde. Sie schämte sich für das, was ihr von den Mitschülern angetan wurde. Sie fürchtete sich und litt still vor sich hin. Schließlich wurde sie depressiv, und wann immer jemand in ihrer Nähe zu lachen begann, egal ob auf der Straße, im Bus oder im Supermarkt, dachte sie, dass über *sie* gelacht würde. Jedes Mal, wenn sie jemanden lachen hörte, empfand sie dies als Bedrohung ihres Selbstwertgefühls. Ihr Leben wurde zur Hölle.

Jodee Blancos Buch *Bitte lacht nicht über mich* ist ein Bestseller in den USA, und sie hält seither Vorträge an vielen amerikanischen Schulen, um Schüler, Lehrer und Eltern aufzuklären, nicht über Schwächere zu lachen oder diese zu mobben. Es gibt sogar ein Fachwort für die Angst davor, ausgelacht zu werden: Gelotophobie.

Auf der anderen Seite kann Humor aber auch als therapeutische Methode zur Heilung eingesetzt werden. Der Psychiater Viktor Frankl hat die Methode der sogenannten paradoxen Intention entwickelt: Der Therapeut überzeichnet während der Therapie die Angst des Patienten so sehr, dass sie ihm irreal und letztendlich komisch erscheint, sodass er selbst darüber lachen muss. Der Patient lernt nicht nur, der Angst ins Gesicht zu sehen, sondern auch ihr ins Gesicht zu lachen!

»Ich kenne sogar einen Therapeuten«, fügte ich hinzu, »der Angstpatienten nach der ›Charlie-Chaplin-Methode‹ behandelt. Seine Patienten, die unter Gelotophobie leiden, also Angst davor haben, ausgelacht zu werden, erhalten den Hut, den Spazierstock, das Schnauzbärtchen und die Schuhe des Tramps. Dann werden ihre Füße zusammengebunden. Sie dürfen verkleidet als Charlie Chaplin durch den Behandlungsraum watscheln und sich dabei selbst im Spiegel beobachten. Sie üben, bis sie sich sicher genug fühlen und treten dann vor anderen Patienten auf. Indem man sich selbst bewusst lächerlich macht und andere dazu bringt, über einen zu lachen, überwindet man Schritt für Schritt seine Angst, ausgelacht zu werden. Die Therapie ist übrigens sehr erfolgreich!«

Thomas und Barbara hatten aufmerksam zugehört und sahen mich nachdenklich an.

»Mein Erlebnis war zum Glück nicht so traumatisch wie die Schulzeit von Jodee Blanco«, sagte Thomas und fügte hinzu: »Aber ich sehe, du bist eine richtige Expertin zum Thema Lachen!«

»Danke, Thomas. Und du bist ein Experte, was Lebensmittel betrifft, die nicht nur gesund, sondern auch fröhlich machen!«, gab ich zurück.

»Unsere Lebensmittel sollen unsere Heilmittel sein und unsere Heilmittel unsere Lebensmittel«, zitierte Barbara den griechischen Arzt Hippokrates.

»Genau, zumindest ein angehender Experte«, sagte Thomas bescheiden. »Die Gastronomie allein war mir ehrlich gesagt etwas zu langweilig, und so habe ich beschlossen, Ernährungswissenschaften zu studieren und mich mit der Theorie des Essens und den damit zusammenhängenden Mechanismen in Körper und Geist auseinanderzusetzen. Dieses Wissen fließt natürlich in meinen persönlichen Kochstil ein. Während meines Studiums hat mich besonders interessiert, wie sich Nahrungsmittel und ihre Bestandteile auf unser körperliches und seelisches Wohlbefinden auswirken. Macht uns der Verzehr bestimmter Lebensmittel tatsächlich glücklicher? Macht sauer lustig? Hebt Schokolade die Stimmung? Sind Bananen wirklich besser als Sex?«

»Ja, das möchten wir auch wissen!«, sagte ich.

»Finden wir es heraus!«, sagte Thomas und stand auf, um uns den ersten Gang des ›Gute Laune‹-Menüs zu servieren.

»Meine Damen, beim ersten Gang handelt es sich um ein Avocado-Lachstatar auf buntem Blattsalat mit einer Wasabi-Balsamico-Reduktion«, sagte Thomas, als er die Teller vor uns auf den Tisch stellte, auf denen sich ein sanftes Aquarell aus verschiedenen Grüntönen mit lachsfarbenen Einsprengseln befand. Während wir uns die saftigen Lachs- und Avocado-Stückchen auf der Zunge zergehen ließen, sprach Thomas darüber, wie wichtig optische Reize und der Geruchssinn für ein beglückendes Essen sind.

»Das Wichtigste sind aber natürlich die Zutaten in der richtigen Kombination. Den ersten Gang habe ich nach dem Motto ›Omega 3 macht high‹ zusammengestellt«, sagte Thomas und fuhr fort:

»Lachs enthält nämlich, übrigens genauso wie auch Hering, Makrele und Sardinen, Omega-3-Fettsäuren in hohem Maß. Diese Fettsäuren sorgen laut wissenschaftlichen Erkenntnissen für eine korrekte Funktion der Neurotransmitter im Gehirn. Und diese Botenstoffe regulieren unsere Stimmung. Und zwar sehr zum Positiven. Die Speise enthält Geschmacksstoffe, die chemisch rezeptpflichtigen Medikamenten, sogenannten Stimmungsstabilisatoren ähneln. Das hat eine Studie aus Mexiko ergeben.«

»Das ist mir neu, Thomas, dass Fisch high macht!«, rief ich lachend. »Und wie ist das mit den Avocados?«

Er fuhr unbeirrt mit seinem Vortrag fort: »Auch die Avocado enthält wertvolle ungesättigte Fettsäuren, Tryptophan, Vitamin B und Folsäure, die in dieser Kombination in das stimmungsaufhellende Serotonin umgewandelt werden. Serotonin wird nicht ohne Grund als Glückshormon bezeichnet. Es kommt in unserem zentralen Nervensystem, im Nervensystem im Darm, im Herz-Kreislauf-System und in unserem Blut vor und kann dort nachgewiesen werden.«

»Darf ich fragen, warum der Salat so scharf gewürzt ist?«, fragte Barbara. »Ich esse sehr gern richtig scharf. Bin ich vielleicht deshalb immer so gut aufgelegt?«

»Das kann durchaus sein. Den Salat habe ich mit einer Wasabi-Balsamico-Reduktion gewürzt, denn scharf macht definitiv lustig! Warum, erkläre ich euch später, jetzt kümmere ich mich mal um den zweiten Gang. Lasst es euch schmecken!«, antwortete Thomas und stand auf.

Barbara und ich ließen uns Lachs und Avocado auf der Zunge zergehen, uns vom Wasabi in der Nase kitzeln und lächelten uns an. Ich war oft zum Essen eingeladen, aber noch nie hatte ein Koch beim Essen einen wissenschaftlichen Vortrag gehalten, wie sich Nahrungsmittel auf meinen Gemütszustand auswirken.

Während wir uns dem sanften »Omega-3-High« hingaben, füllte Thomas zwei Teller mit Suppe und garnierte sie mit Parmesanchips, die er frisch aus dem Ofen geholt hatte.

»Und hier kommt der zweite Gang: Eine fernöstliche Linsenschaumsuppe mit Belugalinsen und Parmesanchips«, sagte Thomas und servierte.

Mir stieg ein süßlich-säuerlicher Duft in die Nase, und noch bevor ich den ersten Löffel Suppe in den Mund schob, wusste ich, dass ich vor Begeisterung dahinschmelzen würde. Vorsichtig berührte ich den Linsenschaum mit der Zungenspitze und schlürfte ein wenig Suppe, die sich in meinem Gaumen ausbreitete und eine wahre Geschmacksexplosion auslöste.

»Mon Dieu, schmeckt diese Suppe gut«, sagte ich anerkennend.

Barbara, die sich mittlerweile ein weiteres Glas meiner »prickelnden Sterne« genehmigte, schien es ähnlich zu gehen.

»Ooooh, diese Liiiiiiiiiinsen sind mein Liiiiieblingsgericht«, stöhnte sie.

Thomas lachte übers ganze Gesicht und erklärte: »Dreifach hält besser, deshalb habe ich drei verschiedene Linsensorten für euch zusammengestellt: Rote Linsen, Belugalinsen und klassische Linsen aus Italien. Linsen enthalten Kohlenhydrate, Eisen, Vitamin B, Kalzium und Tryptophan, also so gut wie alles, was man braucht, um glücklich zu sein! Von Tryptophan habt ihr sicherlich schon gehört?«

»Tryptowas und wie?«, kicherte Barbara.

Thomas war wieder ganz in seinem ernährungswissenschaftlichen Element und fuhr fort: »Tryptophan ist eine essenzielle Aminosäure, ein Naturstoff, den der Körper nicht selbst produzieren kann und der daher über die Ernährung zugeführt werden muss.

Im menschlichen Körper wird sie in Serotonin umgewandelt. Je mehr Tryptophan im Blut ist, desto mehr kann im Gehirn zu Serotonin umgewandelt werden. Und Serotonin hebt die Stimmung, wie wir wissen. Es macht gute Laune und lässt uns öfter lächeln. Dieses Wohlfühlhormon oder auch Glückshormon wird direkt im Gehirn hergestellt, wohin das Tryptophan erst mal gelangen muss. Das geschieht über einen Anstieg von Insulin im Blut, was wiederum durch eine kohlenhydrathaltige Mahlzeit erreicht wird. Tryptophan findet sich in Kakao, Sojabohnen, Geflügel, Cashewkernen, Parmesan, Camembert, Fleisch, Fisch, Emmentaler und in Linsen. Parmesan enthält außerdem Tyrosin. Das ist eine weitere Aminosäure und der Ausgangsstoff für das Glückshormon Dopamin. Dopamin ist ein Angstbekämpfer und sorgt damit gleichzeitig für gute Laune. Es ist genauso wie das Tryptophan ein Neurotransmitter und ein Glückshormon.«

»Und dieser köstliche, süßlich-scharfe Geschmack, was hat es mit dem auf sich?«, wollte ich wissen.

»Zum Würzen habe ich außerdem noch eine besondere

Gewürzmischung aus Marokko verwendet: Ras el-Hanout, was so viel bedeutet wie ›der Chef des Ladens‹, weil die komplizierte Mischung vom Chef des Gewürzladens persönlich hergestellt wird. Sie enthält zum Beispiel Muskatnuss, Rosenknospen, Zimt, Anis, Chilischoten, Lavendelblüten, Ingwerwurzeln und vieles mehr. Eine echte Geschmacksbombe.«

»Allerdings!«, stimmten Barbara und ich zu und genossen lächelnd unsere Linsensuppe.

»Vor der Hauptspeise gibt es noch einen Zwischengang!«, verkündete Thomas und wollte hinter dem Herd verschwinden.

»Warte einen Augenblick!« rief ich. »Lass uns zuerst eine Flasche Rotwein öffnen.«

Thomas nickte und holte eine der beiden Rotweinflaschen aus meiner Tasche. Er blickte auf das Etikett und las vor: »Laura Chaplin – Grapes of Love! Die Trauben der Liebe«.

»Die Trauben der Liebe, großartig!«, jubelte Barbara neben mir, »Lachen und Lieben passt perfekt zusammen!«

Thomas nahm einen Korkenzieher, um die Flasche zu öffnen. »Der Korken ist ja sogar mit Wachs verschlossen«, staunte er, »wie bei den berühmten großen Weinen. Richtig professionell.«

»Naja, mein Wein soll den Menschen auch noch in dreißig Jahren schmecken. Ich dachte mir, wenn ich damit beginne, dann will ich alles perfekt machen. Also richtig gut, höchste Qualität«, erwiderte ich mit ein wenig Stolz.

»Das klingt nach deinem Großvater, der hat auch immer alles perfekt gemacht. Aber wieso hast du deinen Wein ›Die Trauben der Liebe‹ genannt?«, fragte Barbara, die immer alles genau wissen wollte.

»Nun, dazu gibt es eine sehr romantische Geschichte«, begann ich zu erzählen. »Eine Freundin aus Los Angeles hat mich damals in der Schweiz besucht. Sie ist übrigens auch Ernährungsexpertin und Tanzlehrerin. Sie gibt verschiedenen Schauspielern, von denen einige richtig bekannt sind, Tanzunterricht. Einmal habe ich sie und einen Schweizer Freund zu einer Kostprobe in unseren Weinkeller eingeladen. Den beiden hat nicht nur der Wein ausgezeichnet geschmeckt, sondern sie sind sich auch näher, also ziemlich nahe gekommen. Es hat so richtig gefunkt!

Sechs Monate später haben die beiden geheiratet und sind noch immer ein glückliches Paar. Meine Freunde haben dieses wundervolle Ereignis auf den Genuss meines Weins zurückgeführt und behaupten auch heute noch, dass sie, nachdem sie von dem ›Liebestrunk‹ gekostet hatten, ihre tiefe Zuneigung zueinander verspürt haben. So kam es dazu, dass ich meinen Wein ›Trauben der Liebe‹ genannt habe!«

Thomas hatte mittlerweile die Flasche geöffnet und dekantiert. Er stellte großbauchige Rotweingläser auf den Tisch und füllte die Gläser.

»Auf dich, Laura, auf Barbara, auf die Liebe, das Lachen!«, rief er heiter, und wir nahmen zugleich einen großen Schluck. Für einen Augenblick herrschte Stille.

»Oh Gott. Dieser Wein ist wahrlich ein Liebestropfen!«, seufzte Barbara.

»Deine Trauben der Liebe können wirklich etwas. Die kannst du auch in der Spitzengastronomie anbieten!«, lautete Thomas' anerkennender Kommentar.

»Aber jetzt, meine Damen, geht es weiter in der Menüfolge des ›Gute-Laune-Dinners‹: Beim nächsten Gang handelt es sich um die spektakuläre Pasta buffona!«

»Pasta buffona, hat das etwas mit dem Buffone, mit der

Clowngestalt aus der Commedia dell'Arte zu tun?«, fragte ich.

»Genau. Ihr kennt euch ja wirklich gut aus! Das Besondere an diesem Rezept ist, dass ich es gemeinsam mit einem Freund aus Italien entwickelt habe. Er ist genauso wie ich Koch, aber er ist auch Clown! Ich habe ihn damals in Venedig besucht, und wir haben gemeinsam allerlei Gutes gekocht. Dieses Gericht hat mir so gut geschmeckt, dass ich es nach ihm benannt habe: Pasta buffona!«

»Unglaublich! Und was verbirgt sich dahinter?«, wollte ich wissen.

»Also, es handelt sich um Ravioli mit einer Chashewnuss-Füllung. Die Cashewnuss ist nämlich die fröhlichste unter allen Nüssen: In kaum einem anderen Lebensmittel ist der Anteil an Tryptophan so hoch wie in Cashewkernen. Außerdem enthält die Cashewnuss Tyrosin und Vitamin B. So, ab damit in den Topf«, sagte Thomas und ließ die Ravioli sanft ins Wasser gleiten.

»Stopp, nicht so viel!«, riefen Barbara und ich wie aus einem Mund.

»Macht euch keine Sorgen, ihr schafft das schon. Zu den Ravioli gibt es nämlich einige Zitrusfrüchte: Grapefruit, Limette, Blutorange.«

»Stimmt es, Thomas, dass sauer lustig macht?«, fragte ich.

Thomas räusperte sich und meinte: »Es handelt sich hierbei schlichtweg um einen Übersetzungsfehler. Sauer macht nicht lustig, sondern gelüstig, das heißt, es macht Lust auf mehr, weil es die Verdauungssäfte anregt! Es ist also der perfekte Zwischengang!

So, die Ravioli sind gleich so weit, ich richte schon mal die Zitrusfrüchte und ein wenig Mascarpone und Parmesan an. Als Garnierung gibt es noch ein wenig Rucola-Salat!«

»Es ist ja wie in einer Kochsendung!«, meinte Barbara begeistert.

»Nur viel besser, da wir es nicht nur sehen, sondern auch riechen und tatsächlich verkosten dürfen!«, rief ich.

»Allerdings!«, meinte Thomas und stellte uns einen Teller mit gerade so vielen Ravioli vor die Nase, wie wir verspeisen konnten.

Während ich mir mit den Zitrusfrüchten Appetit auf den nächsten Gang holte und sich die Fröhlichkeit der Cashewnuss in mir breitmachte, dachte ich bei mir, dass eine Kochsendung mit Zutaten und Gerichten, die fröhlich machten, gar keine schlechte Idee war. Man brauchte dazu nur so einen Spitzenkoch wie Thomas, der sich mit Ernährungswissenschaften auskannte, und einen, der nebenbei noch Clown war.

Barbara und ich lehnten uns zurück und beobachteten Thomas, der sich bereits um den nächsten Gang kümmerte.

»Laura, ich hab mich bei Barbara informiert, ob du Fleisch isst!«

»Ja, mittlerweile schon. Ich war sieben Jahre lang Vegetarierin. Ich liebe Tiere! Aber da ich unter Eisenmangel litt, habe ich wieder angefangen, Fleisch zu essen. Bei meinem Großvater war das übrigens ähnlich. Auch er wollte sich vegetarisch ernähren, hat es aber nicht durchgehalten. Dazu hat ihm Fleisch einfach zu gut geschmeckt. Mir schmeckt es ehrlich gesagt auch!«

»Aus ernährungswissenschaftlicher Sicht ist es für uns nicht nötig, jeden Tag ein ganzes Steak zu essen. Aber für den besonderen Anlass heute habe ich das Beste vom Besten vorbereitet. Deinem Großvater zu Ehren, der der beste Filmemacher, Schauspieler und Clown aller Zeiten war und dessen Filme bis heute so vielen Menschen gute Laune machen, nenne ich das Gericht: ›Rindsrouladen à la Charlie‹. Rindfleisch enthält nicht nur Tryptophan und Tyrosin, sondern auch Vitamin B, es ist also im Hinblick auf die gute Laune ein Wundermittel. Es ist das gesündeste Fleisch, das es gibt, in Maßen genossen natürlich, so wie alles«, erklärte uns Thomas.

»Mein Maß ist schon bald voll, aber es klingt unwiderstehlich«, stöhnte Barbara und hielt sich lächelnd den Bauch.

»Vielleicht sollten wir uns noch ein Glas Wein gönnen?«, schlug ich vor.

»Großartige Idee«, antwortete Barbara lachend und griff nach der Flasche Wein, um unsere leeren Gläser nachzufüllen. Während sie einschenkte, sang sie: »All you need is Love! Bam- Ba- Bam- Ba- Ram! All you need is Love! Love is all you need!«

»Love is all you need!«, stimmte ich ein, und wir stießen lachend an.

»Thomas, dein Menü zeigt Wirkung!«, stellte ich fest.

»Die tolle Gesellschaft, das gute Essen und der ausgezeichnete Wein! Schade, dass man Essen und Wein nicht streicheln kann!«, rief Barbara und fügte leise hinzu: »Das mit dem Wein ist aber nicht von mir, sondern von Kurt Tucholsky.«

»Was ist denn das für eine tolle Sauce? Das riecht ja unglaublich!«, sagte ich zu Thomas.

»Tja, als gelernter Koch muss ich dich doch ein wenig beeindrucken. Das ist die klassische französische Demi-glace-Sauce, selbstgemacht und für euch mit Steinpilzen abgeleitet und – so hoffe ich – bis zur Perfektion verfeinert«, sagte er.

Ich stand auf, ging zur Küche und sah Thomas über die Schulter, der aus einem weiteren Topf einen Löffel Kartoffelpüree schöpfte.

»Kartoffeln sind ebenfalls eine der besten Proteinquellen. Süßkartoffeln bestehen noch dazu aus vielen Nährstoffen, Eisen und Vitamin B6! Da haben Stimmungstiefs, Depressionen, Heißhunger und Trübsinn keine Chance! Und zu guter Letzt garnieren wir das Ganze noch mit Chili-Fäden. Chili enthält Capsaicin und löst einen scharfen Glücksflash aus. Der süße, kleine, sanfte Schmerzreiz führt zur Ausschüttung von Endorphinen. Während Wasabi und Meerrettich über die Atemwege wirken, geht beim Chili das Lachen direkt durch den Magen. So, seid ihr bereit?«

Thomas und ich setzten uns wieder an den Tisch zu Barbara, die schon beim ersten Bissen kicherte: »Es kribbelt so lustig, ich spüre schon, wie es wirkt!«

»Es erinnert mich an die Süßigkeiten, die ich als Kind so geliebt habe!«, rief ich aus, als ich das Prickeln auf meiner Zunge spürte und es sich langsam in meinem ganzen Körper ausbreitete. Die leichte Schärfe war tatsächlich ziemlich anregend und brachte uns gemeinsam mit dem ausgezeichneten Fleisch und einigen weiteren Schlucken der »Grapes of Love« in eine ausgelassene Stimmung.

Nachdem wir den Hauptgang verspeist hatten, lehnten Barbara und ich uns zurück und sahen Thomas erwartungsvoll an.

»Ich hoffe, ihr habt noch Platz für den krönenden Abschluss des ›Gute-Laune-Menüs‹?«, sagte er und räumte unsere Teller ab.

»Was gibt es denn?«, wollte ich wissen.

»Zum Dessert möchte ich euch eine kulinarische Lachbombe servieren«, kündigte Thomas sein letztes Kunstwerk an. »Es handelt sich dabei um Bananen à la Josphine Baker!«

»Oooooh! Waaaas?«, machten Barbara und ich.

»Josephine Baker war eine geniale US-französische Sängerin, die in der Zwischenkriegszeit ganz Europa im wahrsten Sinne des Wortes auf die Palme gebracht hatte! Und zwar mit ihrem Bananentanz! Der war für damalige Zeit natürlich ein Skandal, denn Bananen haben ihrer Form wegen immer die erotischen Phantasien der Menschen angeregt und gelten seit dem Altertum als Symbol für das männliche Geschlecht«, erzählte Thomas.

Barbara und ich brachen in schallendes Gelächter aus und riefen uns gegenseitig Bilder von Josephine Baker in Erinnerung, die nur mit einem Röckchen bekleidet, von dem Papp-Bananen zappelten, den Charleston tanzte.

»Bei der Recherche für unser ›Gute-Laune-Dinner‹ bin ich auf einen interessanten Artikel zu Josephine Baker und ihrem Bananentanz gestoßen: Im Jahr 1929 haben die Münchner Behörden einen ihrer Auftritte wegen einer zu erwartenden ›Verletzung des öffentlichen Anstands‹ verboten. Es gibt dazu sogar eine Karikatur in einem Satire-Blatt, in der ein Gendarm und ein Geistlicher hinter Baker herlaufen. Aber nicht nur die Bayern waren so bieder, auch in Wien gab es zu dieser Zeit eine Nazi-Demo gegen ihren Auftritt, und die katholische Kirche hat sogar Sondergottesdienste anberaumt, ›als Buße für schwere Verstöße gegen die Moral, begangen von Josephine Baker‹.«

»Es ist aus heutiger Sicht zum Lachen, aber gleichzeitig wieder sehr ernst«, sagte ich.

»Ich dachte, das passt zu Charlie Chaplin und auch zu deiner Mission, Laura! Außerdem zählen Bananen zu den gesündesten Lebensmitteln, die es gibt«, begann Thomas seine Hommage an die Banane.

»Bananen sind auf der ganzen Welt beliebt. Es gibt tatsächlich mehr als 400 verschiedene Sorten in vielen verschiedenen Farben, gelbe, rote, weiße und sogar pinkfarbene. Ich habe einmal aus Interesse gegoogelt und 7000 verschiedene Bananenrezepte gefunden. Aber keine Sorge, für euch beide habe ich nur drei vorbereitet: Dreierlei von der Banane mit dunkler Schokoladensauce und Erdbeeren«, verkündete Thomas.

Er stellte sich hinter den Küchenblock und arrangierte die drei Bananengerichte auf den Tellern: Bananen-Erdbeer-Crumble, Bananeneis und Banane im Tempurateig. Während Barbara und ich ihm mit sehnsüchtigen Augen zusahen, erklärte er: »Bananen sind die besten Energielieferanten, sie besitzen zahlreiche wichtige Vitamine, vor allem Vitamin C und Vitamin B, sie sind leicht und schnell verdaulich, reich an Kohlenhydraten und Einfachzucker. Deshalb essen Sportler, egal ob Tennisspieler, Fußballspieler oder Marathonläufer Bananen, um ihre Energie-Depots rasch zu füllen. Bananen versorgen den Körper für längere Zeit mit Energie. Bananen sind aber auch reich an Kalium und Magnesium und kräftigen damit eure Nerven, die Muskulatur und euer Herz. Kalium hilft auch bei Depressionen. Bananen gelten auch als Heilmittel. Sie helfen bei Darmbeschwerden, regeln den Stuhlgang und gleichen bei Durchfall verloren gegangene Salze und Spurenelemente aus, die der Organismus dringend braucht. Und sie helfen, die zwei Hormone Serotonin und Noradrenalin aufzubauen, die für unsere gute Laune und das Lachen verantwortlich sind. Es gibt kein Lebensmittel, das stärker, schneller und besser wirkt! So, und zur absoluten Krönung übergieße ich die Bananen mit …«

»Schokolade!!!!«, riefen Barbara und ich.

Thomas lachte, und während er die Schokoladensauce erwärmte, sagte er: »Schokolade ist zu Recht heiß begehrt, sie ist ein Glücksdopingmittel und hat Inhaltsstoffe wie das Tryptophan, die zu einem Glücksrausch führen können. Sie hat aber auch einen hohen Energie- und Zuckergehalt und trägt zur Serotoninbildung bei. Aber die entscheidende Wirkung der Schokolade ist die Befriedigung der Lust und der Genuss an der Gaumenfreude!«

Mit einer eleganten Bewegung ließ Thomas die dunkle

Schokolade über das Bananendessert laufen und brachte uns die Teller mit der Nachspeise, die nicht nur wunderbar aussah, sondern einfach umwerfend schmeckte.

»Thomas, wann dürfen wir wiederkommen?«, fragte Barbara.

»Oder können wir dich engagieren und mitnehmen?«, fragte ich.

»Du könntest für berühmte Leute oder auch für einen guten Zweck kochen. Und Laura kommt mit und sorgt für die gute Stimmung!«, schlug Barbara vor.

»Es freut mich, dass es euch so gut schmeckt«, sagte Thomas und überlegte. »Vielleicht könnte ich einen Snack kreieren, den man tatsächlich überallhin mitnehmen kann.«

»Super Idee!« sagte ich.

»Habt ihr übrigens gewusst, dass es eine Bananendiät aus Japan gibt? Sie wurde von Sumiko Watanabe, einer Pharmazeutin für Kräuterheilkunde, entwickelt. Man kann angeblich 13 Kilo in nur sechs Monaten verlieren, wenn man nur Bananen isst!«, sagte Barbara.

»Ja, da die Banane so reichhaltig ist, kann man sich tatsächlich eine Zeitlang nur von Bananen ernähren. Als Koch und Ernährungswissenschaftler würde ich von solchen einseitigen Diäten allerdings immer abraten«, erklärte Thomas.

»Ja, vielleicht sollte man es auch mit der Banane nicht übertreiben«, seufzte Barbara.

»Ja, aber was machen Menschen, die keinen eigenen Gute-Laune-Koch haben und vielleicht auch nicht die Zeit, um selbst stundenlang in der Küche zu stehen? Dein Menü mit den verschiedenen Gerichten, den besonderen Zutaten und den ernährungswissenschaftlichen Erklärungen ist großartig, Thomas. Aber gibt es vielleicht eine Möglichkeit, mit ähnlich fröhlich machenden Zutaten ein Menü zusammenzustellen, das jeder und jede ganz einfach und schnell bei sich zu Hause kochen kann?«, fragte ich.

Er überlegte kurz und versprach mir dann: »Ich kann dir ein ›Gute-Laune-Menü‹ zusammenstellen, das man selbst zubereiten kann!«

»Super, vielen Dank, Thomas!«, sagte ich und schob den letzten Löffel Bananeneis mit Schokolade in den Mund.

So lustig der Abend auch war, ich musste mich schließlich auf den Weg machen, um für mein Treffen mit Dr. Szeliga fit zu sein. Barbara blieb noch, um Thomas beim Aufräumen zu helfen, und ich setzte mich glücklich und zufrieden in ein Taxi, das mich zu meinem Hotel brachte.

MIT LACHEN ZUM ERFOLG

Als ich am nächsten Morgen erwachte, war ich bester Laune. Ich musste immer wieder lächeln, da mir Gesprächsfetzen des vergangenen Abends durch den Kopf schwirrten. Weil ich immer noch ziemlich satt war, aß ich zum Frühstück nur ein wenig Obst mit Nüssen und machte mich dann auf den Weg zum Vortrag von Dr. Roman Szeliga.

Es war ein wunderschöner sonniger Tag, und ich hatte noch genug Zeit, also beschloss ich ein Stück zu Fuß zu gehen. Auf meinem Weg schaute ich den Menschen ins Gesicht und merkte, dass viele mich anlächelten. Waren die Münchner besonders freundlich oder was war hier los? Als ich mein Spiegelbild in einem Schaufenster sah, stellte ich fest, dass ich es war, die heute mit einem besonders großen Lächeln auf den Lippen durch die Straßen ging, und dass dieses Lächeln wie ein Bumerang zu mir zurückkam.

Voller Freude lief ich auf das riesige Gebäude zu, in dem sich das renommierte Unternehmen befand, wo Dr. Roman Szeliga sprechen würde. Vor dem Eingang standen drei äußerst korrekt gekleidete Frauen, die rauchten und mir zunickten. Ich nickte höflich zurück. In dem Moment öffnete sich die Schiebetür und gab einen Blick auf eine riesige Empfangshalle frei, an deren Ende ich einen Schalter erkennen konnte, auf den ich zusteuerte. Meine Schritte hallten laut auf dem glänzenden Marmorboden, und ich fühlte mich fast ein wenig eingeschüchtert, als ich schließlich vor dem Empfangstresen stand.

»Guten Tag, ich bin Laura Chaplin, ich möchte zu dem Vortrag von Dr. Roman Szeliga«, sagte ich.

»Grüß Sie, Frau Chaplin. Wir haben Sie schon erwartet, herzlich willkommen! Hier habe ich ein Namensschildchen für Sie, bitteschön«, sagte die Dame höflich und überreichte mir ein Namensschild, das ich umhängte.

»Der Vortrag findet in unserem großen Saal im Dachgeschoss statt, am besten folgen sie den Damen dort hinten!«, fuhr sie fort und deutete auf die drei Damen, die sich gerade von der Eingangstür Richtung Aufzug bewegten.

»Vielen Dank!«, sagte ich und sprintete Richtung Aufzug, den mir eine der drei Damen freundlich aufhielt.

»Oh, wirken Sie auch beim Vortrag über Humor mit?«, fragte eine der Damen, als sie mein Namenskärtchen erblickte.

»Nein, ich höre diesmal nur zu!«, meinte ich.

»Mit ihrem Namen könnten Sie aber auch Vorträge über Humor halten, nicht wahr? Sind Sie mit Charlie Chaplin verwandt?«, fragte eine zweite der Damen.

»Ja, ich mache gerade eine Recherche und bin sehr gespannt auf den Vortrag von Dr. Roman Szeliga«, sagte ich.

»Oh, er ist großartig! Wir haben ja regelmäßig Vorträge und Fortbildungen, und manchmal fragt man sich schon, ob man die Zeit nicht besser mit seiner Arbeit verbringen würde. Aber von ihm sind wir hier alle große Fans«, erklärte mir die Dame.

»Immerhin ist er ja auch Arzt«, sagte die erste kichernd.

Der Aufzug hielt an, und wir befanden uns in einem prunkvollen Veranstaltungsraum, in dem ein entspannt fröhliches Stimmengemurmel zu hören war. Eine Mitarbeiterin begrüßte mich höflich und erklärte mir, dass in der ersten Reihe ein Sitzplatz für mich reserviert sei. Ich bedankte mich und ging durch die Reihen plaudernder Mitarbeiter hindurch zu meinem Stuhl. Als ich mich setzte, kam ein großer, gut aussehender Mann auf mich zu, der mir die Hand entgegenstreckte.

»Hallo, guten Tag. Ich bin Roman Szeliga, schön, dass Sie es geschafft haben!«, sagte er.

»Freut mich auch. Sagen Sie einfach Laura!«, sagte ich, während ich seine Hand schüttelte.

»Ich muss auf die Bühne, aber nachher bin ich ganz für dich da!«, sagte er.

Mittlerweile hatten sich die meisten Mitarbeiter niedergelassen, und es wurde langsam ruhig. Als Dr. Szeliga schließlich die Bühne betrat, applaudierte das Publikum heftig.

»Schönen guten Morgen, meine Damen und Herren. Ich freue mich, heute wieder bei Ihnen sein zu dürfen. Für alle, die mich noch nicht kennen, mein Name ist Roman Szeliga«, sagte er, drehte sich leicht zur Seite und fügte hinzu. »Ich bin Arzt«, wobei er die Augenbrauen hochzog und mich für einen Moment an den Tramp erinnerte. Im Publikum hinter mir wurde gekichert, als er fortfuhr:

»Es freut mich, dass Sie mich ein zweites Mal hierher nach München eingeladen haben. Es ist herrlich, Sie alle wiederzusehen und wiederzuerkennen. Da gibt's zum Beispiel die Gruppe der Streber. Die sitzen so, also leicht verkrampft. Im Gegensatz dazu die Gefangenen. Das sind die!«

Dr. Szeliga hatte sich hingesetzt, verschränkte die Arme und betrachtete sein Publikum äußerst kritisch. Dann fügte er hinzu: »Die hat meistens der Chef geschickt! Und dann gibt's – das sind mir die Liebsten – die Urlauber«, fuhr er fort und ließ sich in seinem Stuhl zurücksinken und streckte die Beine weit von sich.

»Und schauen Sie mal nach links und nach rechts, wer sitzt neben Ihnen?!«

Ich blickte mich ebenfalls um und sah viele Mitarbeiterinnen und Mitarbeiter, die ihre verschränkten Arme auseinanderzogen, sich aufrichteten oder zurückfallen ließen. Nicht nur ihre Körper, sondern auch ihre Gesichter kamen in Bewegung, sie lachten über sich selbst.

»Die meisten von Ihnen kennen sich wahrscheinlich. Viele von Ihnen sehen sich wohl täglich. Mir ist es aber wichtig, dass Sie im Rahmen dieses Vortrags mal so richtig Kontakt zueinander aufbauen. Drehen Sie sich doch alle mal nach links und fragen: Wie geht es Ihnen heute Morgen?«

Den Angestellten dieses Unternehmens ging es offenbar ziemlich gut, denn sie lachten laut oder leise durcheinander, fragten sich, wie es ihnen gehe, und lächelten sich gegenseitig zu.

»Meine Damen und Herren«, fuhr Dr. Roman Szeliga schließlich fort, »ich bin nach wie vor überzeugt davon, dass Humor eine unserer knappsten, aber wertvollsten Ressourcen ist und dass er als Erfolgsstrategie in jedem Unternehmen eingesetzt werden kann und soll. Für den unwahrscheinlichen Fall, dass Ihnen die Kernbotschaft meines Vortrags vom letzten Jahr doch entfallen sein sollte, möchte ich Sie Ihnen eingangs noch einmal vorstellen: Humor ist nie Ersatz für Kompetenz, aber er ist die beste Ergänzung dazu! Ich denke, Sie stimmen mir zu, sonst hätten Sie mich nicht schon wieder eingeladen. In diesem Sinne möchte ich Ihnen heute einige Ideen mitgeben, mit denen Sie Ihre Vorträge ein wenig aufpeppen können. Ich möchte Ihnen zeigen, wie Sie Ihre Präsentationen ein wenig anders gestalten können, und ich möchte Ihnen weitere Vorschläge unterbreiten, wie Sie den Umgang mit Ihren Kolleginnen und Kollegen, Ihren Vorgesetzten und Ihren Untergebenen mit ein wenig Humor noch weiter verbessern. Und falls Sie Arbeit doch nur als notwendiges Übel zum Geldverdienen sehen, möchte ich Ihnen die Worte von Mark Twain mit auf den Weg geben: ›Je mehr Vergnügen du an einer Arbeit hast, und je mehr du dieses Vergnügen mit anderen teilst, umso besser wird die Arbeit bezahlt‹.«

Nachdem Dr. Szeliga sein Publikum eine Stunde lang nicht nur mit Tipps, sondern auch mit äußerst anschaulichen Beispielen aus dem Arbeitsalltag der Geschäftswelt unterhalten und immer mehr zum Lachen gebracht hatte, wurde er zum Abschluss wieder ernst:

»Der Unternehmensberater und Schauspieler Charles W. Metcalfe, der so wie ich große Firmen berät und Humor-Seminar hält, sagte einmal in einem *Spiegel*-Interview über Spaß im Business: ›Das Elend kommt umsonst. Die Fähigkeit, sich zu freuen, muss entwickelt werden.‹ Ich stimme ihm zu, die Arbeitswelt ist hart, und alle stehen unter Druck. Doch Humor ist eine Möglichkeit, sich zu lockern und dem Tod durch Überarbeitung zu entkommen.

Den Großteil der Zeit, in der wir nicht schlafen, verbringen wir im Beruf. In dieser Zeit stehen wir im Kontakt mit anderen Menschen, die wir seit kurzem oder langem kennen und die unsere Mitarbeiter, Kollegen, Kunden oder Gäste sind. Wenn wir diesen Menschen mit Frust und mit Aggression entgegentreten, kommen der Frust und die Aggression gespiegelt zurück. Doch es geht auch anders: Wenn wir lächeln, offen und humorvoll sind, steckt das ebenso an. Genauso wie wir es heute hier erlebt haben. Haben Sie den Mut, humorvoll zu sein! Vielen Dank!«

Das Publikum applaudierte kräftig und lange, und jemand rief sogar »Zugabe!«

Als es wieder ein wenig leiser wurde, sagte Dr. Szeliga in seiner schelmischen Art: »Wenn Sie noch mehr Humor mit nach Hause nehmen wollen, würde mich das natürlich sehr freuen. *Zufällig* habe ich einige Bücher dabei, die Sie gleich bei meiner Mitarbeiterin erwerben können. Zur Auswahl stehen *Erst der Spaß, dann das Vergnügen – Mit einem Lachen zum Erfolg* – und mein neuestes Werk: *Frustschutzmittel. Wie sie es schaffen, alles halb so schlimm, aber doppelt so gut zu finden.* Vielen Dank!«

Schließlich kam Dr. Szeliga auf mich zu und erklärte mir, dass die Firma uns netterweise einen Besprechungsraum zur Verfügung gestellt habe, in dem wir uns in Ruhe unterhalten könnten. Wir bekamen sogar Kaffee serviert, mit dem wir uns stärkten.

»Das ist ja wirklich toll hier!«, sagte ich.

»Ja, ich habe schon mehrmals mit dieser Firma zusammengearbeitet. Sie bemühen sich wirklich um ein positives, humorvolles Klima unter den Mitarbeitern«, sagte Dr. Szeliga.

»Das ist ja nicht selbstverständlich, oder?«, fragte ich.

»Nein, leider nicht. Aber mittlerweile haben viele Unternehmen erkannt, wie negativ sich ein schlechtes und humorloses Arbeitsklima auf die Motivation der Mitarbeiter und ihre Arbeitsleistung auswirkt. Es macht sie seelisch und körperlich krank, oft bis zum Burnout. Es lohnt sich also für Unternehmen, in die Gesundheitsvorsorge ihrer Mitarbeiter zu investieren und Humor in den Arbeitsalltag zu bringen. Gemeinsames Lachen und Humor am Arbeitsplatz hat unglaublich viele Vorteile: Sie verstärken die Kreativität, die Energie und die Motivation der Mitarbeiter und Mitarbeiterinnen und erhöhen ihre Selbstsicherheit sowie emotionale Intelligenz. Sie tragen dazu bei, Konflikte zu lösen, erzeugen ein Zusammengehörigkeitsgefühl innerhalb des Teams, aber auch mit den Kunden. Lachen und Humor reduzieren den Stress am Arbeitsplatz und schaffen nachhaltig eine gute Atmosphäre. Humorvolle Menschen sind nicht nur gesünder, sondern auch leistungsfähiger, flexibler, kontaktfreudiger, kreativer und erfolgreicher. Es lohnt sich nicht nur für das Unternehmen, sondern auch für jeden Einzelnen, humorvoll zu sein: Wer seinen Tag humorvoll gestaltet, betreibt eine heitere Psychohygiene, kann Konflikte entschärfen, kommt leichter auf den Punkt und schult die Eindeutigkeit seines Ausdrucks. Die eigenen Humorressourcen zu entdecken und zu verstärken, ist eine der gewinnbringendsten Aufgaben und Ziele der sozialen Kompetenz. Leider lässt sich Humor nicht einfach per Rund-Mail oder per Hausordnung verordnen. Firmen können sich lediglich bemühen, ein Klima zu schaffen, in dem Menschen sich trauen, witzig, kreativ und humorsensibel zu sein. Mein Vortrag ist immer eine Anregung, er rüttelt die Leute ein wenig aus ihrer Business-Ernsthaftigkeit, er reißt sie aus ihrer Lethargie. Für mich ist es ein kleiner Erfolg, wenn ich die Leute im Publikum zum Lachen bringe. Für ein nachhaltiges humorvolles Klima braucht es dann eine gezielte Beratung.

Sogar der Deutsche Bundestag organisiert mittlerweile Trainings, damit Mitarbeiter Humortechniken erlernen und die Stimmung verbessert wird. Gute Unternehmer und Firmen, die es sich leisten können, beschäftigen sogar ›Feel-Good-Manager‹, die für gute Stimmung und die Motivation der Mitarbeiter in einer Firma verantwortlich sind. Vor allem junge erfolgreiche Firmen der New Economy und der Sportartikelindustrie wie Google oder Nike wissen das und setzen diese ›Feel-Good-Manager‹ sehr gekonnt ein. Sie haben die Aufgabe, sich darum zu kümmern, wie die Stimmung im Unternehmen täglich verbessert werden kann und wie und wen sie begeistern können.

Aber ich halte schon wieder Vorträge, entschuldige!«, brach Dr. Szeliga ab.

»Nein, es ist hochinteressant. Erzählen Sie mir doch bitte noch einiges von Ihren Erfahrungen!«, sagte ich und nahm einen Schluck Kaffee.

»Ich habe zahlreiche Unternehmen beraten, deren Manager gecoacht und erlebe dabei die verrücktesten Dinge. Interessant finde ich, dass es immer wieder Topmanager gibt, die darunter leiden, von ihren Mitarbeitern nicht gemocht zu werden. Sie kommen aber nicht auf die Idee, dass sie es selbst sind, die sich unbeliebt machen, indem sie ein schlechtes Arbeitsklima erzeugen. Eines der drastischen Beispiele ist, dass es heute Unternehmen gibt, in denen Mitarbeiter per Power-Point-Präsentation gekündigt werden. Das sieht dann so aus, dass das Management im Rahmen einer Power-Point-Präsentation der versammelten Belegschaft erklärt, wer im nächsten Jahr noch im Unternehmen arbeiten wird und von wem man sich trennen wird. Dabei wird jeder persönliche Kontakt gemieden. Dass man damit nur Angst und Misstrauen schürt und genau das Gegenteil von dem erreicht, was man will, nämlich Mitarbeiter zu motivieren, aus Freude und Überzeugung ihren Job zu machen, ist nur allzu gut verständlich. Einmal wurde ich tatsächlich angefragt, ob ich solche Kündigungen mit der richtigen Prise Humor verbessern könne. Das musste ich natürlich ablehnen, denn das ist für mich Tumor statt Humor. Prinzipiell gibt es leider noch immer viele Führungskräfte, die meinen, nur dann kompetent zu wirken, wenn sie ernst sind. Unnahbar, unbezwingbar, unfehlbar sind leider noch immer oft angestrebte Eigenschaften von Führungspersönlichkeiten. Der Chef, das humorlose Wesen, bremst aber in Wahrheit das Unternehmen, da die Arbeit den Mitarbeitern keinen Spaß macht. Hier versuche ich Bewusstsein bei Führungskräften zu schaffen, dass Humor sie nicht schwächer, sondern viel stärker macht. Immerhin ist es eine der besten gymnastischen Übungen, sich selbst auf den Arm zu nehmen.

Vor einiger Zeit habe ich einen deutschen Spitzenmanager beraten. Bei unserem ersten Gespräch klagte er mir sein Leid:

›Wenn ich mittags in unsere Kantine essen gehe, setzt sich kein Mitarbeiter zu mir. Wenn meine engsten Mitarbeiter gemeinsam einen Geburtstag feiern oder nach Dienstschluss noch auf ein Bier gehen, lädt mich niemand ein, mitzukommen.‹

Er saß mit trauriger Miene vor mir und sagte: ›Ich begreife es nicht. Ich habe doch immer alles für den Erfolg getan und bin ein Vorbild als erfolgreicher Chef.‹

Nach zwei Beratungsgesprächen wussten wir, wo das Problem lag: Der gute Mann hatte eine steile Karriere hinter sich. Auf seinem Weg nach oben waren ihm alle Mittel recht und Skrupel fremd. Mit seinem Ehrgeiz, seiner Gerissenheit und seiner olympiareifen Ellbogentechnik hatte er sich an die Spitze des Unternehmens, eines der größten deutschen DAX-Unternehmen, katapultiert. Die Mitarbeiter fürchteten ihn, aber seine Nähe oder Freundschaft suchte niemand. Er hatte nicht gelernt, mit seinen Mitarbeitern einen menschlichen und humorvollen Umgang zu pflegen, und sich dadurch selbst isoliert. Ehrlich gesagt kann man es seinen Mitarbeitern nicht verdenken, dass sie ihn gemieden haben.

Sie für gute Arbeit zu loben, hielt er für reine Zeitverschwendung. Gute Arbeit setzte er voraus, aber es wäre ihm nie eingefallen, ein Lob dafür auszusprechen. Mitarbeitern freundlich zu begegnen, ihnen seine Wertschätzung zu zeigen, hielt er für Schwäche. Humor, das war für ihn etwas, mit dem sich Karnevalsgesellschaften beschäftigen, und passte ganz und gar nicht in sein Unternehmen.

Einen Menschen wie ihn zu ändern, bedarf vieler kleiner, humorvoller Schritte. Er kann nicht von heute auf morgen menschlicher werden. Doch wo ein Wille ist, ist auch ein Weg. Und so lernte dieser Manager, sich bei den Mitarbeitern für ihre Arbeit zu bedanken, am Morgen die Leute mit einem freundlichen Lächeln zu begrüßen und sogar Komplimente zu machen. Vor kurzem hat er mir geschrieben und sich noch einmal bei mir bedankt. Seit er den Umgang mit seinen Mitarbeitern menschlich und humorvoll gestaltet hat, hat er nie wieder allein in der Kantine zu Mittag essen müssen!«

»Wow, das ist eine tolle Geschichte!«, sagte ich.

»Humor macht menschlicher. Aber nun erzähle mir bitte von deinem Projekt«, bat Dr. Szeliga.

ZU RISIKEN UND NEBENWIRKUNGEN
FRAGE ICH DEN ARZT MEINES VERTRAUENS

So erzählte ich Dr. Szeliga von meinem Plan, ein Buch über Lachen und Humor zu schreiben, das möglichst viele Menschen überall auf der Welt erreicht. Ich erzählte, wie sehr ich meinen Großvater schon immer bewundert hatte, dass ich mir nichts sehnlicher wünschte, als ihm darin nachzueifern, die Menschen zum Lachen zu bringen. Dass ich sie auch dazu animieren wolle, sich öfter anzulächeln.

Dr. Szeliga hörte mir aufmerksam zu und nickte zustimmend. Ich berichtete ihm auch von meinen Recherchen, von meiner Lektüre des Buchs von Patch Adams und von anderer Literatur zum Thema Lachen und Gesundheit sowie von meinen Besuchen der Theodora-Stiftung und der Kirche des Humors. Schließlich beendete ich meine Einführung mit der Begründung, warum ich heute hier war: »Und als ich erfahren habe, dass Sie der erste CliniClown Europas waren, wollte ich Sie unbedingt kennenlernen. Außerdem brauche ich dringend einen Arzt, der all die positiven Auswirkungen des Lachens auf den Körper, den Geist und das Sozialleben für mich zusammenfasst.«

Dr. Szeliga nickte und blickte mich dann etwas skeptisch an. Traute er mir etwa nicht zu, dass ich als junge Frau eine Bewegung in Gang setzen konnte, oder hatte ich etwas Falsches gesagt? War er so erschöpft von seinem Auftritt, dass ich ihn nicht interessierte? Er beugte sich langsam ein wenig nach vorn und legte den Kopf schief.

Hatte ich etwas im Gesicht?

»Achtung, nicht bewegen!«, rief er plötzlich und griff blitz-schnell hinter mein Ohr, zog die Hand zurück und legte ein kleines grünes, lachendes Stofftier vor uns auf den Tisch.

»Erwischt. Das ist nur ein Endorphinchen, keine Sorge, die sind harmlos!«, sagte er und lehnte sich zufrieden zurück, nahm eine weltmännische Pose ein, als habe er gerade ein wildes Tier erlegt und wolle seinen Erfolg herunterspielen.

Als ich Luft holen und weitersprechen wollte, schnellte er plötzlich wieder nach vorn, griff zu meinem Knie und zau-berte ein weiteres grünes Tierchen hervor.

»Diese Gute-Laune-Tierchen folgen mir überall hin. Ich werde sie einfach nicht mehr los! Ich glaube, sie vermehren sich in meinen Koffern. Sie sind wie gesagt harmlos, aber es ist mir peinlich, wenn sie plötzlich auf meine Gesprächspart-ner springen und auf ihnen herumturnen. Tut mir wirklich sehr leid«, sagte er mit ernstem Gesichtsausdruck.

Ich blickte meinen Gesprächspartner an, der seinen Endor-phinchen einen strengen Blick zuwarf.

»Pfff, ha ha ha!«, entfuhr es mir.

»Also, wenn du jetzt auch noch lachst, dann kann ich wirk-lich für nichts mehr garantieren! Sie lieben es, wenn man lacht«, sagte der Arzt, und auf einmal konnte ich mich nicht mehr zurückhalten. Ich hatte nicht damit gerechnet, dass dieser Hu-morexperte auch ein Zauberkünstler war. In der Art und Weise, wie er versuchte, seine Endorphinchen im Zaum zu halten und gleichzeitig möglichst weltmännisch zu wirken, erinnerte er mich an den Tramp, und so wie ich seit meiner Kindheit über den Tramp lachen musste, lachte ich nun über ihn.

»Jetzt kann ich nicht mehr aufhören!«, presste ich zwischen zwei Lachsalven hervor.

Dr. Szeliga nickte mitfühlend und meinte: »Weißt du, was gerade passiert?«

»Lachkrampf!«, stöhnte ich.

Er räusperte sich und sagte:

»Du wirfst den Kopf zurück, schließt die Augen und spannst deine Augenmuskeln an. Deine Nase legt sich in Falten, und die Nasenlöcher weiten sich. Dein Mund ist nach oben gezogen, er öffnet und weitet sich, und deine Stimmbänder sind in Schwingung. In diesem Moment dehnen sich deine Bronchien, und deine Lunge wird richtig gut durchlüftet. Und ob du es glaubst oder nicht, du presst gerade fast das gesamte Luftvolumen deiner Lunge heraus, und das stoßweise. Diese typischen stakkatoartigen Laute nennt man Lachen.«

Ich versuchte mich zu beruhigen und mich auf den Inhalt dessen zu konzentrieren, was Dr. Szeliga mir hier so fachmannisch erklärte, aber ich konnte einfach nicht mehr aufhören zu lachen.

»Dein Zygmaticus-Muskel kommt gerade voll zum Einsatz. Dieser sogenannte Lachmuskel spannt siebzehn verschiedene Gesichtsmuskeln an, wie du vielleicht merkst, darunter auch die Stirn- und die Schläfenmuskeln, die Muskeln des kleinen und großen Jochbeins, die Lippen und auch den Tränensack. Wenn du so weitermachst, kann es sein, dass eine Lachträne aus deinen Augen schießt«, fuhr Dr. Szeliga fort.

Je mehr ich mich bemühte, desto schlimmer wurde es. Als ich es fast geschafft hatte, zauberte er ein weiteres Endorphinchen hinter meinem rechten Ohr hervor. Ich brauchte noch eine halbe Minute, bis ich mich schließlich glücklich und ein wenig erschöpft zurückfallen ließ. Er warf einen Blick auf seine Uhr und meinte: »Gratuliere, du hast dein Leben gerade um mindestens zwanzig Minuten verlängert. Kennst du übrigens Chuck Norris?«

»Den Schauspieler?«, fragte ich erstaunt.

»Genau, der spielte immer den harten Kerl und war es offenbar auch. So hart, dass er keinen Honig isst, sondern Bienen kaut!«, sagte Dr. Szeliga und erklärte mir: »Seine Methoden der Kampfkunst waren so übertrieben, dass der US-Fernsehmoderator Conan O'Brian persiflierende ›Chuck-Norris-Fakten‹ in seine Sendung einbaute und damit eine eigene Gattung des Witzes begründete. Witze nach dem sogenannten Chuck-Norris-Prinzip: Chuck Norris hat als Kind auch Sandburgen gebaut – wir kennen sie heute als Pyramiden. Er hat bis unendlich gezählt, zwei Mal. Vor kurzem ist er leider gestorben«, meinte Dr. Szeliga und fügte nach einer Pause hinzu: »Aber es geht ihm mittlerweile schon wieder besser.«

»Ach, es tut so gut, zu lachen«, seufzte ich.

»Allerdings tut es gut. Lachen löst im Körper zunächst eine Art Stressreaktion aus. Kurzfristig erhöht sich deine Herzfrequenz, und dein Blutdruck steigt. Doch darauf folgt die Entspannung. Dein Herzschlag verlangsamt sich und verbleibt auf einem niedrigen Niveau. Die Muskulatur deiner Arterien entspannt sich, und das Gefäßvolumen ist erhöht. Vermutlich hast du deinen Blutdruck gerade längerfristig reduziert. Aber das ist dir alles jetzt nicht so wichtig, weil du voller Endorphine und Dopamin bist, du fühlst dich, als wärst du verliebt, als hättest du gerade wunderbaren Sex gehabt, oder eben, als hättest du gerade ausgiebig gelacht. Tatsächlich gleicht der biochemische Effekt von Dopamin dem von Kokain. Doch wenn du Kokain nimmst, verlernt dein Gehirn, wie es selbstständig Dopamin und Endorphine produzieren kann. Lachen hingegen trainiert dein Gehirn, selbst die Produktion dieser Glückshormone anzukurbeln. Was nicht heißt, dass man davon nicht süchtig werden kann.«

»Ich glaube, da bin ich gefährdet!«, sagte ich.

»Mach dir keine Sorgen. Die negativen Aspekte dieser Sucht halten sich nämlich in Grenzen. Genau genommen sind keine bekannt. Als Arzt kann ich dich nur auf die positiven Auswirkungen auf deinen Organismus hinweisen«, meinte Dr. Szeliga. »Die meisten Leute leiden ja nicht an Übergewicht, ihr Bauch ist einfach 3D. Aber dennoch ist im Sinne des allgemeinen Wohlbefindens ein regelmäßiges kleines Fitnesstraining mit anschließender Entspannung aus ärztlicher Sicht zu empfehlen. Das geht übrigens genauso, wie du es jetzt gerade machst: durch Lachen. Beim Lachen atmest du unbewusst sehr tief, und es kommt zu einem beschleunigten Austausch von verbrauchter und sauerstoffangereicherter Luft. Deine Lungenfunktion wird also enorm verbessert, das Gehirn bekommt eine Sauerstoffdusche, und auch dein Stoffwechsel wird angeregt. Wie du gemerkt hast, gerät beim Lachen dein gesamter Körper in Bewegung: Er schaukelt hin und her, und damit bewegt sich auch dein Zwerchfell auf und ab und massiert alle umliegenden Organe. Davon profitiert nicht zuletzt dein Darm.

Gesichtsmuskeln, Zwerchfell, Brust, Bauch und sogar dein Rücken sind beim Lachen beteiligt. Tatsächlich trainiert Lachen 240 von insgesamt 630 Körpermuskeln. Dabei werden Muskeln aktiviert, die nicht viel zu tun haben, wenn du traurig und ernst dreinschaust. Hierbei kann es sogar zu einem Lachmuskelkater kommen, der ist allerdings genauso wie die Endorphinchen hier vor uns vollkommen harmlos.«

Ich lächelte den drei Endorphinchen glücklich zu, während Dr. Szeliga fortfuhr: »Lachen ist nicht nur Fitness, sondern auch die natürlichste Form der Entspannung und die einfachste aller Entspannungsübungen: Die Skelettmuskeln, also jene Muskeln, die für die willkürlichen, aktiven Körperbewegungen zuständig sind, entspannen sich. Bei einem richtigen Lachkrampf, wie du ihn gerade hattest, kann es schon mal vorkommen, dass man die Kontrolle über einzelne Muskelpartien verliert, weil diese so entspannt sind. Zum Glück hast du ja auf dem Stuhl gesessen. Lachen ist jedenfalls Ausdruck vollkommener Spannungslösung und reiner Befreiung. Als Arzt dachte ich, dass du bei dem großen und ambitionierten Projekt, an dem du arbeitest, ein wenig Entspannung gebrauchen könntest.«

Ich nickte dankbar, und er fuhr fort:

»Also, ich habe ja Medizin studiert und weiß daher, dass das sogenannte (Beta-)Endorphin unter anderem in Notfallsituationen aktiviert wird. Wie eine Droge setzt es sich auf besonderen Rezeptoren fest, die die Übertragung von Schmerzsignalen blockieren, und sorgt auf diese Weise in unserem Körper für sofortige Schmerzstillung und Glück. Endorphin wird auch als körpereigenes Opiat bezeichnet, da es in der Wirkungsweise dem Opium und Morphin sehr nahesteht. Es sorgt auch dafür, dass Frauen eine Geburt ohne Schmerzmittel überstehen können. Beim Lachen wird reichlich Endorphin ausgeschüttet. Wenn ich nun mit dir – rein hypothetisch – einen Schmerztest durchführen würde, wäre dein Schmerzempfinden vermutlich herabgesetzt. Vor allem bei chronischen Schmerzen, Rheuma, Gelenks- und Muskelschmerzen und Verspannungen aller Art kann es Wunder wirken. Viele Schmerzen sind außerdem mit anhaltender Muskelanspannung verbunden. Beim Lachen kommt es, wie ich vorhin beschrieben habe, zu einer kurzzeitigen Anspannung und dauerhaften Entspannung der Skelettmuskulatur und damit zu einer Linderung der Schmerzen.

Nach einer Studie der Oxford-Universität von 2011 können fünfzehn Minuten Lachen die Schmerzempfindlichkeit erheblich verringern. Bei dieser Studie bekamen zwei Testgruppen während eines Schmerztests unterschiedliches Filmmaterial gezeigt. Die eine Gruppe sah die Fernsehübertragung eines Golfturniers. Die zweite Gruppe durfte sich zwar keinen Chaplin-Film, aber immerhin eine Folge von ›Mister Bean‹ ansehen. Die Testpersonen, die das Golfturnier verfolgt haben, stöhnten vor Schmerz. Aber die Teilnehmer der zweiten Gruppe, die denselben Schmerzen ausgesetzt waren, reagierten kaum darauf. Sie lachten über die verrückten Stories von Mister Bean und waren daher wesentlich weniger schmerzempfindlich. Weitere Tests, bei denen eine Gruppe ein ernstes Theaterstück und die andere eine Komödie besuchten, brachten die gleichen Ergebnisse. Und noch etwas haben die Wissenschaftler herausgefunden. Lachen in der Gruppe verstärkt die schmerzlindernde Wirkung ganz erheblich! Um es mit Groucho Marx zu sagen: ›Lachen ist wie Aspirin, es wirkt nur doppelt so schnell!‹«

»Wie ist das möglich?«, wollte ich wissen.

»Lachen hilft, die Blutinhaltsstoffe zu vermehren, die für die Immunabwehr verantwortlich sind. Dazu gehören die T-Lymphozyten und T-Helferzellen, die bei der Abwehr von Krebs und kardiovaskulären Krankheiten von Bedeutung sind. Außerdem vermehrt Lachen die natürlichen Killerzellen, die geschädigte Zellen entsorgen. Man konnte wissenschaftlich nachweisen, dass die Zahl der Immunglobuline, der Killerzellen des Immunsystems, nach jedem Lachanfall deutlich erhöht ist. Dieser Effekt kann über Stunden anhalten. Der amerikanische Forscher Lee Berk hat herausgefunden, dass Lachen die Produktion von Killerzellen begünstigt und so das Immunsystem stärkt. Unsere Abwehrkräfte können es dann mit Tumorzellen, Bakterien und virusinfizierten Zellen aufnehmen. Durch Lachen steigt außerdem die Konzentration von Immunglobulin A im Speichel und im gesamten Hals-Nasen-Rachen-Raum rapide an. Diese körpereigenen Abwehrstoffe greifen Bakterien und Viren an, die Schnupfen, Husten, Halsweh, Erkältung und Grippe verursachen. Lachen erhöht also die Widerstandsfähigkeit des Organismus gegenüber Krankheiten, und das gilt sowohl für Grippe als auch für Krebs. Lachen ist damit die beste Prophylaxe, die es gibt!«

Das Britische Institut für Sportmedizin hat herausgefunden, dass eine Minute Lachen die Lebenszeit um zwanzig Minuten erhöht. Wenn ich das mit jemandem teile, schenke ich diesem Menschen zwanzig Minuten Lebenszeit. Auf der anderen Seite kostet eine Stunde vor dem Fernseher 22 und eine Zigarette 20 Minuten. Das sind natürlich Pauschalisierungen, aber sie lassen das Potenzial erkennen, das im Lachen liegt. Das lässt sich auch wieder medizinisch erklären: Bei ausgiebigem Lachen sinkt der Blutzuckerspiegel. Lachen sorgt für die Verbrennung von Cholesterin und stärkt das gesamte Herz-Kreislauf-System. Bei ausgiebigem Lachen beschleunigt sich zuerst der Herzschlag, wodurch der Blutdruck ansteigt. Doch nach wenigen Minuten verlangsamt er sich und bleibt auf einem niedrigeren Niveau. Dabei entspannt sich die Muskulatur der Arterien, sodass das Gefäßvolumen erhöht wird. Häufiges Lachen kann also langfristig den Blutdruck und das Herzinfarktrisiko senken. Leider gibt es wie gesagt noch viel zu wenig groß angelegte Studien, die die positiven Auswirkungen auf die Gesundheit beweisen, im Vergleich beispielsweise zum Thema Herzinfarkt. Da finden sich 3850 Studien zu der Frage – und täglich werden es mehr –, welches Gefäß wann und warum auf- oder zugeht. Beim Thema Lachen sind wir noch nicht so weit. Aber die kleinen Studien kommen alle zu ähnlichen Ergebnissen. Und es steht außer Frage, dass wir unserem Körper jedes Mal, wenn wir lachen, etwas Gutes tun.«

»Dann danke ich Ihnen vielmals, dass Sie mich als Arzt zum Lachen gebracht haben. Lachen ist einfach die beste Medizin!«, sagte ich lächelnd.

»Beim Lachen hat noch nie jemand einen Herzinfarkt bekommen, und es hat sich auch noch nie jemand zu Tode gefreut«, meinte er, fügte aber hinzu:

»Es freut mich total, dass ich dich zum Lachen gebracht habe und ich dir damit all die positiven Facetten des Lachens anhand deiner eigenen Erfahrung erklären konnte.

Aber als Schulmediziner bin ich vorsichtig. Auch wenn ich aufgrund meiner Erfahrung davon überzeugt bin, dass Lachen sich positiv auf die Gesundheit auswirkt und dass eine positive humorvolle Lebenseinstellung das Leben nicht nur verbessert und verlängert, so brauchen wir wesentlich mehr fundierte Studien, die genau das beweisen. Ich persönlich möchte nicht, dass das Allheilmittel Lachen von Medizinern als pure Esoterik abgetan wird, sondern dass es wissenschaftlich erforscht und auf dieser Basis global eingesetzt wird. Dazu bräuchte man Kohorten-Studien, also Studien mit einer großen Anzahl unterschiedlicher Menschen aus verschiedenen Ländern und Kulturen. Ich denke, dass es hierfür wirklich Bedarf gibt. Und die Menschen sind süchtig danach, zu lachen und fröhlich und glücklich zu sein!

Es gibt schon ganz gute Daten dazu, dass man durch Humor und eine positive Lebenseinstellung sieben Jahre länger und gesünder leben kann. Menschen mit einer positiven Lebenseinstellung altern einfach langsamer und haben weniger körperliche Gebrechen. Optimisten neigen auch weniger zu Übergewicht und Suchtverhalten. Vermutlich schöpfen sie ihr Glück aus dem Lachen.«

»Oh ja!«, sagte ich und meinte: »Ich habe auch gelesen, dass Lachen das Sexualleben verbessert.«

»Ja, das stimmt natürlich. Lachen versetzt den gesamten Körper in Schwingungen, was zu einer Massage der Organe bis zum Unterleib führt. Das entspannt zum einen, zum anderen steigt auch die Durchblutung. Es ist ganz einfach: Durch das Lachen werden die Sexualorgane besser durchblutet. Und das führt zu mehr Empfindsamkeit und zum intensiveren Erleben von Sex«, erklärte Dr. Szeliga.

»Es stellt sich noch die Frage, ob man am besten vor, während oder danach lachen soll«, sagte ich.

»Davor, währenddessen und danach ist es nie ein Fehler, gemeinsam zu lachen. Das einzige, was wirklich nicht passieren sollte, ist, den anderen in einer sexuellen Situation auszulachen. Das ist dann vermutlich nicht nur das Ende des Sex-Erlebnisses, sondern auch das Ende der Beziehung. Gemeinsames Lachen stärkt die Intimität ungemein, daher sind es oft Lachen und Humor, die eine Beziehung langfristig zusammenhalten.«

»Bei der Partnersuche ist Humor ein wichtiges Kriterium, ja!«, stimmte ich zu.

»Und das zu Recht. Gemeinsames Lachen ist die Glücksgarantie für Beziehungen! Ich bin überzeugt davon, dass es nichts Besseres zwischen Paaren gibt, als in Sachen Humor auf ein und derselben Wellenlänge zu sein. Wenn man über Fehler lachen kann, vor allem über die eigenen, wenn man über Konflikte Scherze mache kann, anstatt sich darüber zu streiten, dann hat die Beziehung wirklich Bestand.

Wenn ich ein Beispiel aus meinem eigenen Privatleben bringen darf: Meine Frau und ich haben eine süße Labradoodlehündin. Die Verantwortung für einen Hund ist ja durchaus etwas Ernstes, wir versuchen es aber mit Humor zu nehmen. Das sieht bei uns so aus. Einer fängt an: ›Gehst du mit dem Hund raus?‹

Der andere: ›Geh bitte du!‹

›Nein, du bitte!‹

›Du.‹

›Du!‹

Bis einer einlenkt: ›OKAY, ICH GEHE!‹

Und der andere sagt: ›Okay, ich komme mit!‹ Schon müssen wir beide wieder über uns lachen und gehen vielleicht wirklich gemeinsam eine Runde mit unserem Hund spazieren.

Bei der Partnersuche geht es ja nicht nur darum, gemeinsam Spaß haben zu können, sondern auch darum, jemanden zu suchen, auf den wir uns verlassen können, und zwar immer. Jemand, der für uns da ist, auch wenn die Umstände gerade nicht lustig, sondern vielleicht schwierig und stressig sind. Wenn man zum Beispiel gemeinsam Kinder hat, kann der Alltag extrem anstrengend und herausfordernd für ein Paar sein. In solchen Zeiten ist jemand, der einen dennoch zum Lächeln und sogar zum Lachen bringen und an die Leichtigkeit des Lebens erinnern kann, einfach Gold wert. Gerade im Alltag, wie er in Familien stattfindet, oder auch im beruflichen Kontext können Humor, eine humorvolle Umgangsweise und gemeinsames Lachen wahre Wunder wirken.«

»Sie sind wirklich ein Experte auf allen Ebenen des Humors!«, sagte ich begeistert und bat ihn, mir zum Abschluss noch zu erzählen, wie er Europas erster Krankenhausclown geworden ist.

DR. JUX – DER ERSTE CLINICLOWN EUROPAS

Dr. Szeliga überlegte kurz und erzählte dann:
» Als Kind habe ich meine Freunde und Verwandten mit
Zaubertricks unterhalten und später sogar das Handwerk
des Zauberkünstlers erlernt. Freude, Lachen, Humor und
Leichtigkeit waren immer schon wichtige Themen in meinem
Leben.

Ich habe Medizin studiert, um anderen Menschen helfen zu
können. Bald habe ich gesehen, wie wichtig Empathie, Humor und Lachen in der Therapie kranker Menschen ist. Ich
habe verstanden, dass Humor und Lachen den Heilungsprozess von Patienten unterstützen kann, wenn man sie gekonnt
einsetzt. An meinem Arbeitsplatz, im Krankenhaus, habe ich
gesehen, dass dieser Ort für Patienten, Krankenschwestern
und Ärzte gleichermaßen belastend ist. Die Patienten suchen
Hilfe und hoffen auf Heilung, und die Ärzte arbeiten oft unter
großem seelischem und körperlichem Stress. Es bleibt kaum
Platz für Lachen und Humor.

Als ich 1991 durch eine befreundete Journalistin und meine
med. Kollegin Dr. Suzanne Rödler auf Michael Christensen
aufmerksam geworden bin, der 1986 die CliniClown-Bewe-
gung begründet hat, war ich sofort begeistert und wollte so
etwas in Europa etablieren. Mit der irischen Schauspielerin
Kathy Tanner habe ich dann das erste CliniClown-Paar in
Europa gebildet. Wir nannten uns Doktor Jux und Doktor
Chaos. Jux steht für einen Sachverhalt mit Pointe. Dr. Jux
steht aber auch für Leichtigkeit, Freude und Humor. Er hat
zumindest ein Lebensmotto, und das lautet: ›Besser schmerz-

frei als scherzfrei.‹ Dr. Jux weiß, dass man in das Gelingen verliebt sein muss und nicht in das Verlieren. Als Arzt kennt er die Menschen in- und auswendig. Er hat gelernt, nicht nur mit den Ohren, sondern auch mit dem Herzen zuzuhören. Seine Ratschläge basieren auf seinen Erfahrungen. Er weiß, dass nicht alles immer einen Sinn ergeben muss. Es kann auch einfach nur Spaß machen. Ein sympathisches Lächeln ist die stärkste Stimulanz, die es gibt«, hat er mir erklärt.

»Das erinnert mich an die Geschichte von Patch Adams«, meinte ich.

»Patch Adams ist natürlich eines meiner Vorbilder. Wir haben uns damals alle Infos über ihn, Michael Christensen und Clowning besorgt, und dann haben wir unsere eigenen Programme entwickelt. Ich habe mir clowneske Instrumente gebastelt, wie ›das quietschende Stethoskop‹. Damals habe ich am Allgemeinen Krankenhaus in Wien, einem der größten Krankenhäuser Europas, als Gastarzt und Studienassistent gearbeitet. Wir haben also die Verantwortlichen gefragt, ob wir als Clowns verkleidet Patienten besuchen dürfen, und von den guten Erfolgen in den USA erzählt. Die Reaktion war alles andere als enthusiastisch. Immer wieder habe ich das Argument gehört, ein Krankenhaus sei kein Ort für Lachen oder Humor. Schließlich ging es hier um ernste Themen wie Krankheit, Leiden, Tod, Wissenschaft, Medizin und Heilung. Zuletzt haben wir den Bürgermeister von Wien um Unterstützung gebeten, und so durften wir endlich starten. Mit einer Probezeit von drei Monaten! Alle haben uns natürlich genau beobachtet. Der Druck war hoch, und wir haben uns bemüht, extrem gut zu sein in allem, was wir taten. Ich wechselte dann in ein anderes Krankenhaus, um dort meine Ausbildung zu beginnen. Dort war ich am Vormittag ein ganz normaler Arzt und am Nachmittag ein Clown.«

»Fast wie Patch Adams!«, entfuhr es mir.

»Es war ehrlich gesagt ziemlich anstrengend, aber die Reaktionen der Patienten waren sehr positiv, und wir haben bei unserer Arbeit als Clowns viele schöne und berührende Augenblicke mit unseren Patienten erleben dürfen. Es gibt eben nichts Schöneres und nichts, das einen mehr erfüllt, als Menschen zum Lachen zu bringen. Das ist heute für mich übrigens nach wie vor so. Im Krankenhaus war das Spannende, dass es nach unseren Auftritten nicht nur den Patienten, sondern auch deren Angerhörigen, den Krankenschwestern, dem gesamten Umfeld besser gegangen ist. Das haben wir auch ganz stark bei unseren Besuchen in der Kinderklinik gespürt. Die waren übrigens etwas ganz Besonderes. Wenn du die Augen der Kinder zum Strahlen bringst und Kindern, die viel Leid durch schwere Krankheit erleben, ein Lächeln ins Gesicht zauberst, ist das die großartigste Belohnung, die es im Leben gibt, und es sind Augenblicke, die man nie vergisst.

»Vielleicht kannst du mir eine davon für mein Buch erzählen?«, bat ich.

Dr. Szeliga überlegte nur kurz und erzählte mir die berührende Geschichte des kleinen Tobias.

»Ich erinnere mich, dass es eine besonders harte Woche war. Ich hatte schon mehrere Nachtdienste hinter mir und kam gerade von einer schlaflosen Nacht im Allgemeinen Krankenhaus. Ich war hundemüde, aber ich bin trotzdem noch in die Kinderklinik gefahren, um dort gemeinsam mit meiner Partnerin Kathy alias Dr. Chaos als Dr. Jux aufzutreten. Ich wusste, dass unsere kleinen Patienten sehnsüchtig auf unsere Lachvisite warteten und wollte sie keinesfalls hängenlassen. Wir haben also unsere Clownkostüme angezogen, uns geschminkt und dann unsere Patienten besucht. Einen von ihnen, den krebskranken Tobias, kannten wir schon lange. Als wir sein Zimmer betraten und fröhlich auf ihn zugingen, um ihn zu unterhalten, hat Tobias nicht gelacht, sondern mich mit besorgter Miene angesehen. Ich vermutete, dass es ihm besonders schlecht ging, und habe mich noch mehr bemüht, ihn zum Lachen zu bringen. Doch die Sorge ist nicht aus seinem Gesicht verschwunden, und schließlich hat er zu mir gesagt: ›Doktor Jux, hast du wieder viele Nachtdienste gehabt? Du sieht so müde aus.‹

Ich habe innegehalten. Offenbar war ich so müde, dass Tobias es durch die dicke Clownschminke hindurch sehen konnte. Er hatte Recht, ich hätte mich am liebsten in das nächste freie Bett gelegt.

›Du, ich habe eine Idee!‹, hat Tobias leise gesagt und ein wenig vorsichtig gefragt: ›Darf ich heute dein Clown sein?‹

Für einen Moment war ich sprachlos. Dann habe ich Dr. Chaos angesehen, die sofort genickt und Tobias ihre Hand entgegengehalten hat.

›Das ist eine super Idee!‹, habe ich gesagt und Tobias ebenfalls meine Hände hingehalten. Zu dritt sind wir in den Umkleideraum gegangen, wo wir Tobias ein bisschen geschminkt und ihm eine Clownnase aufgesetzt haben. Zum Schluss habe ich ihm meinen Arztkittel übergezogen, in den der Kleine dreimal hineingepasst hätte. Der Kittel schleifte hinter ihm her, als er mit Dr. Chaos durch die Gänge zog und die Kinder in den Zimmern besuchte. Dort hat er die Gags und Spiele, die er von unseren Besuchen offenbar auswendig kannte, imitiert. Meine Müdigkeit habe ich zuerst vor Rührung, dann vor Erstaunen vollkommen vergessen, und ich habe nun über das Geschick und die Begeisterung, mit der Tobias den Clown gespielt hat, gelacht. Ich bin dann bis zum Ende der Visite geblieben, habe geholfen, Tobias abzuschminken, und ihn zu seinem Bett begleitet. Nun hat er sehr müde, aber glückselig ausgesehen.

›Danke, Doktor Jux, dass auch ich einmal in meinem Leben ein Clown sein durfte‹, hat er zum Abschied gesagt und ist sofort eingeschlafen. Seine Krankheit war schon weit fortgeschritten, und nur wenige Tage später ist er gestorben.«

LACHEN IST EIN MENSCHENRECHT

8

Ich beschäftige mich mit Menschen, die trotz schwieriger Lebensumstände den Mut zu lachen nicht verlieren, sondern sich durch Satire und Comedy befreien. Und ich treffe zwei Menschenrechtsexperten, die mir alles über Menschenrechte erklären.

Humor ist die Waffe
der Seele zur Selbsterhaltung.

VIKTOR FRANKL

HUMORLOSIGKEIT IST ZERSTÖRERISCH

Cherif und Said Kouachi wollten das Lachen vernichten, das den Menschen die Furcht vor Gott und dem Teufel nimmt, so wie der Bibliothekar Jorge von Burgos in Umberto Ecos Roman *Der Name der Rose*. Cherif und Said erschossen mit ihren Kalaschnikows Karikaturisten und Mitarbeiter des französischen Satiremagazins »Charlie Hebdo«, die sich in ihren Karikaturen regelmäßig über Politiker, Fanatiker, Extremisten, Diktatoren, Fundamentalisten, Gott und die Welt lustig machten.

»Wir haben den Propheten gerächt«, und »wir haben die Freiheit in einem Meer aus Blut ertränkt«, grölten sie und ihre Unterstützer. Doch sie erreichten mit ihrer Tat genau das Gegenteil. Ihr schändliches Verbrechen ermutigte Millionen Menschen weltweit, für die Meinungsfreiheit, die Freiheit des Lachens, des Humors auf die Straße zu gehen und dafür zu demonstrieren.

Mathias Döpfner, der Vorstandsvorsitzende des Axel-Springer-Verlags, forderte Anfang 2015 in einem Leitartikel in der *Welt* auf:

»Lachen Sie! Das sind Sie den ermordeten Mitarbeitern von ›Charlie Hebdo‹ schuldig. Diktatoren und Fanatiker haben keinen Humor. Es ist kein Zufall, dass immer wieder Cartoons und Komödien den Unmut der Diktatoren und Nichtdemokraten wecken. Schon im frühen Mittelalter wurde im Christentum das Lachen verboten. Lachen ist antiautoritär. Lachen ist Freiheit. Freie Menschen lachen – und sind glücklich. Und denken Sie daran: dieses Glück steht allen zu – nicht nur denen, die zufällig Glück hatten.«

Cherif und Said diskreditierten und beschädigten den Ruf ihrer eigenen Religion, des Islam, schwer und nachhaltig. Ihre Schandtat trug dazu bei, dass immer mehr Menschen den Islam als rückständig, humorlos und gewalttätig betrachteten und meinten, er sei mit einer aufgeklärten Gesellschaft nicht vereinbar. Muslimisch geprägte Staaten wurden nun noch kritischer betrachtet.

Der türkische Vizepremier Bülent Arinc wollte nicht nur den Frauen in der Türkei das Lachen in der Öffentlichkeit per Gesetz verbieten, er forderte auch, dass Frauen über seinen Plan, diesen Gesetzesvorschlag einzubringen, nicht lachen dürften. Seine groteske Forderung ging in einem der größten Shitstorms der letzten Jahre unter. Er erntete Spott und Hohn.

Doch in Saudi-Arabien ist Mädchen und Frauen lautes Sprechen und Lachen in der Schule und in der Öffentlichkeit tatsächlich verboten. Auch die Hamas in Gaza verbietet den Frauen das Lachen in der Öffentlichkeit. Und gefährlich leben auch jene, die andere zum Lachen bringen: In Marokko wurde eine Zeitung geschlossen, weil sie eine Karikatur über ein Mitglied des Königshauses veröffentlichte. Und andernorts ist es nicht besser: Der bekannteste Karikaturist Malaysias, Zunar, wurde wegen Verhetzung angeklagt, weil er es gewagt hatte, die Regierung kritisch zu zeichnen. In Syrien werden Comedians und Karikaturisten systematisch verfolgt und bedroht: Der syrische Karikaturist Ali Ferzat wurde von fünf bewaffneten Männern entführt. Man brach ihm alle Finger und prügelte ihn halbtot, weil er es gewagt hatte, sich in seinen Cartoons über den Diktator Assad lustig zu machen. Und im Libanon rief die Hisbollah zu Chaos und Terror auf, weil ihr oberster Anführer in einem TV-Sender als Clown dargestellt wurde. Die Liste von Beispielen, wo Lachen verboten oder lebensgefährlich ist und Menschen, die andere mit witzigen Karikaturen oder anderer humorvoller Kunst zum Lachen bringen, verfolgt, eingesperrt, gefoltert werden, ließe sich fortsetzen. Doch ebenso viele Beispiele zeigen, dass sich die Menschen Lachen und Humor niemals verbieten lassen werden. Nicht durch Morde, Drohungen, Folter, Gefängnis oder per Gesetz.

Viele Muslime wehren sich heute gegen die Vereinnahmung ihrer Religion, ihrer religiösen Werte und Symbole durch Fanatiker, Fundamentalisten und Terrorgruppen.

Muslimische Karikaturisten, Comedians, Stand-Up-Comedians, Kabarettisten richten sich mit der Waffe des Humors gegen Fundamentalisten, Dschihadisten, Mitglieder des IS und Terroristen. So etwa ziehen der jordanische Karikaturist Osama Hajjaj und sein ägyptischer Kollege Hicham Rahma den IS und dessen selbsternannten Kalifen regelmäßig durch den Kakao. Der Syrer Anas Marwah und die Palästinenser Maher Barghouthi und Nader Kawash produzieren auf ihrem You-Tube-Kanal »Weekly Show« ein Satiremagazin. Mittlerweile ist daraus ein nicht abreißender Strom von Karikaturen und Videos entstanden. Junge Araberinnen produzieren bissige Videos, die von irakischen, libanesischen und palästinensischen TV-Sendern gezeigt werden. Viele mutige Muslimas und Muslime kämpfen für die Meinungsfreiheit und die Freiheit des Lachens und des Humors, selbst wenn sie dabei ihr Leben riskieren.

SHAZIA MIRZA UND
DIE MUSLIMISCHE COMEDY-REVOLTE

Die zwanzigjährige Azime aus London schreibt ihren kurdischen Eltern: »Ich habe eine gute und eine schlechte Nachricht. Die gute: Ich trage ab heute Burka. Die schlechte: Allerdings nur auf der Bühne.«

Azime will Stand-up-Comedian werden und bricht damit ein Tabu. Sie tritt mit Burka in kleinen Londoner Clubs auf und ist erfolgreich. Die britische Presse jubelt begeistert, doch ihre Eltern werfen sie hinaus, und sie bekommt Morddrohungen.

»Azime will einfach nur mal lachen, will Witze reißen. Und sie ist witzig und kann nicht verstehen, warum das ein Problem sein soll. Doch natürlich wird das ein enormes Problem für sie und für ihre Familie«, so Anthony McCarten, der Autor des Romans *Funny Girl*. Es geht ihm mit diesem Buch darum, Brücken zwischen den Kulturen zu bauen. Humor ist seiner Meinung nach dafür die beste Art.

Funny Girl ist eine fiktive Geschichte, doch mittlerweile gibt es viele muslimische Frauen, die wie Azime zeigen, dass Islam und Humor durchaus vereinbar sind.

Die heute achtunddreißigjährige Pakistani Shabana Rehman steht bereits seit 15 Jahren auf der Bühne. Anfangs absolvierte sie ihre Auftritte im Tschador und gab vollkommen verschleiert ihre Gags zum Besten. Doch nach und nach entblößte sie sich, bis sie schließlich im hautengen roten Abendkleid und High Heels vor ihrem Publikum stand.

2004 sorgte sie für Schlagzeilen, weil sie bei einem Auftritt in einem Nachtclub in Oslo einen irakischen Prediger, der für die Scharia schwärmte und in dessen Auftrag Menschen getötet und gefoltert wurden, auf ganz besondere Weise lächerlich machte. Shabana Rehman wollte den Menschen die Angst vor diesem Mann nehmen, der aus irgendeinem Grund in Norwegen Asyl bekommen hatte. So schlang sie auf der Bühne die Arme um ihn und hob ihn in die Höhe. Der Prediger zeigte Shabana Rehman wegen sexueller Belästigung an, doch das Video ging um die Welt. 2005 entblößte die Kabarettistin bei der Eröffnung eines Filmfestivals ihr Gesäß, worauf sie Morddrohungen erhielt und ein Anschlag auf das Geschäft ihrer Schwester erfolgte. Sie bekam Polizeischutz.

Tissa Hami wurde im Iran geboren und ist in einem Vorort von Boston mit traditionellen iranischen Werten aufgewachsen. Sie ist bekennende Muslimin, nimmt bei ihren Auftritten kein Blatt vor den Mund und kritisiert auf provokante Art und Weise Rassisten, aber auch Radikale. Auch die amerikanisch-iranischen Beziehungen sind eines ihrer Lieblingsthemen. Denn dieser Konflikt hat ihr Leben geprägt. Sie sagt, dass es schwer war, als Iranerin in den USA aufzuwachsen. Nach dem 11. September packte sie ihr Kopftuch und ging auf die Bühne. Mit ihrer »Coexist? Comedy Tour« besuchte sie zahlreiche Länder und begeisterte mit einer Mischung aus Gefühl und Witz das Publikum. Manchmal mit und manchmal ohne Kopftuch. Zu einer amerikanischen Fernsehsendung erschien sie mit Kopftuch, schwarzer Hose und einer dicken, mittellangen schwarzen Winterjacke und sagte:

»Ja, ich weiß, ich sollte einen bodenlangen Mantel tragen. Aber als ich heute Morgen aufstand, habe ich mich ein bisschen wie eine Schlampe gefühlt!«

Die junge Sakdiyah Ma'ruf aus Indonesien macht ebenfalls Stand-up-Comedy. Von Frauen, die Kopftuch tragen, sagt sie, wird erwartet, dass sie ruhig, zurückhaltend und unterwürfig sind. Sakdiyah Ma'ruf trägt Kopftuch und bringt wild gestikulierend ihr Publikum zum Toben. Es ist ihr Ziel, gesellschaftskritische Themen mit Humor verpackt an die Öffentlichkeit zu bringen. Gute Comedy, so sagt sie, spiegelt die Missstände einer Gesellschaft wider, sie bringt einen nicht nur zum Lachen, sondern auch zum Weinen. In einer ihrer Shows ruft sie mit der Stimme eines Predigers:

»Manche Muslime schreien von klein auf und verbreiten Hass. Es interessiert sie nicht, zu lesen oder etwas Neues zu lernen. Aber an der Art und Weise, wie sie laut schreien, und daran, welche Worte sie verwenden, kann man hören, dass sie offenbar alles über Porno wissen.«

Die bekannteste der muslimischen Stand-up-Comedians ist wahrscheinlich die Pakistani Shazia Mirza, die in London in einer strenggläubigen muslimischen Familie aufgewachsen und heute international bekannt ist. Sie wird auch in ihrem Heimatland Pakistan von den Frauen verehrt. Ihr Auftritt und ihre Witze sind legendär. Hier ein paar Kostproben:

»In der Schule fragte mich eine Mitschülerin, warum meine Mutter immer fünf Schritte hinter meinem Vater gehen muss. Nun, er sieht von hinten einfach besser aus!«

»Dies hat sich allerdings in der muslimischen Welt nun grundsätzlich geändert: Jetzt gehen die Frauen fünf Schritte voraus.

Warum?

Wegen der Landminen.«

»Meine Mutter trägt immer Burka, wenn sie das Haus verlässt.

Sie ist aber gar nicht so religiös.

Sie will nur nicht mit meinem Vater in der Öffentlichkeit gesehen werden.«

»Meine Eltern finden einfach keinen muslimischen Ehemann für mich.

Warum?

Weil ich spreche.«

»Meine beste Freundin in London, Julie, eine Christin, bedauerte mich, als sie von meiner bevorstehenden Zwangsehe erfuhr und dass ich nun als Muslimin mit einem Mann schlafen müsse, den ich gar nicht kenne.

Ich weiß nicht, worüber sie sich so aufregt, schließlich tut sie das doch auch die ganze Zeit.«

In der Familie von Shazia Mirza tragen alle Frauen Burka, erzählte sie ein anderes Mal. Das sei praktisch, da sie nur einen Reisepass brauchten.

Als sie das erste Mal in New York, wenige Monate nach 9/11, in einer TV Show auftrat, begrüßte sie das Publikum mit »Hi, meine Name ist Shazia Mirza«.

Nach einer kurzen Pause fuhr sie fort:

»Das steht zumindest in meinem Pilotenschein.«

Das Publikum reagierte schockiert. Bei einer ihrer Shows sprang ein muslimischer Mann wütend auf und brüllte:

»Hure! Du Hure!«

Shazia antwortete gelassen: »Ich bin keine Hure«, und fügte hinzu: »Die verdienen nämlich besser.«

Dass Frauen in Saudi-Arabien nicht Auto fahren dürfen, leuchte ihr ein, da sie ja auch nicht sehen können, wohin sie fahren.

Und zum Gesetz in Afghanistan, das Frauen das Tragen von High Heels per Gesetz mit Androhung einer Gefängnisstrafe verbietet, weil sich die Männer von dem Geklapper der Stöckel angemacht fühlen und die Kontrolle über sich verlieren würden, meint sie nur: »Jaja, deshalb mussten kürzlich auch alle Ziegen verhaftet werden.«

LACHEN HÄLT DIE SEELE DES MENSCHEN
AM LEBEN

»Die Menschen haben sich von Anfang an mit Lachen, Tanzen und Singen dem Tod entgegengestellt«, erzählt der syrische Film- und Theaterregisseur Rafat Alzakout, der für seinen preisgekrönten Film *Home* mit einer Gruppe junger Syrer zurück in den Bürgerkrieg reiste.

»Lachen hilft, die Angst zu überwinden, und ist ein Instrument des Weitermachens, des Weiterlebens«, sagt Rafat.

In einem Land wie Syrien ist Lachen Widerstand gegen den täglichen Horror, gegen die Gräueltaten des Krieges. Lachen ist Widerstand, sich selbst aufzugeben. Humor ist Widerstand, jede Hoffnung aufzugeben. Der gefeierte und mit zahlreichen Preisen ausgezeichnete syrische Autor Kahled Khalifa ist, trotz vieler Möglichkeiten, nach Europa zu reisen, in seiner Heimatstadt Aleppo geblieben. Aleppo, die zweitgrößte Stadt Syriens, eine alte berühmte Handelsstadt und UNESCO-Weltkulturerbe, ist heute nach zweijähriger Belagerung durch den IS fast komplett zerstört. Täglich sterben dort Menschen. Es wird gefoltert, vergewaltigt und gemordet. Viele sind geflohen. Khaled Khalifa ist trotz all dem geblieben.

»Manchmal schicken wir uns Witze per SMS«, schrieb Khaled in seinem Essay »Jeder Blick ein Abschied« über das Leben in der Hölle des syrischen Kriegs.

»Ich breche dann in Gelächter aus, und es ist mir egal, was die anderen, die mich allein in meinem Auto lachen sehen, denken. Alle versuchen, am Frohsinn festzuhalten. Unser Lachen hat sich verändert. Es passt zum Krieg. Manchmal brechen wir in hysterisches Gelächter aus, und plötzlich fängt einer an zu weinen.«

Lachen und Humor sind psychische Werkzeuge, um sich auch von den grauenhaftesten Umständen zu distanzieren.

»Lachen ist die beste Waffe. Lachen hält die Seele des Menschen am Leben«, erklärt Safet Plakalo, Direktor des »Sarajevoer Kriegstheaters«, in einem Interview. Während der Belagerung Sarajevos wurden täglich Menschen von Scharfschützen getötet. Der Weg ins Theater war lebensgefährlich, und ein Theaterbesuch konnte jederzeit tödlich enden. Seine Theatertruppe beschloss daher, in der Stadt umherzuziehen, führte Theaterstücke in Krankenhäusern, Kinderheimen und Bunkern auf und brachte die Menschen zum Lachen. Das »Sarajevoer Kriegstheater« existiert noch immer, ist auch heute täglich ausverkauft. Eine Gesellschaft, die ihren Humor verliert, verkümmert.

»Humor ist die Waffe der Seele zur Selbsterhaltung«, stellte Viktor Frankl, Psychiater, Neurologe und Vater der Logotherapie und Existenzanalyse fest. Er musste mit ansehen, wie die Nazis seine jüdische Familie, seine Eltern, seinen Bruder und seine Frau in Konzentrationslagern umbrachten. Er musste erleben, wie tausende Menschen gedemütigt, geschändet, getötet, verbrannt wurden, verhungerten oder sich aus Verzweiflung selbst das Leben nahmen. Er selbst überlebte. Die Nazis konnten ihm alles nehmen, aber nicht seinen Humor. Der Wille zum Humor, der Versuch, selbst schreckliche Dinge aus witziger Perspektive zu sehen, ist Lebenskunst. Es gibt kaum etwas im Leben, das dem Menschen so sehr und in solchem Ausmaß ermöglicht, Distanz zu gewinnen, wie der Humor.

»Der Angstpatient muss lernen, der Angst ins Gesicht zu lachen«, lautete später einer der Grundsätze Viktor Frankls. Mit der Entwicklung der ›paradoxen Intention‹ schuf er eine psychotherapeutische Methode, bei der der Patient angeleitet wird, eine neurotische Verhaltensweise mit dem Ziel ihrer Überwindung selbst auszuüben und den Teufelskreis der Angst vor der Angst zu durchbrechen. Mit Hilfe von Humor kann man lernen, die Angst vor dem Scheitern zu verlieren. Humor und Lachen sind eine Bewältigungsstrategie.

Ein anderes Beispiel für die Kraft des Humors bietet der nordkoreanische Künstler Song Byeok: Seine Mutter und seine Schwester verhungerten in Nordkorea. Sein Vater ertrank bei der gemeinsamen Flucht nach China im Grenzfluss, als das Boot kenterte. Song Byeok selbst wurde gerettet, verhaftet und überlebte Folter und eines der berüchtigten Arbeitslager Nordkoreas, bevor ihm seine zweite Flucht gelang. Heute malt er Karikaturen mit dem nordkoreanischen Diktator als Protagonisten. In einem Interview sagte er: »Ich kann mein Schicksal nur mit Humor bewältigen. Mit Humor und meinen Karikaturen rechne ich mit dem Diktator ab. Diktatoren hassen nämlich Humor.«

MEISTER DES POLITISCHEN WITZES

Einige geniale Köpfe wie der legendäre deutsche Komiker Werner Finck oder der polnische Karikaturist Szczepan Sadurski gründeten sogar eigene Humor- und Lachparteien: 1929 gründete Werner Finck in Berlin das Kabarett »Die Katakombe«. Er war ein Meister des politischen Witzes; kein anderer deutscher Kabarettist war den Nazis so verhasst wie er. Es war leichter, politische Gegner zu ermorden, die offen ihren Widerstand zeigten. Womit die Nazis, so wie alle Diktatoren, nicht umgehen konnten, war der Humor mit doppelsinnigen Wortspielen, die die Nazis der Lächerlichkeit preisgaben. Lachen bedeutet Überwindung der Furcht, auf der jede politische, religiöse und wirtschaftliche Macht beruht. In allen Vorstellungen Werner Fincks saßen Mitarbeiter der geheimen Staatspolizei GESTAPO, die seine Gags und Späße mitstenographierten. Er machte sich über diese GESTAPO-Leute im Publikum lustig, indem er sie direkt ansprach: »Spreche ich zu schnell? Kommen Sie mit? Oder muss ich mitkommen?«

Man sperrte ihn ins KZ, ließ ihn wieder frei, sperrte ihn wieder ein, schickte ihn an die Front, doch er überlebte. Zu Kriegsende, im Mai 1945, erschien im Büro eines hochrangigen Nazibonzen, der sich gerade anschickte, Hals über Kopf seine Habseligkeiten zu packen und vor den Alliierten zu flüchten, ein Landser mit geschlossener Uniformjacke.

»Bitte eintreten zu dürfen«, sagte der Landser, und nach einer kurzen Pause fuhr er fort: »in die Partei.«

Der Nazibonze blickte ihn entgeistert an und brüllte: »Dafür ist jetzt zu spät!«

»Danke! Das wollte ich nur wissen«, antwortete der Landser lächelnd und verschwand. Es war natürlich Werner Finck. Nach dem Krieg gründete er seine eigene Partei »Die radikale Mitte«. Sie wendete sich gegen den pathetischen Ernst der Rechten und der Linken und forderte, alle Personen in öffentlichen Ämtern, die an chronischer Humorlosigkeit leiden, von diesen Ämtern zu entfernen.

Der polnische Karikaturist, Cartoonist und Verleger Szczepan Sadurski, der mehr als zwanzig Jahre lang eine Monatszeitschrift mit dem Namen »Dobry Humor« (»Gute Laune«) herausgab, hatte 2001 in Warschau eine »Gute-Laune-Partei« gegründet. Gemeinsam mit Barbara und Walter besuchte ich ihn in Warschau und bat ihn, uns für mein Buch Infos zu seiner Partei zu geben.

»3000 Parteimitglieder können nicht irren«, meint Szczepan Sadurski.

Das einzige Ziel der »Gute-Laune-Partei« ist es, Menschen glücklich zu machen. Der Mitgliedsbeitrag kostet dreimal Lächeln pro Tag und muss täglich entrichtet werden. Aufgenommen werden nur Leute, die bereits eine große Portion Humor besitzen und überzeugte Optimisten sind. Jedes Parteimitglied wird außerdem aufgefordert, täglich für gute Laune in der persönlichen Umgebung zu sorgen, möglichst viele freudvolle Handlungen zu begehen und dabei für die »Gute-Laune-Partei« zu werben.

Es gibt natürlich, wenn auch nur informell, eine »Gute-Laune-Regierung«, die »Gute-Laune-Botschafter« auf der ganzen Welt ernennt. Die »Gute-Laune-Partei« und ihr Gründer organisieren Lachseminare, Lachmeetings für Firmen und publiziert regelmäßig in der »Gute-Laune-Zeitschrift«, die sich in Karikaturen, Cartoons und redaktionellen Beiträgen über aktuelle politische und gesellschaftliche Ereignisse lustig macht. Prominente Schauspieler, Kabarettisten, Journalisten, Illustratoren, Comedians und Geschäftsleute zählen zum illustren Kreis der »Gute-Laune-Partei«.

»Wir nehmen aber auch Doppelgänger von Hollywoodstars wie Jennifer Lopez, Chuck Norris, Sophia Loren, Liz Taylor oder Kirk Douglas auf, so sie über genug Humor verfügen«, meint Szczepan Sadurski.

»Wenn sie unseren ›Gute-Laune-Test‹ bestehen, können sie ein Parteibuch bekommen. Und wenn sie im Ausland leben, können sie bei genügend Humor Botschafter werden«, erzählt der Parteigründer. In das polnische Parlament will die Partei dennoch nicht einziehen, denn das ist ihnen viel zu ernst und viel zu humorlos.

»Wir haben keine politischen Vorschläge und machen keine politischen Veranstaltungen. Wir versprechen niemanden etwas und brechen daher unsere Versprechen nicht. Wir wollen niemanden regieren, kontrollieren, überwachen, regulieren oder beherrschen. Unsere Wahlkampfveranstaltungen und Parteitage sind, nun ja, Parodien auf die langweiligen etablierten Parteien. Unser Wahlkampfslogan lautet daher: ›Politiker NEIN! Humor JA!‹«, so der Parteigründer Sadurski. »Derzeit läuft unsere großartige, einzigartige, geniale Kampagne ›Bauen Sie den niedrigsten Wolkenkratzer der Welt‹, mit der wir neue Parteimitglieder gewinnen wollen. Da wir nicht einfach jeden aufnehmen können, legen wir allergrößten Wert auf eine Aufnahmeprozedur, die als Befähigungsnachweis dient. Dazu müssen Sie eine Aufgabe meistern, die Sie als Parteimitglied qualifiziert. Es ist nicht allzu schwierig: Auf unserer Webseite ist die Vorlage für einen Wolkenkratzer abgebildet. Diese Vorlage laden Sie sich von unserer Website herunter. Dann drucken Sie sie aus. Sie schneiden den Wolkenkratzer aus und kleben ihn zusammen. Danach suchen Sie einen geeigneten und spektakulären Platz in Ihrem Dorf oder in Ihrer Stadt, wo Sie den Wolkenkratzer aufstellen können. Sie machen ein Foto, schicken es uns, und schon sind Sie Parteimitglied.«

Wir waren begeistert und spielten sofort mit der Idee, selbst eine »Gute-Laune-Partei« zu gründen. Auch die Idee mit dem Wolkenkratzer fanden wir genial. Doch anstelle eines Wolkenkratzers würden wir eine Figur, zum Beispiel einen Nachfahren des Tramps, auf die Webseite stellen und die Menschen dazu auffordern, seine Reise durch die Welt zu fotografieren.

Schon am nächsten Tag schickten mir Walter und Barbara einen ziemlich verrückten Text:

»Suchen Sie einen geeigneten und spektakulären Platz, wo Sie Charlie Smile, den berühmten Nachfahren des Tramp, aufstellen können. Nehmen Sie ihn ruhig mit auf Ihre nächste Reise oder geben Sie ihm einen Ehrenplatz in Ihrer Wohnung. Wo immer er auch landet, in Paris, Rio de Janeiro, Peking, New York, Moskau, am Mount Everest oder im Marianengraben, in der Arktis oder Antarktis, in Hollywood oder auf dem Mond, machen Sie davon einige sensationelle, grandiose, einzigartige Fotos. Nur eines: Die Fotos müssen qualitativ hochwertig sein! Also scharf, weniger scharf oder nicht ganz so scharf, glänzend, matt oder verschwommen, groß, mittel oder klein, quadratisch, rund oder oval, dick, dünn oder komplett transparent, hell, dunkel oder schwarz, gelbgrün, bonbonfarben oder violett, gepunktet, gestrichelt oder mattiert, glatt, kariert oder liniert, rosa oder rot – oder –, so Sie technisch in der Lage sind, auch in Farbe. Nur eines dürfen Sie nicht vergessen: Sie müssen uns die Fotos zuschicken!!!

Egal wie, ob als Flaschenpost, mit der Postkutsche, mit dem Spaceshuttle, oder wenn Sie es eilig haben, weil sie noch zu Lebzeiten Parteimitglied werden wollen, per Mail. Sobald die Fotos bei uns angelangt sind, nach hundert Jahren oder auch früher, haben Sie auch schon die Aufnahmeprüfung bestanden und sind ›Gute-Laune-Parteimitglied‹. Sie erhalten dann von uns, so Sie Ihre korrekte Adresse und Ihren richtigen Namen angegeben haben, Ihr ›Gute-Laune-Parteibuch‹. Sie werden sich mit diesem Parteibuch großartig fühlen, himmlisch glücklich sein, Halleluja rufen, nächtelang auf Ihrem Bett tanzen und von Ihren Nachbarn für verrückt gehalten werden. Danach werden Sie nie wieder ein Parteibuch einer anderen Partei wollen. Nie wieder! Einmal gute Laune heißt immer gute Laune. Vergessen Sie aber nicht: Als Parteimitglied sind Sie verpflichtet, dreimal täglich ordentlich zu lächeln und ganz viele freudvolle Handlungen vorzunehmen, ansonsten droht der sofortige Ausschluss aus unserer Partei. Da sind wir gänzlich humorlos.«

LACHEN UND DAS RECHT,
ANDERE ZUM LACHEN ZU BRINGEN

Ich erinnerte mich wieder an den Beginn meiner Reise und das Abendessen in Wien, bei dem wir uns mit dem Spruch »Lachen ist ein Menschenrecht« zugeprostet hatten.

Nach allem, was ich seither über das Lachen und die positiven Auswirkungen auf Körper, Geist und Psyche des Einzelnen sowie auf Gemeinschaften herausgefunden hatte, fragte ich mich, warum Lachen eigentlich nicht in der Internationalen Charta der Menschenrechte verankert ist. Nach allem, was ich bisher über die Kraft des Lachens als Akt des Widerstands gelernt hatte, war ich überzeugt davon, dass das Recht zu lachen und andere zum Lachen zu bringen, in die Charta der Menschenrechte aufgenommen werden sollte. In den sechziger Jahren hatte es bereits einen Versuch von Dick Gregory gegeben:

Er war einer der einflussreichsten Stand-up-Comedians und Komiker in den USA und setzte sich auf humorvolle Weise für die Rechte der Afroamerikaner und für die Menschenrechte ein. Er war nicht nur der erste Schwarze, der vor weißem Publikum auftrat, sondern auch der erste Schwarze, der für die US-Präsidentschaft kandidierte. Er initiierte unter anderem eine Petition, damit »Lachen und das Recht, andere Menschen zum Lachen zu bringen« in die Charta der Menschenrechte aufgenommen werde. Meiner Meinung nach war es Zeit, diesen Versuch nicht nur zu wiederholen, sondern auch erfolgreich umzusetzen.

Ich beschloss, mich gründlich mit den Menschenrechten zu

beschäftigen und mich dafür einzusetzen, dass Lachen und das Recht, andere zum Lachen zu bringen, in die Charta der Menschenrechte aufgenommen werden. Also machte ich mich erneut auf den Weg nach Wien, um mich dort bei den beiden Menschenrechtsexperten Manfred Nowak und Hannes Tretter genauer über Menschenrechte zu informieren. Die beiden sind nicht nur Universitätsprofessoren für Menschenrechte, sondern auch Gründer und Leiter des Ludwig Boltzmann Instituts für Menschenrechte und bekleiden bzw. bekleideten verschiedene Positionen in internationalen Organisationen und führen zahlreiche menschenrechtliche Missionen und Projekte durch. Beide waren Schüler des bekannten österreichischen Menschenrechtsexperten Felix Ermacora, der unter anderem Mitglied der UN-Menschenrechtskommission und der Europäischen Menschenrechtskommission sowie UN-Sonderberichterstatter für Afghanistan war.

Als ich den beiden in ihrem Büro im Ludwig Boltzmann Institut für Menschenrechte gegenübersaß, erzählte ich ihnen von meiner Reise durch die Welt des Lachens, von den vielen beeindruckenden Menschen, die ich getroffen hatte, und landete schließlich bei denen, die verfolgt wurden, weil sie sich über herrschende Verhältnisse lustig gemacht und damit andere zum Lachen gebracht haben.

»Das ist also meine Geschichte. So bin ich bei den Menschenrechten gelandet!«, schloss ich und fügte hinzu: »Und bei Ihnen. Verraten Sie mir, was Sie von meiner Idee halten, Lachen und das Recht, andere zum Lachen zu bringen, in die Internationale Charta der Menschenrechte aufzunehmen.«

»Das ist eine tolle Idee, Laura«, sagte Hannes Tretter. »Wir werden dich gerne dabei unterstützen«, ergänzte Manfred Nowak.

Lachen, da sind sich Hannes Tretter und Manfred Nowak

einig, ist Teil der Menschenwürde, die den Kern der Menschenrechte darstelle. »Wenn ein Staat oder eine andere Institution das Lachen verbietet, so handelt es sich dabei um einen massiven Eingriff in die Privatsphäre, aber auch in die Meinungsfreiheit, also um einen Eingriff in zwei grundlegende Menschenrechte«, sagte Manfred Nowak.

»Das heißt, wenn wir das Lachen und das Recht, andere zum Lachen zu bringen, in den Menschenrechten unterbringen wollen, könnte das unter Artikel 19, dem Recht auf freie Meinungsäußerung stehen?«, fragte ich.

»Ganz genau«, sagte Manfred Nowak und erklärte: »Die Meinungsfreiheit hat unterschiedliche Ausprägungen, wovon die Freiheit der Kunst eine ist. Der Ausdruck der Kunst ist stärker rechtlich geschützt als der herkömmliche Ausdruck der Meinung. Wenn man seine negative Meinung über Leute auf kunstvolle oder humorvolle Art und Weise ausdrückt, ist man stärker geschützt, als wenn man dies auf eine rohe, direkte Art und Weise tut.«

Hannes Tretter ergänzte: »Dahinter steht die Annahme, dass bestimmte Gruppen von Menschen in der Gesellschaft bestimmte Funktionen einnehmen. Politikern oder Medien spricht man zum Beispiel bestimmte Funktionen und Aufgaben zu und schützt sie dafür auch mit bestimmten Rechten. Aber auch Künstler, wie Filmemacher, Kabarettisten oder Karikaturisten, die andere Menschen zum Lachen bringen und sich über Autoritäten und institutionelle Missstände lustig machen, haben eine bestimmte Funktion in der Gesellschaft und sollten daher besonders geschützt werden. Angesichts massiver und systematischer Verbrechen gegen die Menschlichkeit und unmenschlicher Praktiken wie Folter und Sklaverei fällt es natürlich schwer, humorvoll zu bleiben. Aber mit Mitteln der Kunst, wie der Karikatur, ist es möglich, Empörung und Unmut über Dinge, die falsch laufen, mit pointiertem, sarkastischem Humor zum Ausdruck zu bringen, ohne dass es geschmacklos wird! Du hast uns von Menschen erzählt, die dies trotz Lebensgefahr tun.«

»Genau, auf diese Menschen, die so viel Mut beweisen, möchte ich die Aufmerksamkeit lenken und sie mit den Menschenrechten besonders schützen«, sagte ich ein wenig aufgeregt.

Die beiden nickten mir aufmunternd zu und versicherten nochmals, mich zu unterstützen.

»Vielen Dank«, sagte ich. »Vielleicht erzählen Sie mir erst mal, wie Sie selbst zu den Menschenrechten gekommen sind?«

Manfred Nowak erzählte, dass er ursprünglich Filmregisseur werden wollte, sich dann aber doch dem etwas handfesteren Jurastudium und bald den Menschenrechten zugewandt hatte. Nach seinem Studium begann er mit Felix Ermacora zu arbeiten, und erhielt so Einblicke in Ermacoras Wirken in einer UNO-Arbeitsgruppe in Südafrika, die sich als erste mit dem Apartheid-Regime beschäftigte. Nach dem Putsch in Chile 1973 wurde Ermacora zum Präsidenten der UNO-Menschenrechtskommission gewählt und danach zum Mitglied einer Arbeitsgruppe, die sich mit den schweren und systematischen Verletzungen der Menschenrechte in Chile auseinandersetzte. Nowak unterstützte ihn dabei. Spätestens zu diesem Zeitpunkt erlag er der Faszination der Menschenrechte, wobei ihm bis heute die Verbindung von wissenschaftlicher Theorie mit der Praxis besonders wichtig ist. Nachdem er zahlreiche Funktionen im Hauptorgan der UNO, der UN-Menschenrechtskommission (die später durch den UN-Menschenrechtsrat ersetzt wurde) bekleidet hatte, wurde Nowak von seinem Vorgänger als UN-Sonderberichterstatter über Folter vorgeschlagen. Er musste zweimal überlegen, da er sich sicher sein konnte, dass es in diesem Job nicht viel zu lachen geben werde. Auf der anderen Seite hatte er sich schon seit einer Abschlussarbeit an der renommierten Columbia-Universität in New York unter der Supervision des bekannten Menschenrechtsprofessors Louis Henkin mit dem Thema Folter beschäftigt und nahm die Herausforderung 2004 schließlich an. Im Rahmen dieser Tätigkeit als UN-Sonderberichterstatter über »Folter und andere grausame, unmenschliche oder erniedrigende Behandlung oder Strafe« hat er selbst 18 offizielle sogenannte »Fact Finding Missions« für die UNO durchgeführt. Dabei fand er in 17 Fällen Folter und in mehr als der Hälfte der Staaten weit verbreitete oder sogar systematisch angewandte Folter. Er hatte es tagtäglich mit Beschwerden von Menschen zu tun, von denen ein Familienmitglied von Folter bedroht war und die ein Einschreiten der UNO forderten. Es handelte sich dabei um eine Aufgabe, die man nur in einem gewissen zeitlichen Rahmen durchführen kann, da die Konfrontation mit derart schweren Menschenrechtsverletzungen an die Substanz geht. Falls ihm der Posten eines UN-Sonderberichterstatters für Lachen angeboten würde, müsste er nicht zweimal überlegen, meinte er schmunzelnd.

Hannes Tretter hatte während seines Jusstudiums an der Universität Wien nicht nur Felix Ermacora, sondern auch Manfred Nowak kennengelernt, mit denen er bald darauf eine gemeinsam gehegte Idee umsetzte: 1992 gründeten sie ein außeruniversitäres, wissenschaftliches Menschenrechtsinstitut, das sich seither mit Menschenrechtsfragen auf der gesamten Welt auseinandersetzt: das Ludwig Boltzmann Institut für Menschenrechte. Auch Hannes Tretter ist neben seinen juristischen, menschenrechtlichen Interessen sehr kulturaffin und hat sich in Seminaren und Artikeln oftmals mit kulturellen Dimensionen der Menschenrechte auseinandergesetzt und mit der Rolle der Kunstfreiheit beschäftigt. Ein besonderes Anliegen ist ihm die Rolle der Musik, die genauso wie Literatur, Malerei und andere Künste ein Mittel sein kann, um den Menschen die Menschenrechte näherzubringen.

Als wir uns über die Kraft des Lachens unterhielten, erinnerte er sich auf einmal an seine Zeit beim Militär. Er hatte gedient, weil damals noch nicht die Alternative Zivildienst wählbar war. Ein Kompanieoffizier, den er an sich ganz gut fand, der aber immer wieder vollkommen sinnlose Kommandos gab, veranlasste Hannes Tretter einmal dazu, ihn anzulachen. Der Vorgesetzte war so irritiert, dass er den jungen Soldaten zum Rapport bestellte und sagte: »Ich habe das Gefühl, Sie nehmen mich nicht wirklich ernst.«

Hannes Tretter erwuchsen aus seinem Lachen keine negativen Konsequenzen, weil er sein Lachen begründen konnte. Er war damals allerdings der Einzige, der den Mut hatte, in einer skurrilen Situation Humor zu zeigen. »Autoritäten wie Offiziere, Politiker, aber auch Lehrer fühlen sich durch Lachen herausgefordert, da es tatsächlich oder vermeintlich ihre Autorität in Frage stellt. Sie können mit Lachen oft nicht umgehen, wenn es Kritik zum Ausdruck bringt«, schloss Hannes Tretter.

»Ja, ich kenne das aus meiner eigenen Schulzeit. Lachen war verpönt. Dabei sollte doch gerade in der Schule das gemeinsame Lachen gefördert werden«, sagte ich.

Ich bat die beiden Experten, Idee und Geschichte der Menschenrechte für die Leser und Leserinnen meines Buches kurz und bündig zusammenzufassen.

Hannes Tretter begann:

»Alles, was auf der Welt geschieht, was Menschen auf dieser Welt tun, hat einen menschenrechtlichen Bezug, von Essen über Gesundheit und soziale Sicherheit bis hin zur Meinungs- und Kunstfreiheit. Mit der Ausarbeitung und Formulierung von Menschenrechten rückte der Mensch in den Mittelpunkt der gesellschaftlichen, politischen und rechtlichen Betrachtung. Der Mensch mit seinen Wünschen, Hoffnungen, Bedürfnissen und auch mit seinem Leid.«

Manfred Nowak ergänzte:

»Menschenrechte verbinden uns mit unserem Menschsein. Das Zentrale an den Menschenrechten ist neben der Freiheit und der Gleichheit die Würde.

Menschenwürde ist etwas, das uns alle miteinander verbindet. Alle Menschenrechte gehen von dieser Würde des Menschen aus. Es sind jene Rechte, die uns ermöglichen sollen, würdevoll zu leben.«

»Und die Rechte gelten für alle Menschen auf der gesamten Welt!«, meinte ich.

»Genau, rechtlich gesehen sind die Menschenrechte das einzige universell anerkannte Wertesystem der Gegenwart. Sie gehen davon aus, dass alle Menschen mit den gleichen Rechten ausgestattet sind, wobei die Universalität der Menschenrechte immer wieder angezweifelt wird«, sagte Manfred Nowak, ein leidenschaftlicher Verfechter der Universalität der Menschenrechte. Er fuhr fort: »Wenn die Universalität der Menschenrechte in Frage gestellt wird, steht dahinter immer ein politisches Kalkül. Wenn man selbst für Menschenrechtsverletzungen nicht kritisiert werden möchte, kann man immer noch sagen, die Menschenrechte sind etwas, das der Westen dem Rest der Welt verordnet hat.«

Manfred Nowak klärte mich auch über die Grundidee von Rechten auf:

»Wenn jemand ein Recht hat, dann hat ein anderer eine Pflicht. Wenn dieser andere seine Pflicht verletzt, muss ersterer eine Möglichkeit haben, dieses Recht einzufordern.

Wenn man keine Möglichkeit hat, etwas durchzusetzen, dann ist es ja kein Recht, sondern bloß eine Idee. Dass man Rechte auch durchsetzen kann, hat allerdings lange gedauert. Dass man heute zu Internationalen Gerichten gehen und seinen eigenen Staat anklagen kann, ist noch immer revolutionär.«

Nun wollte ich von den beiden wissen, wie es überhaupt zur Entwicklung der Menschenrechte gekommen war.

Hannes Tretter erzählte:

»Abgesehen von ihrer Begründung durch die Philosophie der Aufklärung sind einige der Menschenrechte durch konkrete Unrechtserfahrungen entstanden, die viele Menschen erlitten haben. Irgendwann haben sich kritische Massen gegen das Unrecht gebildet, die sich zur Wehr gesetzt haben: Da gab es die Bauernkriege, Religionskriege, die Französische Revolution, die Ausbeutung durch Industrialisierung und Kapitalismus. Revolutionen haben zu den ersten bürgerlichen Verfassungen geführt, die Grundrechtskataloge enthielten. Die amerikanische Unabhängigkeitsbewegung und die Amerikanische Verfassung haben zur Durchsetzbarkeit der Menschenrechte gegen und durch den Staat beigetragen. Dies kann natürlich nur dann funktionieren, wenn die staatlichen Gewalten – Gesetzgebung, Regierung, Gerichtsbarkeit (heute kommen noch Medien und Wirtschaft hinzu) – voneinander getrennt sind und sich wechselseitig kontrollieren.

Die heute gültigen Menschenrechte sind eine Synthese aus zwei völlig unterschiedlichen revolutionären Bewegungen:

Die eine kam aus dem liberalen Rechtsstaat des 19. Jahrhunderts, die andere aus dem sozialen Wohlfahrtsstaat des 20. Jahrhunderts. Die Menschenrechte sind damals wie heute elementare Spielregeln bei der Frage, wie wir das Verhältnis des Staates zum Menschen und umgekehrt gestalten müssen. Genauso geht es um die Rolle des Menschen in der Gesellschaft, denn manchmal ist es ja nicht der Staat, sondern die Gesellschaft, die Druck auf Menschen ausübt und ihre Würde und ihre Rechte verletzt«, erklärte Hannes Tretter. »Die Allgemeine Erklärung der Menschenrechte, die 1948 von der UNO-Generalversammlung verabschiedet wurde, war aber auch eine Reaktion auf zwei Weltkriege, die Weltwirtschaftskrise, den Aufstieg des Faschismus und den Holocaust. Die Menschenrechte wurden in den Vereinten Nationen als wichtigste Voraussetzung für Friedenserhaltung und Entwicklung betrachtet. 1966 kam ein internationaler Pakt über bürgerliche und politische Rechte sowie einer über wirtschaftliche, soziale und kulturelle Rechte als völkerrechtlich verbindliche Verträge hinzu. Außerdem gibt es einige Spezialkonventionen, die den Schutz einzelner Menschenrechte regeln, wie die Genfer Flüchtlingskonvention oder die UN-Konvention gegen Folter. Andere Sonderkonventionen regeln die Menschenrechte besonders benachteiligter Gruppen, wie die Rechte von Kindern oder Menschen mit Behinderung. Alle Mitgliedstaaten der UNO sind verpflichtet, die Menschenrechte in ihren nationalen Rechtssystemen voll zur Geltung zu bringen. Und es gibt keinen Staat der Welt, der nicht zumindest einige der universellen Menschenrechtskonventionen ratifiziert hat", ergänzte Manfred Nowak.

Rückblickend betrachtet, haben wir heute viel erreicht. Darin sind sich die beiden Menschenrechtsexperten einig. Doch das Erreichte ist derzeit in Gefahr: »Die wirtschaftlichen, politischen und sonstigen Krisen ziehen auch eine Krise der Menschenrechte nach sich«, sagte Hannes Tretter. »Wir bewegen uns immer weiter weg vom historischen Konsens, den es in der Nachkriegszeit gegeben hat. Bedrohungsszenarien werden diffuser, und staatliche Strukturen, die wir für die Menschenrechte brauchen, werden abgebaut«, fügte Manfred Nowak hinzu.

»Hinzu kommt, dass das Bewusstsein, welchen Wert die Menschenrechte eigentlich darstellen, in Demokratien und Wohlfahrtsstaaten zunehmend verloren geht. Menschenrechte werden oft nur mehr als die Rechte von Minderheiten wahrgenommen: Häftlingen, Asylsuchenden, Migranten wird sogar vorgeworfen, sich auf ihre Menschenrechte zu berufen. Doch Menschenrechte betreffen uns alle, die Minderheiten genauso wie die Mehrheit, sogar den übelsten Rassisten, der am Stammtisch im Wirtshaus sein Recht auf Meinungsfreiheit ausübt und nur unter engen Bedingungen dafür belangt werden kann, wenn er etwa zu Hass und Gewalt aufruft. Liegt es daran, dass es uns, zumindest im sogenannten Westen, vergleichsweise noch immer sehr gut geht, dass die Menschenrechte nicht mehr als so bedeutend wahrgenommen werden? Oder ist die Idee der Menschenrechte mittlerweile zu intellektuell, zu rechtslastig geworden und hat ihre emotionale Dimension verloren?

Den Menschenrechten wird mitunter vorgeworfen, dass ihnen das große Narrativ fehlt. Können das Lachen, die Kunst und die Kultur einen Beitrag zu diesem Narrativ leisten?«, sagte Hannes Tretter und sah mich fragend an.

»Ja, ich denke, die Menschenrechte sind eine große, wunderbare Idee, die wir nicht so leicht aufgeben sollten, aus welchen Gründen auch immer. Vielleicht können wir wirklich gemeinsam immer wieder Geschichten erzählen, warum wir die

Menschenrechte brauchen? Wir müssen nur einen Weg finden, *wie* wir es tun«, sagte ich.

Manfred Nowak berichtete, dass er schon lange versuche, das Medium Film für die Verbreitung der Menschenrechte zu nutzen. So unterstützt er beispielsweise das internationale Filmfestival »This Human World« und hält an der Uni Seminare zum Thema Film und Menschenrechte, in denen die Studenten die Filme menschenrechtlich analysieren sollen.

»Wir sind da immer wieder auf der Suche nach geeigneten Filmen«, erzählte Manfred Nowak.

»Ich versuche immer auch Filme zu finden, die witzig sind, doch das ist total schwierig. Die meisten Filme zu menschenrechtlichen Themen sind todernst und traurig und triefen vor Schmerz. Es geht natürlich um ernste Themen, um die Todesstrafe, um Folter, Armut und so weiter. Es gibt auch sehr viele Dokumentarfilme zur Stellung der Frau, die meistens auch todernst sind. Aber ich habe einen Film über die Rolle der Frau im Iran gefunden, den eine Slowakin gemacht hat, der um so vieles besser ist, weil er nämlich lustig ist: Er zeigt die Stellung der Frau im Iran am Beispiel von drei Taxifahrerinnen. Die Kamera beobachtet, wie Männer in das Taxi einsteigen und wie sie auf die Frau am Steuer reagieren. Einige steigen sofort wieder aus, andere beschimpfen die Frau und wieder andere fangen an, mit ihr zu diskutieren, dass das doch nicht ginge. Das ist einerseits unglaublich witzig und skurril, andererseits zeigt es sehr deutlich die patriarchalischen Strukturen dieser Gesellschaft.

Mir fällt auch noch ein anderer Film ein, nämlich *No Man's Land*, der die Ohnmacht der UNO in Zeiten des Krieges in Bosnien zeigt und ins Lächerliche zieht. Dieser Film ist unglaublich brutal, aber auch unheimlich witzig. Dadurch wirkt er wesentlich stärker, als wenn er nur brutal wäre!«

Auch Hannes Tretter war davon überzeugt, dass Filme, die wichtige Themen aufgreifen und die es doch schaffen, das Ganze mit der angemessenen Prise Humor zu würzen, die Thematik dadurch noch präziser auf den Punkt bringen. Wie beispielsweise Lina Wertmüllers Film *Liebe und Anarchie*, in dem es um einen jungen Bauern geht, der den Diktator Mussolini umbringen will, den Zeitpunkt des Attentats aber verschläft, weil er sich am Vorabend in eine Frau verliebt hat. Oder der geradezu poetische Film *Timbuktu*, dem es gelingt, selbst brutale Dschihadisten der Terrororganisation Boko Haram humorvoll aufs Korn zu nehmen, weil sie selbst der von ihnen gepredigten Lebensweise so gar nicht huldigen.

Beim Thema Menschenrechte und Film kamen wir natürlich auf meinen Großvater Charlie Chaplin zu sprechen, der in all seinen Filmen ernste, menschenrechtlich relevante Themen anspricht und sie mit der richtigen Dosis Humor versieht. Genauso wie ich liebt Manfred Nowak *The Kid*, und Hannes Tretters Lieblingsfilm ist *Der große Diktator*. Doch die meisten menschenrechtlichen Bezüge konnten wir zu *Modern Times* herstellen. Ich beschloss, mir den Film zu Hause wieder einmal anzusehen.

Es war spät geworden, und so verabschiedete ich mich und dankte den beiden nochmals für ihre Bereitschaft, mein Vorhaben zu unterstützen.

MENSCHENRECHTE IM FILM: *MODERN TIMES*

Der Mann mit den schwarz gelockten Haaren und dem Schnauzbart ist kurz davor, verrückt zu werden. Er steht mit anderen Arbeitern am Fließband einer gigantischen Maschine und zieht mit einer großen Zange Schrauben auf kleinen Platten fest. Die Monotonie der stets gleichen Bewegung fordert seine Konzentration.

Plötzlich muss er sich unter der Achsel kratzen, verliert eine Sekunde und bringt damit die gesamte Produktion außer Kontrolle. Er gibt sein Bestes, um die Schrauben noch schneller festzuziehen, und stört durch seinen Übereifer den Ablauf des nächsten Arbeiters am Fließband. Schließlich ist er am Rande seiner Kraft, da beschließt der Vorarbeiter, die Geschwindigkeit des Fließbands zu erhöhen.

Dem kleinen Mann wird das zu viel. Wild schraubend wirft er sich selbst auf das Fließband und wird von der Maschine verschluckt, die ihn durch unzählige große und kleine Zahnräder zieht und ihn schließlich wieder ausspuckt. Körperlich unversehrt möchte er weiterarbeiten und steuert mit seiner großen Zange auf die Nasen der anderen Arbeiter zu und auf die Knöpfe des Kostüms der Chefsekretärin. In allem sieht er plötzlich Schrauben, die es festzuziehen gilt. Die Sekretärin und die Arbeiter ergreifen die Flucht. Allmählich bemerkt auch der Direktor, der in seinem komfortablen Büro gelangweilt Puzzle spielt, dass etwas nicht stimmt. Auf seinen Monitoren, die das Geschehen in jedem Winkel der Fabrik überwachen, verfolgt er, wie das Chaos ausbricht. Der Arbeiter, der zwischen Schrauben, Knöpfen und Menschen nicht mehr

unterscheiden kann, vollführt die immer gleiche Drehbewe-
gung mit seiner Zange und flüchtet schließlich mit dem Werk-
zeug auf die Straße, wo er übergroße Knöpfe an der Bluse
einer vollbusigen Dame entdeckt und schnurstracks auf sie
zusteuert. Die Arme flüchtet und sucht Schutz bei einem Poli-
zisten, der den Arbeiter verfolgt, sodass der wieder zurück in
die Fabrik läuft, nicht ohne pflichtbewusst seine Stechkarte
abzustempeln. Im Kontrollraum stößt er auf den mit Muskeln bepackten Vorarbeiter, der an überdimensionalen Hebeln die Maschine bedient, welche die Geschwindigkeit des
Fließbands reguliert und mit zahlreichen Schaltern, Knöpfen,
Rädern und Hebeln die Produktion kontrolliert.

Der kleine Mann steuert darauf zu, zieht mit kindlichem
Eifer an den Hebeln und dreht an den Schaltern des Ma-
schinenmonsters. Während der Vorarbeiter hektisch damit
beschäftigt ist, die Maschine wieder einzurichten, das ent-
standene Chaos zu beseitigen und die Kontrolle zurückzugewinnen, tanzt der kleine Mann durch den Kontrollraum und
verstellt einen Schalter nach dem anderen. Die Maschine ist
außer Kontrolle, doch der kleine Arbeiter scheint seinen Körper wieder im Lot zu haben. Er schwebt souverän und leicht-
füßig wie ein Balletttänzer durch die Fabrik, die im Chaos
versinkt.

Nachdem ich mir den Film angesehen hatte, fing ich wieder
beim Vorspann an. Hier ist zu lesen: »Der Kreuzzug des Menschen auf der Suche nach dem Glück.«

Dann folgt eine Uhr, auf der es kurz vor zwölf ist, der Se-
kundenzeiger tickt. Als nächstes drängt eine Schafherde ins
Bild. Die Leiber dicht an dicht, und in der Mitte ein schwarzes
Schaf.

Schnitt.

Statt der Schafherde sieht man eine Schar Arbeiter, die aus

einem U-Bahn-Schacht drängen und sich zum Tor der Fabrik schieben. In ihrer Mitte der Tramp, gespielt von Charlie Chaplin. Ich schaltete den DVD-Player ab und lehnte mich zurück. Ich erinnerte mich, dass mein Großvater die Idee für diesen Film nach einem Gespräch mit einem Reporter aus der US-Autostadt Detroit hatte. Der Reporter hatte ihm von den vielen jungen Männern erzählt, die von der Automobilindustrie aus landwirtschaftlichen Betrieben abgeworben wurden, um an den Fließbändern bei Ford und General Motors zu arbeiten. Nach vier oder spätestens fünf Jahren brachen die Arbeiter mit schweren körperlichen und geistigen Schäden zusammen. Sie wurden dann durch neue, unverbrauchte junge Manner ersetzt.

Dieser Film, den mein Großvater in den dreißiger Jahren schuf, ist noch immer gültig, was erschreckend ist. Die Menschen strömen noch heute wie Schafe in und aus den U-Bahn-Schächten der industrialisierten Städte und verschwinden in riesigen Fabriken oder Konzerngebäuden, wo viele von ihnen einer sinnentleerten Arbeit nachgehen. Es geht darum zu funktionieren, und zwar so schnell und so gut wie möglich. Wer und was nicht mehr optimiert und perfektioniert werden kann, wird wegrationalisiert. Wer oder was keinen Profit bringt, hat keinen Wert.

Wir trinken Kaffee und Energy Drinks, wir trimmen unseren Körper, nehmen Aufputschdrogen, Beruhigungsmittel, Schlaftabletten, Antidepressiva, laufen zu Psychologen, Physiotherapeuten, wir landen im Burnout, in der Rehaklinik oder auf der Straße. Wer Erfolg haben will, muss sich dem System anpassen. Ein System, das jeden Einzelnen von uns kontrolliert und reguliert. Unsere persönlichen Daten über unsere Arbeit, unsere Stärken und Schwächen, Gesundheit und Krankheit, Kaufverhalten, Kaufkraft, Bonität, Konsumverhalten, Freizeitverhalten, unser Online-Verhalten und alle unsere kleinen und großen Fehler und Laster werden gespeichert und analysiert.

Von Bananen bis zu Gurken, von Glühlampen, Staubsaugern und Traktorsitzen bis hin zu uns Menschen gibt es genaue Regeln und Vorstellungen, wie es oder jemand zu sein hat. Nicht nur unser Äußeres hat genauen Vorgaben zu entsprechen, sondern auch unser Inneres: Was Glück ist, was Erfolg, was eine richtige Beziehung, was guter Sex ist, all das ist vorgegeben. Wir glauben, dass Konsum glücklich macht, dass ein neuer elektrischer Milchaufschäumer, ein neues Stück im überquellenden Kleiderschrank und wieder ein neues Handy glücklich machen oder uns zumindest so lange davon ablenken, dass wir es gar nicht sind, bis wir den nächsten Kauf tätigen. Wir arbeiten hart für unser Geld und wollen uns etwas gönnen. Die, die wirklich Geld und Macht haben, bekommen wir nicht zu Gesicht. Sie setzen für ihre Maßlosigkeit und krankhafte Gier die Welt aufs Spiel und haben keinen Respekt vor der Natur, vor der Zukunft und vor einzelnen Menschenleben.

Doch auch wir können es uns kaum mehr leisten, Respekt und Empathie zu haben. Die Angst sitzt uns im Nacken, die Medien bombardieren uns mit schlechten Nachrichten, zu unseren Alltagssorgen kommen täglich neue globale Bedrohungen hinzu, und wir beginnen uns sogar vor unserem Sitznachbarn in der U-Bahn zu fürchten. In diesem Klima des ständigen Drucks und der Angst ist uns das Lachen vergangen. Wir können diesen Zustand nicht von heute auf morgen ändern, doch wir können jetzt und sofort damit beginnen.

DEIN LACHEN VERÄNDERT DIE WELT

Auf meiner Erkundungsreise durch die Welt des Lachens habe ich viele beeindruckende Menschen getroffen, die es sich zur Aufgabe gemacht haben, anderen Menschen ein Lächeln aufs Gesicht zu zaubern und sie zum Lachen zu bringen. Doch es liegt an jedem Einzelnen von uns, die Welt fröhlicher zu machen! Ich lächle jeden Tag ganz bewusst andere Menschen an, auch wenn ich sie noch nicht kennengelernt habe. Die Reaktionen, die ich erhalte, sind großartig und stärken mein Selbstbewusstsein enorm. Ich kann es Ihnen mit gutem Gewissen weiterempfehlen:

- Lächeln auch Sie Ihre Mitmenschen an, wo immer Sie sie treffen!
- Stecken Sie Ihre Mitmenschen mit Ihrem Lachen an!
- Verbreiten Sie gute Laune auf der Welt!

Acht Milliarden lächelnde und lachende Menschen werden den positiven Energiepegel der Menschheit in unglaubliche Höhen schnellen lassen und unsere negativen Seiten zum Verblassen bringen. Wer lacht, kann nicht zubeißen. Lachen baut

Aggressionen ab. Menschen, die lachen, sind frei, und Freiheit macht glücklich. Lachen und Humor machen unser Leben wertvoller, halten uns jung und gesund, geben uns Kraft und Zuversicht und helfen, unsere Probleme zu überwinden. Lachen stärkt unser Gemeinschaftsgefühl und verbindet Menschen auf der ganzen Welt miteinander. Lachen macht unser Leben angenehm und heiter. Was hindert uns daran, uns selbst und den anderen schon am Morgen ein Lächeln zu schenken und gute Laune zu verbreiten? Lachen und Humor müssen viel mehr Platz in unserer Gesellschaft finden! Es gibt so viele Plakate, Werbeanzeigen, Radio- und TV-Spots, die Unternehmen und Organisationen auf der ganzen Welt von Werbeagenturen produzieren lassen. Sie sollten Lachen und Humor in ihre Konzepte integrieren und systematisch pflegen. Unsere Medien sollten uns täglich daran erinnern, zu lächeln, und sie sollten nicht nur über Schlechtes, sondern viel mehr über bemerkenswert Gutes berichten. Produktoberflächen und Beipackzettel verschiedenster Produkte sollten für Botschaften wie »Dein Lachen verändert die Welt« oder »Bitte Lächeln« genutzt werden.

Inmitten der Hinweis-, Warn- und Verbotsschilder sollte auch in Parks und öffentlichen Verkehrsmitteln wie Bus, Bahn und U-Bahn Schilder mit der Aufschrift »Bitte lächeln« oder »Lachen erlaubt« angebracht werden. Ich stelle mir vor, dass ich in die Londoner U-Bahn einsteige und an der Tür, am Fenster, an der Außen- und Innenwand lese: »Dein Lachen verändert die Welt«. Es wäre so einfach und gleichzeitig so wunderbar. Auch in Eingängen von Supermärkten, Geschäften, Sportstätten, Krankenhäusern und Ämtern sollte der Hinweis angebracht werden, dass Lachen erlaubt ist. Damit sinkt der Stresspegel bei Wartezeiten.

Auch im Internet sollten Plattformen wie Google, Amazon

und Facebook auf ihrer Startseite einen kleinen »Dein Lachen verändert die Welt«-Button anbringen.

Und auch ihr, liebe Leserinnen und Leser, solltet Buttons anstecken und T-Shirts oder Sweater mit dieser Botschaft tragen und sie auf euren Social-Media-Seiten bewerben und eure Freunde auffordern, das Gleiche zu tun. Gemeinsam werden wir eine weltweite Lach-Community, die das einfache, aber hochwirksame Ziel hat, unsere Welt, auf der wir gemeinsam leben, freundlicher und heiterer zu machen. Lasst uns mit unserem Lachen die schlechte Laune vertreiben! Lasst uns der Furcht und Angst, die heute von so vielen Menschen Besitz ergriffen hat, entgegenlachen! Lasst uns die Traurigkeit und Einsamkeit, unter der so viele leiden, beenden! Lasst uns statt mit mürrischen mit lachenden Gesichtern aufeinander zugehen!

In der letzten Szene des Films *Der große Diktator* sieht man das Gesicht des jüdischen Mädchens Hannah in Großaufnahme. Mit Tränen in den Augen hört sie die Rede des Tramps, der am Ende direkt zu ihr spricht:

> *»Hannah! Die Wolken reißen auf, die Sonne bricht durch. Wir treten aus der Finsternis und Dunkelheit zum Licht. In eine neue Welt, in der die Menschen sich von Habgier, Hass und Brutalität frei gemacht haben. Sieh doch nur, Hannah, die Seelen der Menschen haben Flügel bekommen. Sie werden sich emporschwingen, hoch empor im Licht und der Hoffnung und der Zukunft entgegen. Einer Zukunft, die dir, mir und uns allen Menschen gehört.«*

Hannah steht unter dem wolkigen Himmel, verängstigt und verstört. Langsam begreift sie die Bedeutung der Worte, und ihr Gesicht beginnt sich aufzuhellen. Sie blickt zum Himmel empor, und gerade bevor die Kamera abblendet, zeichnet sich ein Lächeln auf ihrem Gesicht ab.

Der geniale griechische Regisseur Constantin Costa-Gavras sagte zu dieser Szene: »Das ist reines Kino! Es gibt grandiose Landschaften und Taten, aber die grandioseste Filmlandschaft, die, die alles sagt oder nichts, ist das menschliche Gesicht.«

Mit einem Lachen oder Lächeln in deinem Gesicht verzauberst du die Welt und veränderst sie zu einem besseren Ort, an dem es sich für alle Menschen besser leben lässt.

LAURA CHAPLINS HUMOR-
UND LACHMANIFEST 2016

1. Jeder Mensch hat das Recht, zu lachen und andere Menschen zum Lachen zu bringen.
2. Das Recht, zu lachen und andere Menschen zum Lachen zu bringen, soll von der Generalversammlung der UN ausdrücklich als Menschenrecht anerkannt und in die Charta der Menschenrechte aufgenommen werden.
3. Alle Regierungen und Religionsgemeinschaften sollen das Recht der Menschen auf Humor und Lachen als Menschenrecht anerkennen und von jeder Art von Humor- und Lachverboten sowie der Verfolgung von lachenden Menschen und denen, die andere zum Lachen bringen, Abstand nehmen.
4. Lachen und Humor dürfen nicht dazu eingesetzt werden, schwächere, benachteiligte und bedrohte Einzelpersonen oder Gruppen zu verletzen und zu diffamieren.
5. Humor und Lachen als Therapie sollen vermehrt wissenschaftlich erforscht, von Krankenkassen anerkannt

und in medizinischen und therapeutischen Kontexten zur körperlichen und medizinischen Heilung eingesetzt werden.

6. Soziale Einrichtungen wie Krankenhäuser, Altenheime, Kinderheime und Einrichtungen für benachteiligte Personen sollen über mindestens einen ausgebildeten Clown verfügen.

7. Jedes Land, jede Stadt, jedes Dorf soll zumindest einmal pro Jahr einen Lach-Tag veranstalten, zu dem Menschen gezielt eingeladen werden, gemeinsam herzlich zu lachen und ihre Sorgen zu vergessen.

8. Jedes Land, jede Stadt, jede Gemeinde soll Lachen und Humor im öffentlichen Raum fördern, indem zum Beispiel in öffentlichen Verkehrsmitteln zum Lächeln aufgefordert wird. Oder jedem Denkmal eines Kriegsherrn wird ein Lachmal eines bedeutenden Menschen, der die Menschen zum Lachen gebracht hat, hinzugefügt.

9. Lachen und Humor dürfen in Bildungseinrichtungen nicht verboten sein. Vielmehr soll gemeinsames Lachen im Alltag an Schulen und an anderen Bildungseinrichtungen gefördert und Lachen und Humor in Lehr- und Studienprogramme aufgenommen werden.

10. Jedes Unternehmen, jedes Amt und jede Behörde soll sich verpflichten, regelmäßig Feel-Good-Manager für die Mitarbeiter zu engagieren, um den Arbeitsplatz menschlicher zu gestalten und Mitarbeiter vor Burnouts und Krankheiten zu schützen.

11. Die Aufforderung, mit deinem Lachen die Welt zu verändern, soll von Medien, Unternehmen und Organisationen auf der ganzen Welt über Social-Media-Plattformen, TV- und Radiospots, Anzeigen, Plakate und Hinweistafeln täglich kommuniziert werden.

12. Jeder und jede soll beginnen, sich selbst und den Menschen in der unmittelbaren Umgebung zuzulächeln und mit seinem Lächeln dazu beizutragen, die Welt zu einem fröhlicheren und besseren Ort zu machen.

UNSERE PETITION AN DIE UN

Ich fordere die Generalversammlung der UN auf, eine Resolution zu beschließen, dass jeder Mensch das Recht hat, zu lachen und andere Menschen zum Lachen zu bringen, und dieses Recht als Zusatz zu Artikel 19 in die Charta der Menschenrechte aufzunehmen.

Bitte unterstützen Sie meine Petition hier:

charliesmile.org

Es ist dein Lächeln,
das die Welt verändert!

IHRE LAURA CHAPLIN

ANHANG

LITERATUR ZUM NACH- UND WEITERLESEN

Adams, Patch und Maureen Mylander, *Gesundheit!*. Übersetzt von Burkhard Czarnetzk. Oberusel: Zwölf & Zwölf 1997.

Bender, Larissa (Hg.), *Innenansichten aus Syrien*. Frankfurt am Main: Ed. Faust 2014.

Blanco, Jodee, Please Stop Laughing at Me. One Woman's Inspirational True Story. Avon, MA: Adams Media 2010.

Bloch, Peter, Der fröhliche Jesus. Die Entdeckung seines Humors in den Evangelien. Stuttgart: Quell Paperback 1999.

Chaplin, Charles, *Die Geschichte meines Lebens*. Übersetzt von Günther Danehl und Hans Jürgen von Koskull. Filmische Beratung Enno Patalas. Frankfurt am Main: S. Fischer 1954.

Chaplin, Eugène, *Le manoir de mon père*. Projet: Eugène Chaplin et Dominique Fernet. Editions Ramsay 2007. (Übersetzung durch Mediapros.)

Cousins, Norman, *Der Arzt in uns selbst. Wie Sie Ihre Selbstheilungskräfte aktivieren können*. Mit einem Vorwort von Heiko Ernst. Übersetzt von Klaus Schomburg und Sylvie M. Schomburg-Scherff. Neuausgabe. Reinbek bei Hamburg: Rowohlt Taschenbuch Verlag 1996.

Eco, Umberto, *Der Name der Rose*. München: Hanser 1982.

Matthiae, Gisela, Wo der Glaube ist, da ist auch Lachen. Mit Clownerie zur Glaubensfreude. Freiburg im Breisgau: Kreuz Verlag 2013.

McCarten, Anthony, *Funny Girl*. Übersetzt von Manfred Allié. Zürich: Diogenes 2014.

Miller, Henry, *Das Lächeln am Fuße der Leiter*. Übersetzt von Herbert Zand. Frankfurt am Main: Suhrkamp 1968.

Payne, Robert, *Der große Charlie. Eine Biographie des Clowns*. Übersetzt von Jakob Moneta und Werner Koch. Mit einem Nachwort von Werner

Koch und 21 Abbildungen. Frankfurt am Main: suhrkamp taschenbuch 569. (Erste Auflage 1979.)

Robinson, David, *Chaplin. Sein Leben. Seine Kunst.* Zürich: Diogenes 1985.

Szeliga, Roman F., *Erst der Spaß, dann das Vergnügen. Mit einem Lachen zum Erfolg.* München: Kösel 2011.

Szeliga, Roman F., *Frustschutzmittel. Wie Sie es schaffen, alles halb so schlimm, aber doppelt so gut zu finden.* Zürich: Midas Management 2015.

Thierfelder, Andreas (Hg.), *Philogelos der Lachfreund. Von Hierokles und Philagrios.* Griechisch-deutsch mit Einleitungen und Kommentar. München: Heimeran 1968.

Weissman, Stephen, *Chaplin. Eine Biographie.* Mit einem Vorwort von Geraldine Chaplin. Übersetzt von Ulrike Seeberger. Berlin: Aufbau 2009.

FILME VON CHARLIE CHAPLIN (AUSWAHL)

The Kid/Das Kind, 1921
Produktion: Chaplin – First National
Produzent, Regie, Buch: Charles Chaplin
Mit Charles Chaplin (Tramp), Jackie Coogan, Edna Purviance, Tom Wilson u. a.

The Gold Rush/Goldrausch, 1925
Produktion: Chaplin – United Artists
Produzent, Regie, Buch: Charles Chaplin
Mit Charles Chaplin (Tramp als einsamer Goldgräber), Mack Swain, Georgia Hale, Henry Bergman, Tom Murray, Malcom Waite u. a.
Neufassung 1942

The Circus/Der Zirkus, 1928
Produktion: Chaplin – United Artists
Produzent, Regie, Buch: Charles Chaplin

Mit Charles Chaplin (Tramp), Merna Kennedy, Al Ernest Garcia, Henry
Bergman, Harry Crocker u.a.
Neufassung 1970

City Lights / Lichter der Großstadt, 1931
Produktion: Chaplin – United Artists
Produzent, Regie, Buch: Charles Chaplin
Mit Charles Chaplin (Tramp), Virginia Cherrill, Harry Myers,
Al Ernest Garcia u.a.

Modern Times / Moderne Zeiten, 1936
Produktion: Chaplin – United Artists
Produzent, Regie, Buch: Charles Chaplin
Mit Charles Chaplin (Tramp als Arbeiter), Paulette Goddard, Henry
Bergman u.a.

The Great Dictator / Der große Diktator, 1940
Produktion: Chaplin – United Artists
Produzent, Regie, Buch: Charles Chaplin
Mit Charles Chaplin (Adenoid Hynkel und als Frisör), Paulette Goddard,
Jack Oakie, Reginald Gardiner u.a.

Limelight / Rampenlicht, 1952
Produktion: Chaplin – United Artists
Produzent, Regie, Buch: Charles Chaplin
Mit Charles Chaplin (Calvero), Buster Keaton, Sydney Chaplin jr., Claire
Bloom, Nigel Bruce u.a.

A Countess from Hong Kong / Die Gräfin von Hongkong, 1966
Produktion: Universal
Produzent: Jerome Epstein
Regie, Buch: Charles Chaplin
Mit Marlon Brando, Sophia Loren, Sydney Chaplin jr., Geraldine,
Josephine und Victoria Chaplin u.a.

EBENFALLS SEHENSWERT

Patch Adams, 1998
Produktion: Universal
Regie: Tom Shadyac
Buch: Patch Adams, Maureen Mylander, Steve Oedekerk
Mit Robin Williams, Monica Potter, Philip Seymour Hoffman u.a.

Chaplin, 1992
Regie: Richard Attenborough
Buch: David Robinson, Charles Chaplin, Diana Hawkins
Mit Robert Downey Jr., Geraldine Chaplin, Anthony Hopkins u.a.

INTERNETQUELLEN

 Mehr zum Thema Lachen finden Sie unter: charliesmile.org

Allgemeine Erklärung der Menschenrechte
http://www.un.org/depts/german/menschenrechte/aemr.pdf

Big Apple Circus
http://bigapplecircus.org

Charlie Chaplin Museum
http://www.chaplinmuseum.com/en/espace_musee/le_manoir_de_ban.php

Charlie Hebdo
http://charliehebdo.fr

Christensen, Michael
Interview mit Michael Christensen
http://www.rotenaseninternational.com/news/interview-michael-christensen/
?no_cache=1&sword_list[]=Christensen#.VouwEFJlG7Q

Clownschule Tamala
http://www.tamala-center.de

Döpfner, Mathias
Lachen Sie! Das sind Sie »Charlie Hebdo« schuldig
Artikel in »Die Welt« vom 12.1.2015
http://www.welt.de/debatte/kommentare/article136293755/Lachen-Sie-Das-sind-Sie-Charlie-Hebdo-schuldig.html

Fondation Moi pour Toit
http://www.moipourtoit.org/

Harlekinäum
http://www.harlekinaeum.de/

Hami, Tissa
Homepage von Tissa Hami
http://www.tissahami.com

Homann, Ursula
Das Christentum und der Humor
Hat der Christ nichts zu lachen oder: Wie hält es die Kirche mit dem Humor? Spielt er eine Rolle im christlichen Glauben?
http://www.ursulahomann.de/DasChristentumUndDerHumor/komplett.html

This Human World
http://www.thishumanworld.com/

Humorcare
Webseite von HumorCare e.V. Deutschland – Österreich
http://humorcare.com/
Die häufigsten Fragen zum Lachen
http://humorcare.com/informationen/fragen-und-antworten/index.php

Humorkongress Basel
http://www.humorkongress.ch/

Khalifa, Khaled
Jeder Blick ein Abschied
http://faustkultur.de/1587-0-Khaled-Khalifa-Jeder-Blick-ein-Abschied.html#.VmgFCr-j8sI

Laughteryoga / Lachyoga
Offizielle Webseite von Dr. Madan Kataria
http://www.laughteryoga.org/deutsch

Ludwig Boltzmann Institut für Menschenrechte
http://bim.lbg.ac.at/de

Regionales Informationszentrum der Vereinten Nationen für West-europa (UNRIC)
Verbindungsbüro in Deutschland
http://www.unric.org/de/menschenrechte

Rehman, Shabana
Homepage von Shabana Rehman
http://shabana.no/

Sack, Manfred
Der Klohn. Charlie Rivel ist gestorben.
Artikel in »Die Zeit« vom 5. August 1983
http://www.zeit.de/1983/32/der-klohn

Sadurski, Szczepan
http://www.sadurski.com

Shazia Mirza
Homepage von Shazia Mirza
http://www.shazia-mirza.com/

Stiftung Theodora
Homepage der Stiftung Theodora
http://ch.theodora.org/de

Szeliga, Roman
Homepage von Dr. Roman Szeliga
http://www.roman-szeliga.com/

Tucholsky, Kurt
Der berühmteste Mann der Welt
Artikel im »Prager Tageblatt«, 22.7.1922,
http://www.textlog.de/tucholsky-charlie-chaplin.html

The Weekly Show
https://www.youtube.com/user/20sb003/featured

Stand: Januar 2016